Liebe unwiderruflich

MAIN Verlag

Printausgabe, erschienen Juli 2015

ISBN: 978-3-95949-024-5

2. überarbeitete und erweiterte Auflage

Umschlaggestaltung: Lovegg
Umschlagmotiv: fotolia.com / konradbak

www.main-verlag.de
www.facebook.com/MAIN.Verlag
order@main-verlag.de

Alexa Lor

Liebe unwiderruflich

Jäger der Dessla 2

Am Anfang war der Mensch. Vom Schöpferpaar aus einer Laune heraus erschaffen, um die Erde mit intelligentem Leben zu erfüllen.

Die letzten Hochrechnungen gehen von einer Weltbevölkerung von rund sieben Milliarden Menschen aus, aber nur viereinhalb davon gehören wirklich zur Spezies Homo Sapiens. Die restlichen zweieinhalb Milliarden sind ... etwas anderes.

Nicht gänzlich unentdeckt, doch von den Menschen ins Reich der Mythen, Legenden und Fantasie verbannt, leben sie mitten unter uns. Permanents - Langlebige - und Immortals - Unsterbliche -, die einander erkennen, wenn sie sich begegnen, wozu nur wenige Ephermals - Kurzlebige, Menschen - fähig sind.

Zwischen Immos und Perms gibt es Allianzen und Feindschaften, Liebe und Hass, Freundschaft und Kampf. Alle Rassen folgen ihren eigenen Strukturen, Regeln und Gesetzen, aber es gibt auch ein gemeinsames Gesetz, vom Schöpferpaar und dessen Kindern, den Erschaffern der einzelnen Spezies, erlassen, dessen Einhaltung von den unsterblichen Angerol überwacht wird.

Die Angerol ahnden Verstöße und bestrafen die Verbrecher, und es ist die Aufgabe der Jäger der Dessla, diese Kriminellen zu jagen, einzufangen und der Gerichtsbarkeit der Angerol zuzuführen.

Doch am Horizont verdichten sich die Wolken einer Gefahr, welche die Existenz des gesamten Volkes der Dessla bedroht.

Glossar

Angerol

Die einzige nicht von einem der Schöpferpaarkinder erschaffene Spezies. Sie bilden eine der beiden unsterblichen Rassen. Es gibt zwei Arten: die Mehrheit der weißen Angerol und die Minderheit der schwarzen Angerol. Grundsätzlich sind Angerol, auch aufgrund ihres eher zarten Körperbaus, nicht aggressiv. Sie können erkennen, ob jemand lügt, Emotionen erspüren und sind nach ihrer Geschlechtsreife fähig, Gedanken zu lesen. Daher wurden sie dazu auserkoren, die Richter über diejenigen zu sein, die nicht der Spezies Homo Sapiens angehören und entweder gegen eines der allgemeingültigen Gesetze verstoßen oder eine speziesübergreifende Straftat begangen haben.

Dessla

Zweite unsterbliche Rasse. Geschaffen von dem Gott essmon. Die Dessla leben in einer 6-Klassen-Gesellschaft, bestehend aus der Schicht der Wächter der Zeremonien, der Jäger, der Krieger, des Adels und der Oberschicht sowie des gemeinen Volks. Früher gab es noch eine siebte Schicht, die Leibeigenen. Das Leibeigentum wurde Anfang der 1980er jedoch vom König der Dessla abgeschafft. Die Dessla sind relativ groß mit starkem, robustem Körperbau und verfügen über ausgeprägte Sinneswahrnehmungen, Geruchssinn und Sehvermögen sind besonders hochausgebildet. Dessla sind leicht aufbrausend und insbesondere die Männer neigen nach ihrer Initiation zu Aggression. Sie haben bei den anderen Rassen keine ausgemachten Freunde, sind allerdings eine Allianz mit den Angerol eingegangen. Die erklärten Feinde der Dessla sind die Lykomorphe.

Dessmon

Eins der drei Kinder des Schöpferpaares und dessen einziger Sohn. Erschaffer und Gottheit der Dessla. Im Gegensatz zu dem Gottwesen der Menschen ist Dessmon, ebenso wie seine beiden Schwestern, ein erfahrbarer Gott, der sich allerdings kaum noch in die Belange der Dessla einmischt. Er ist eher stiller Beobachter, ggf. noch Ratgeber, und residiert nicht auf der Erde, sondern in seinem eigenen Reich.

Ephermals

Andere Bezeichnung für kurzlebige Rasse, deren einzige Vertreter Homo Sapiens = die Menschen sind.

Immortals

Andere Bezeichnung für unsterbliche Rasse. Hierzu gehören die Angerol und die Dessla. Entgegen der üblichen Vorstellungen können Unsterbliche sehr wohl getötet werden, sie sterben nur nicht an Altersschwäche, weil sie ab einem bestimmten Punkt/Ereignis nicht mehr altern. Gebräuchliche Abkürzung = Immo.

Initiation

Kostenlose Zeremonie, bei der ein Dessla erwachsen wird. Sie findet am 27. Geburtstag des Dessla im örtlichen Tempel statt und wird vom Ersten Wächter durchgeführt. Erst bei der Initiation entstehen die Geschlechtsmerkmale und somit der Geschlechtstrieb.

Inkobal

Eigentümer eines oder einer Luwan. Früher häufig vorkommend, seit etwa drei- bis vierhundert Jahren kaum noch gebräuchlich. Die meisten Inkobal sind/waren

Männer, es gibt/gab nur vereinzelt auch weibliche Inkobal.

Jäger

Zweite Klassenschicht in der Gesellschaftsstruktur der Dessla. Sie haben sich aus der Kriegerschaft entwickelt, deren stärkste Vertreter sie waren. Ihre Aufgabe besteht darin, Kriminelle sämtlicher Rassen (außer Homo Sapiens) einzufangen und der Gerichtsbarkeit zu überstellen. Für Angehörige der Dessla ist dies der entsprechende Rat der Schicht, für alle anderen Spezies sind das die Angerol. Es gibt sowohl männliche wie weibliche aktive Jäger, wobei die männlichen überwiegen. Jäger sind ausgesprochene Einzelgänger und bleiben üblicherweise unter sich. Jedem Jägersohn wird schon bei der Geburt oder spätestens im Kindesalter eine Jägertochter als zukünftige Partnerin zugeteilt. Die Zusammenführung erfolgt einen Tag nach der Initiation des jüngeren der beiden Partner. Nur Kinder aus diesen Verbindungen werden selbst als Jäger anerkannt. Jeder Jäger hat die Verpflichtung, einen Sohn oder zwei Töchter zu zeugen, um den Fortbestand der Schicht zu sichern. Nach Erfüllung dieser Pflicht kann sich ein Jäger von seinem Partner trennen, um einen anderen frei zu wählen, sobald das jüngste Kind initiiert ist. Dann ist auch die Verbindung mit einem Angehörigen der Kriegerschicht gestattet. Verbindungen mit darunter liegenden Schichten sind eher unüblich, ab der Oberschicht abwärts bedarf es der Genehmigung durch den Rat der Jäger, die meistens jedoch nicht erteilt wird. Äußeres Kennzeichen eines Jägers ist eine um den rechten Oberarm tätowierte Gliederkette.

Krieger

Dritte Klassenschicht in der Gesellschaftsstruktur der Dessla. Nur die stärksten Nachkommen der Dessla werden zu Kriegern ausgebildet. Für Nicht-Kriegerkinder sind die Aufnahmebedingungen allerdings dermaßen hoch, dass sie meistens daran scheitern. Aufgabe der Krieger ist es, die Dessla gegen alle Feinde, intern und extern, zu beschützen. Sie sind beim gemeinen Volk daher die am meisten verehrte Schicht. Äußeres Kennzeichen eines aktiven Kriegers ist ein auf die Stirn tätowierter roter Tropfen, der symbolisiert, dass sein Träger bereit ist, für die Spezies sein eigenes Blut zu vergießen.

Luwan

Besondere Form der Leibeigenschaft. Die meisten Luwan sind weiblich, es gibt/gab aber vereinzelt auch männliche Luwan. Die Person, die zur Luwan wird, geht in das alleinige Eigentum des Inkobal genannten Besitzers über, der fortan das uneingeschränkte Bestimmungsrecht über die Luwan hat. Dafür ist der Inkobal verpflichtet, die Luwan vollumfänglich zu versorgen. Die Zugehörigkeit der Luwan zu ihrem Inkobal gilt ein Leben lang und wird üblicherweise erst durch den Tod gelöst. In Ausnahmefällen kann ein Inkobal seine Luwan jedoch von ihrem Schwur entbinden. Auch Nicht-Leibeigene können eine Luwan sein, da man das nur freiwillig werden kann, ein Luwan-/Inkobal-Verhältnis innerhalb der gleichen Schicht ist jedoch ausgeschlossen. Während der Zeremonie erhält die Luwan ein dreiteiliges Brandzeichen direkt über der Schambehaarung. Eine Luwan ist die einzige Dessla, die zu absoluter Treue ihrem Inkobal gegenüber verpflichtet ist.

Lykomorph

Bei den Angehörigen der nicht-menschlichen Spezies die übliche, gebräuchliche Bezeichnung für Werwölfe. Die Lykomorphe werden zwar zu den Gestaltwandlern gezählt, vor allem von Menschen, gehören aber nicht wirklich dieser Gattung an. Sie sind die erklärten Feinde der Dessla.

Permanents

Andere Bezeichnung für langlebige Rasse. Hierzu gehören sämtliche Gestaltwandler und seit einer Bestrafung auch die Wempyre, die vorher unsterblich waren. Gebräuchliche Abkürzung = Perms.

Rat

Die Geschicke der einzelnen Klassenschichten innerhalb der Gesellschaft der Dessla werden von einem Rat gelenkt. Es gibt vier Räte, den der Jäger, der Krieger, des Adels und der Oberschicht. Letztgenannter ist auch für das gemeine Volk zuständig. Die Wächter haben keinen Rat. Die einzelnen Räte bilden sich aus hochangesehenen Vertretern der Schichten, die per Wahl bestimmt werden. Sie sind unterschiedlich groß.

Schöpferpaar

Entgegen der landläufigen Auffassung in den meisten monotheistischen Religionen von Homo Sapiens, wurde das Universum und alles, was sich darin befindet, nicht von einem allmächtigen Gott erschaffen, sondern von einem Schöpferpaar. Dieses Paar hat auch den Menschen erschaffen. Die anderen Spezies - mit Ausnahme der Angerol und der Lykomorphe - wurden von den drei Kindern des Schöpferpaars erschaffen.

Tasha

Bezeichnung für die Partnerin eines Desslaners nach der Vereinigung.

Terra

Jüngere der beiden älteren Schwestern von Dessmon. Erschafferin der Gestaltwandler.

Vereinigung

Zeremonie, mit der die Dessla die innigste Form der Partnerschaft eingehen. Sie wird üblicherweise nur aus tiefer Liebe eingegangen, da eine Trennung danach mit großer gesellschaftlicher Ächtung einhergeht. Gekennzeichnet wird eine Vereinigung dadurch, dass die üblicherweise grüne Partnerschaftslinie blau übertätowiert wird. Erfolgt wider Erwarten doch eine Trennung, erhält derjenige, der für die Trennung verantwortlich gemacht wird, einen Doppelstrich quer über der Partnerschaftslinie, um seine Unfähigkeit zur Führung einer ernsthaften Beziehung weithin und für jeden sichtbar zu machen. Auch nach einer Vereinigung besteht keine Verpflichtung zur absoluten Treue.

Wächter der Zeremonien

Oberste Klassenschicht in der Gesellschaftsstruktur der Dessla, dennoch haben sie keinen offiziellen Einfluss auf Politik und Geschicke der Bevölkerung. Die Wächter üben keine Macht aus, werden von den Räten bei heiklen Angelegenheiten gerne hinzugezogen. Sie dienen in den unterirdischen Tempeln und stellen eine Art Priesterschaft dar. Ihr Oberhaupt ist der Erste Wächter. Er ist der Mittelsmann zwischen den Dessla und Dessmon, das Sprachrohr des Gottes und der einzige Wächter, der die Initiation durchführen kann und darf. An der Spitze der einzelnen Tempel steht der Oberste Wächter. Wächter leben nicht zölibatär, binden sich aber auch nicht. Nur Wächter-interne Nachkommen werden als solche anerkannt, und nur Wächterkinder können selbst zu Wächtern werden. Es gibt sowohl männliche wie weibliche Wächter. Äußeres Kennzeichen eines Wächters ist sein kahlgeschorener Schädel und ein Ohrring im linken Ohr.

Wempyre

Erste nach den Menschen, von Dessmons ältester Schwester Sarpenzia erschaffene Spezies. Mächtigste der langlebigen Rassen. Gehörten früher zu den Unsterblichen, haben dieses Privileg aber aberkannt bekommen. Von Menschen irrtümlich Vampire genannt, haben sie diese Bezeichnung mittlerweile für sich übernommen. Nennen sich selbst nur noch Wempyr im Umgang mit den anderen nicht-menschlichen Spezies. Verfügen über vielfältige Fähigkeiten, u. a. der Fähigkeit zur Teleportation.

Zirkel

Zusammengesetzt aus den zwei führenden Mitgliedern jedes Rates, dem Obersten Rat und dessen Stellvertreter, besteht der Zirkel aus acht Mitgliedern. Offiziell hat der Zirkel eine lediglich beratende Funktion für den König. Inoffiziell ist er die eigentliche Machtinstitution der Dessla.

Zusammenführung

Kostenpflichtige Zeremonie im Tempel, mit der eine Partnerschaft offiziell gemacht wird. Die beiden zusammengeführten Partner bekommen eine grüne Linie übers Kinn bis zum Halsansatz tätowiert. Nach der Geburt des ersten Kindes wird diese Linie bis zum Kehlkopf ergänzt, wenn es eine Tochter ist, bei einem Sohn oder nach der Geburt des zweiten Kindes wird die Linie bis zur Halskuhle gezogen. Nach einer Trennung wird die Linie mit einem schwarzen Querstrich kurz oberhalb des Kinns ungültig gezeichnet. Im Fall des Todes eines der beiden Partner wird die Linie schwarz übertätowiert. Jede weitere Zusammenführung erhält einen neuen grünen Strich, der immer so lang ist wie der ursprüngliche/vorherige. Auch nach erfolgter Zusammenführung besteht für keinen

Dessla die Verpflichtung zur Monogamie. Jeder Desslaner und jede Desslanerin darf einen oder auch mehrere Geliebte/Liebhaber haben.

Was bisher geschah

Über 300 Jahre lang glaubt der Dessla Gor, Anführer einer Jägergruppe, seine große Liebe Inkia an den Tod verloren zu haben. Doch eines Tages steht sie plötzlich vor ihm - und das ausgerechnet, kurz nachdem er sich mit einer anderen Frau, Lyssa, vereint hat. Für Gor und Inkia scheint es keine gemeinsame Zukunft geben zu können. Obwohl die Liebe zwischen ihnen noch immer heiß brennt, können sie sich ihre Gefühle zueinander nicht eingestehen.

Erst Lyssas Intrigen bereiten der Heimlichtuerei ein Ende. Der Rat der Jäger stimmt schließlich einer Trennung von Gor und Lyssa zu und erlaubt die neue Verbindung von Gor mit Inkia.

Das Leben könnte perfekt sein - doch ein Krieg zwischen den Dessla und den Lykomorphen schickt bedrohlich seine Schatten voraus. Die Werwölfe wollen die ihnen verhassten Unsterblichen vernichten.

Prolog

Tempel des Dessmon
München, Frühjahr 2003

Flackernder Kerzenschein bemühte sich, den dreihundert Quadratmeter großen Zeremoniensaal des Münchner Tempels zu beleuchten, erzeugte jedoch mehr Schatten als Licht. Einzig die Statue des Gottes, die an der dem Eingang gegenüberliegenden Stirnseite stand und alles und jeden überragte, war in allen Einzelheiten zu erkennen. Die unzähligen Wandbemalungen, die die religiöse Geschichte der Dessla erzählten, waren nur teilweise zu sehen.

Trotzdem versuchte Ara den Sinn der Darstellungen zu erfassen, um sich von ihrer Nervosität abzulenken. Genauso, wie sie es keine vierundzwanzig Stunden zuvor getan hatte, um Herr über ihre Angst vor der Initiation zu werden. Eine nicht unbegründete Angst, wie sie jetzt wusste. Wenn der Erste Wächter, beseelt durch den Gott Dessmon, einem die Hand auf die Stellen legte, an denen sich durch dieses Handauflegen die Geschlechtsteile ausbildeten, die es vorher nicht gab, tat das schrecklich weh. Und das Wachsen der Brüste war ebenfalls nicht das, was man angenehm nennen konnte.

Seit ihrer Kindheit liebte sie Kunst, kannte jedes Münchner Museum und konnte sich stundenlang in den Details eines einzelnen Bildes verlieren, schöpfte Freude und Trost daraus, zu entdecken, was andere nicht sahen.

Gestern, während sie auf dem Altar liegend auf die Ankunft des Ersten Wächters gewartet hatte, waren es die Deckengemälde gewesen, deren Betrachtung sie beruhigt hatte. Heute wartete sie wieder, diesmal auf ihren zukünftigen Partner.

Krus. Dreihundertvierundneunzig Jahre alt und damit dreihundertsiebenundsechzig Jahre älter als sie, was man ihm, wie jedem Dessla, zum Glück nicht ansah. Ein Jäger wie ihr Vater und seit gestern auch sie.

Ihr Kinn brannte noch von der Tätowierung, die sie vor einer Stunde erhalten hatte. Ein grüner Strich, der von der Unterkante der Unterlippe bis zum Kehlkopf reichte und aussagte, dass der Partner, mit dem sie zusammengeführt war, bereits ein Kind gezeugt hatte, es ein Mädchen und somit seine Nachkommensverpflichtung noch nicht vollständig erfüllt war.

Darum waren sie einander kurz nach ihrer Geburt zugeteilt worden. Eine Entscheidung des Rats, der der Ansicht gewesen war, Krus habe den Tod seiner ersten Partnerin nun lange genug betrauert und sollte seiner Verpflichtung allmählich nachkommen.

Üblicherweise lebte ein Jäger, der diese Pflicht noch nicht erfüllt hatte, nicht dermaßen lange allein, wie es bei ihm der Fall war. Normalerweise scharten sich die Bewerber - andere Jäger mit noch uninitiierten, niemand versprochenen Töchtern oder schwangeren Frauen, wenn sie wussten, dass es ein Mädchen wurde - bereits kurz nach einer Trennung um den betreffenden Mann. Ihr Zukünftiger war ein Sonderfall. Seine erste Partnerin war nicht bloß eine einfache Partnerin gewesen, sondern seine Tasha. Die Frau, mit der er sich aus Liebe vereint hatte. Darüber hinaus war sie im Kindbett gestorben. In dem Fall wurde dem Witwer stets mehr Zeit zugebilligt, etwa zwanzig bis dreißig Jahre, bevor man ihn daran erinnerte, dass er noch etwas zu erledigen hatte.

Bei Krus kam noch ein weiterer Punkt hinzu, der die Bewerber hatte ausbleiben lassen.

Auch ihr Vater hätte sich von sich aus nicht um diesen Jäger bemüht, obwohl er hoch angesehen war. Doch

Ryst war nicht gefragt worden. Ebenso wenig wie Krus. Diese Zusammenführung war kein Arrangement, wie es sonst der Fall war, sondern ein Befehl des Rats.

Hinter der kleinen Tür in der rechten Ecke der Stirnseite, wo sich der Vorbereitungsraum befand, in dem sie ihre Tätowierung erhalten hatte, wie sie der Jäger jetzt erhielt, tat sich was. Als sich die Tür öffnete und Krus in Begleitung des Obersten Wächters den Saal betrat, setzte ihr Herzschlag für einen Moment aus. Sie wusste, ihre Freundinnen bemitleideten sie. Sogar ihre Eltern sahen aus, als würden sie zutiefst bedauern, was jetzt geschah.

Doch für Mitleid oder Bedauern bestand kein Grund. Der da auf sie zukam, war Krus, und sie freute sich auf ihr Leben mit ihm. Das tat sie seit zwölf Jahren, und endlich war es soweit.

Nicht ganz zwei Armlängen vor ihr blieben die beiden Männer stehen. Krus war in den gleichen bodenlangen schwarzen Umhang gehüllt wie sie und trug die Kapuze genauso tief in die Stirn gezogen.

Der Oberste Wächter trat hinter sie und zog ihr die Kapuze vom Kopf. Anschließend tat er dasselbe bei dem Jäger.

Einen verschwindend kurzen Moment lang sahen sie sich direkt in die Augen, bevor Krus seinen Kopf nach links drehte, sodass sie lediglich seine rechte Gesichtshälfte sehen konnte. Seit sie denken konnte, tat er das, wann immer sie einander begegneten, um die Entstellung der linken Gesichtshälfte zu verbergen, dabei störte sie sich gar nicht daran. Wieso auch? So schlimm war es doch überhaupt nicht.

Der Oberste Wächter ergriff erst ihre linken Hände und legte sie ineinander, dann die rechten. Er umfasste die geschaffene Überkreuzung und sprach den Zusammenführungssegen. Damit war die Verbindung offiziell bestätigt. Jetzt mussten sie noch den Beweis des Vollzugs erbringen. Davor fürchtete sie sich am meisten. Was würde dabei passieren, wie lief es ab? Wie würde es sich anfühlen?

Krus' Umhang, unter dem er wie sie nichts als bloße Haut trug, fiel zu Boden, als der Oberste Wächter ihn über seine Schultern streifte. Was zum Vorschein kam, war ... Bei Dessmon! Der schwarzlila Drache, der sich von seiner rechten Hüfte über den Bauch und die Brust bis zum Schlüsselbein hinaufschlängelte, schien ebenso lebendig wie der Träger dieses Tattoos. Mit jedem Atemzug hob und senkte sich der Brustkorb des gleichzeitig furchteinflößend und wunderschön aussehenden Getiers, als würde es ebenfalls atmen, und der Drache sah sie direkt an. Der Blick aus dem einen Auge, das man sah, wich ihrem nicht aus. Krus' Körper war perfekter als jede Statue, die sie jemals gesehen hatte. Von den breiten Schultern über den mächtigen Brustkorb hinunter zu seinem formvollendet ausgebildetem Sixpack über seine schmalen Hüften bis hin zu den muskulösen Oberschenkeln. Nicht einmal Michelangelos David war so schön. Er war perfekt, und ihr eigener Körper reagierte sofort.

Ihre Haut prickelte vom Haaransatz bis hinunter zu den Fußsohlen. Die Brüste, die sie seit gestern hatte und an die sie noch nicht gewöhnt war, spannten. Ausgehend von dem Geschlecht, das ihr ebenfalls noch nicht vertraut war, breitete sich Wärme in ihrem Unterleib aus.

Auch sein Körper reagierte, als ihr Umhang fiel. Der vordere Teil seines Geschlechts, der bis eben noch harmlos aussehend heruntergehangen hatte, richtete sich auf und schwoll zu etwas an, das ihr glatt den Atem verschlug. Sie merkte, wie sich ihre Augen weiteten, während sie ihren Blick nicht von der Lanze abwenden konnte, die auf sie gerichtet war.

»Der Jäger ist bereit«, sagte der Oberste Wächter.

Oh ja, das war nun wirklich nicht zu übersehen.

Einer der weiblichen Wächter trat neben sie und schob eine Hand zwischen ihre Schenkel.

»Die Jägerin ist es ebenfalls.«

Drei weitere Wächter kamen hinzu, um sie hochzuheben und auf den Altar zu legen. Einer von ihnen würde ihre Beine spreizen, Krus würde dazwischenkrabbeln, sich auf sie legen und dieses übermächtige Gerät in sie hineinzwängen. Bei dem Gedanken bildete sich ein Kloß in ihrem Hals und sie schluckte, um ihn loszuwerden.

Doch so weit kam es nicht.

Die Wächter wollten sie gerade anheben, als Krus dazwischenging.

»Nein.«

Die Szenerie im Saal fror ein. Die Wächter erstarrten zu Steinsäulen, ihre Eltern und seine Mutter - sein Vater war seit etlichen Jahrzehnten tot - hielten die Luft an. Trotz des schummrigen Lichts sah sie, wie dem Obersten Wächter sämtliche Farbe aus dem Gesicht wich. Ihr selbst war zum Heulen zumute. Nein. Ein einziges Wort, das alles infrage stellte, woran ihr etwas lag. Und warum, wenn er den Beweis zum Vollzug der Zusammenführung nicht gewillt war zu erbringen, hatte er nicht vorher etwas gesagt, bevor der Segen gesprochen worden war?

Mit nur einem Schritt seiner langen Beine war er neben ihr und zog die Wächter von ihr weg.

»Das mach ich selbst.«

Gütiger Dessmon, sie alle hatten ihn falsch verstanden. Er hatte gar nicht vor, sich dem Vollzug zu verweigern. Was für eine Erleichterung. Auch unter den Zeugen löste sich die Anspannung spürbar auf, als er sie auf seine Arme hob und zum Altar trug.

Vor vielen Jahren hatte er sie schon einmal so getragen. Da war sie noch eine Jugendliche gewesen. Damals hatte sie sich in und auf diesen Armen beschützt und geborgen gefühlt, und exakt dasselbe empfand sie jetzt. Seine Nähe gab ihr ein wohltuendes Gefühl von Sicherheit, wie nichts anderes es jemals vermocht hatte.

Der Stein, auf dem er sie ablegte, war genauso glatt,

kalt und hart wie am Vorabend. Doch die Wärme, die Krus verströmte und die er in ihr erzeugte, ließ sie kaum etwas davon spüren.

Er beugte sich über sie und brachte seinen Mund neben ihr Ohr.

»Hab keine Angst. Wir müssen nichts überstürzen. Ich werde erst in dich eindringen, wenn du wirklich bereit bist. Schließ die Augen und entspann dich.«

Sie kam überhaupt nicht auf die Idee, ihm nicht Folge zu leisten. Anscheinend hatte er ihren Blick bemerkt und auf seine Weise interpretiert. Auf genau die richtige Weise.

Seine Fingerspitzen glitten von ihrem Schlüsselbein zu ihrer Brust und intensivierten das Prickeln ihrer Haut. Er nahm ihre Brustwarze zwischen zwei Finger und spielte damit, bis sie noch fester wurde, als sie ohnehin war. Sein Mund nahm den Platz seiner Finger ein, seine Zunge setzte das Spiel fort, während seine Hand abwärtswanderte.

Gott, das Prickeln wurde unerträglich und die Wärme, die bisher ihren Unterleib erfüllt hatte, breitete sich über ihren gesamten Körper aus.

Sie schnappte nach Luft, als seine Finger auf dem Weg zu ihren Knien sacht über die neue Behaarung zwischen ihren Beinen glitten, ohne sie richtig zu berühren.

Er kletterte auf den Altar und streckte sich neben ihr aus, unterbrach sein Tun aber nicht. Auf dem Rückweg lagen seine Finger schon fester auf ihrer Haut, die Berührung war deutlicher und entlockte ihr ein Keuchen. Seine Hand verharrte an der Grenze ihrer Behaarung. Sie spürte, wie er ein Bein über ihre legte und sein Knie zwischen ihre Schenkel schob. Ohne darüber nachzudenken, gab sie dem Druck nach. Seine Hand glitt zwischen ihre Beine und löste einen Sturm in ihr aus, der sie auf eine völlig neue Ebene der Empfindungen trug. Nicht mehr Wärme sondern Hitze, kein Prickeln mehr sondern ein Brennen, als würde sie in Flammen stehen. Mit einem Finger teilte er ihre Schamlippen, während er zu der Öffnung glitt, die erst gestern entstanden war. Langsam, gemächlich zog er ihn wieder nach oben. Am oberen Ende verstärkte er den Druck, als er über die perlenartige Erhebung fuhr, die der Mittelpunkt ihrer körperlichen Empfindungen geworden war. Sie konnte das leise Wimmern, das durch ihre Kehle stieg, ebenso wenig unterdrücken wie das Zucken ihrer Beine. Erneut glitt sein Finger langsam hinab und kroch mit festerem Druck nach oben, drückte über die Perle und löste ein weiteres Wimmern und Zucken aus. Und noch einmal und noch einmal. Der Weg, den sein Finger zurücklegte, wurde jedes Mal ein bisschen kürzer, die Bewegung jedes Mal ein bisschen schneller, bis er nur noch über diesen einen Punkt glitt und sie damit fast in den Wahnsinn trieb.

Ihr Körper spielte verrückt und entzog sich völlig ihrer Kontrolle. Sie wusste nicht, wohin diese Reise sie führen würde, sie wusste nur, dass das, was sie empfand, von Sekunde zu Sekunde intensiver wurde und einer Entladung entgegenstrebte, die, wenn sie nicht bald käme, Matsch aus ihrem Gehirn machte. Sie wollte, dass es aufhörte, weil sie nicht glaubte, noch mehr davon ertragen zu können, gleichzeitig wünschte sie sich, er würde ewig weitermachen.

Sie hörte sich stöhnen, spürte, wie sie ihren Unterleib gegen seine Hand presste, merkte, dass sie ihre Beine weit gespreizt hatte. Der Moment der Erlösung war zum Greifen nahe, sie fühlte ihn kommen, obwohl ihr nicht klar war, woher sie das wusste, als Krus urplötzlich innehielt.

»Nein, nicht aufhören.«

Sie spürte, dass sich seine Lippen an ihrem Brustansatz zu einem Lächeln verzogen. Wieder glitt der Finger hinunter zu der Öffnung und diesmal auch hinein. Sie erschauerte. Zu dem einen gesellte sich ein zweiter Finger, die sich beide wieder und wieder aus ihr hinaus und in sie hinein bewegten. Fühlte sich gut an und weckte den Wunsch nach mehr.

»Genau das werde ich bald auf andere Art machen«, hauchte er ihr ins Ohr. Dann nahm er seine Hand von ihrem Geschlecht, ergriff ihre, führte sie zu seinem eigenen und brachte sie dazu, die Finger darum zu schließen. »Damit.«

Klang wie ein Versprechen, das er hoffentlich bald wahrmachte.

Zum ersten Mal hielt sie einen voll erigierten Penis in der Hand. Das fühlte sich anders an, als es aussah, oder sie sich vorgestellt hatte.

Er bewegte seine Hüften vor und zurück, sodass sein Geschlecht durch ihre Finger glitt. Ihm schien es ebenfalls zu gefallen, wie sein leises Seufzen verriet. Seine Hand kehrte zu ihr zurück und machte dort weiter, wo er vor der „Pause" aufgehört hatte.

Die Explosion erfolgte wenige Sekunden später und schüttelte sie vom Kopf bis zu den Zehen durch. Ihr Oberkörper bäumte sich auf und ihre Lust entlud sich in einem Schrei. Und er hörte nicht auf, sie zu streicheln, obwohl er es jetzt wieder sehr langsam und ohne Druck tat.

Noch bevor der Rausch, in den er sie katapultiert hatte, abebbte, spürte sie sein Gewicht auf sich und seinen Körper zwischen ihren Beinen. Und ehe sie begreifen konnte, was das bedeutete, öffnete sein Geschlecht das ihre. Es war soweit, doch sie fürchtete sich nicht mehr. Nicht nach dem, was sie gerade erlebt hatte. Sein Becken schob sich nach vorn und sie spürte, wie er in sie eindrang. Das fühlte sich so gut und so richtig an, dass neue Wärme sie durchströmte.

»Verdammt, wie eng du bist«, zischte er durch zusammengepresste Zähne.

Von neuem bemächtigte sich Furcht ihrer. Stimmte etwa etwas nicht mit ihr? Passten ihre Körper, ihre Geschlechtsteile nicht zueinander? Empfand er es als unangenehm oder gar schmerzhaft?

Sie spürte, wie er sich zurückzog. Er war in ihr gewesen, die Zusammenführung damit offiziell vollzogen und dem Gesetz Genüge getan. Es kam nicht selten vor, dass Partnerschaften es zunächst dabei beließen und es später erst richtig zu Ende führten, wenn nicht so viele Augen zusahen. Aber was kümmerten sie die Augen anderer? Sie wollte nicht, dass es vorbei war. Das durfte einfach nicht sein. Aus ihrer Furcht wollte Panik werden, doch die zerstob in tausend Funken von Bedeutungslosigkeit, als er in sie zurückglitt, sich nochmal zurückzog, um erneut in sie hineinzugleiten. Er hatte gar nicht vor, es zu beenden. Er erfüllte sein Versprechen, tat exakt das, was er mit seinen Fingern angekündigt hatte.

Seine Rechte griff unter ihr linkes Bein und zog es an ihren Körper. Damit ermöglichte er dem Wächter, sich davon zu überzeugen, dass die körperliche Vereinigung tatsächlich stattfand und nicht vorgetäuscht war. Gleichzeitig fühlte es sich an, als würde er dadurch tiefer in sie vordringen.

Ohne sein Zutun schlang sie dieses Bein und kurz danach das andere um ihn. Ja, so spürte sie ihn wirklich deutlicher.

»Gott, ist das gut«, keuchte er und klang beinahe überrascht, als hätte er genau das nicht erwartet.

Er stützte sich auf seinen Unterarmen ab, während sein Becken vorstieß. Schneller. Tiefer. Er fing an zu stöhnen, und während er immer stürmischer in sie stieß, ließ auch sie sich erneut davontragen. Sie versuchte, ihn noch besser in sich aufzunehmen, während sich ihr Innerstes bereits ebenso fest um ihn klammerte wie ihre Arme.

Das war um so vieles besser, als sie es sich vorgestellt hatte, und würde er ihr dabei in die Augen sehen, es wäre perfekt.

»Krus.« Ihre Nägel bohrten sich in seinen Rücken, als er sie ein zweites Mal über die Klippe schickte und sich ihr Unterleib in heftigen Muskelkontraktionen um ihn zusammenzog.

»Oh ja«, stöhnte er in ihr Ohr. »Genau so.«

Er hörte nicht auf, in sie hineinzuhämmern, gab ihr keine Chance, sich zu erholen oder zu Atem zu kommen. Noch ehe die Ausläufer der zweiten Explosion vorüber waren, braute sich am Horizont bereits die dritte zusammen.

Und diesmal explodierten sie gemeinsam.

Eine Erschütterung wie ein Erdbeben durchlief seinen Körper. Alle Muskeln spannten sich an und erschlafften gleichzeitig. Sein Kopf fiel neben ihren. Mit der Stirn auf dem Altarstein rang er nach Atem.

Das Paradies. Exakt der Ort, an dem sie sich gerade befand.

Nein, es gab wirklich keinen Grund für Mitleid oder Bedauern, denn wenn sie das öfter machten, vielleicht sogar jeden Tag, bestand für sie keine Notwendigkeit, das Paradies zu verlassen. Sie war glücklich wie nie zuvor in ihrem Leben, und sie würde dafür sorgen, dass er es auch war. Schon bald wäre die traurige Aura, die ihn stets umgab, nur noch eine blasse Erinnerung.

Als er sich erhob und sie allein auf dem Altar liegen ließ, öffnete sie widerwillig die Augen. Sie hätte noch stundenlang unter ihm liegen bleiben können. Er ging zu der Stelle, an der die Umhänge lagen, hob seinen vom Boden auf und schlüpfte hinein. Dann trat er vor ihre Eltern.

Was er sagte, konnte sie nicht verstehen, dazu sprach er zu leise, aber sie sah, dass ihrem Vater nicht gefiel, was er zu hören bekam. Er schüttelte den Kopf. Der nächste Satz ließ Rysts Gesicht zu einer Maske werden, schließlich atmete er tief durch und nickte mit hängenden Schultern. Krus drehte sich um und ging aus dem Saal, ohne sie auch nur anzusehen. Ihre Eltern kamen zu ihr und brachten ihr ihren Umhang.

»Komm, wir gehen.« Das Gesicht ihres Vaters war merkwürdig ausdruckslos.

Was war da los? Sollte sie jetzt nicht bei Krus sein?

»Wohin?«

»Nach Hause.«

»Aber ...«

Das war nicht richtig. Ihr Zuhause war jetzt bei Krus, und er hätte sie mitnehmen müssen, um sie dorthin zu bringen.

»Warum?«

»Weil er mit dir nicht unter einem Dach leben will.«

I

München, Ende November 2013

Zwei Dinge unterschieden das ehemalige Fabrikgebäude,vor dem Krus stand, von denen, die er in den letzten Tagen gecheckt hatte. Erstens der schrecklich desolate Zustand. Viele Fensterscheiben waren zerbrochen, überall bröckelte der Außenputz von den Wänden und das Blechdach sah aus, als wäre es kein ernst zu nehmendes Hindernis für eindringende Feuchtigkeit. Ein Wunder, dass es den Schneemassen, die darauf lagen, noch standhielt. Nicht, dass es in diesem Winter bisher sonderlich viel Schnee gegeben hätte, aber bei einem Flachdach sammelte er sich trotzdem. Zweitens fehlte das weithin sichtbare „Zu vermieten"-Schild an der Fassade - eine direkte Folge von erstens. Wer mietete schon ein halb zerfallenes Gebäude, wenn es doch viele gut erhaltene und neue gab, die leer standen?

Drei Dinge, denn diesmal war er sicher, am Ziel seiner Suche zu sein. Dieses verlassene Objekt war ein ideales Versteck für einen Desslaner auf der Flucht.

Gerissen hatte er sich um diesen Auftrag nicht. Angehörige der eigenen Rasse zu jagen, war immer ein bisschen langweilig, weil die Dessla grundsätzlich ziemlich friedlich und rechtschaffen waren, und ihre Vergehen demzufolge eher unspektakulär. Keine Herausforderung bei der Jagd - meistens stellten sie sich eh freiwillig - und ebenso wenig bei der Festnahme, der sie sich so gut wie nie widersetzten. Einen Dessla zur Aufgabe zu überreden, war leicht. In neun von zehn Fällen reichte das bloße Auftauchen eines Jägers, um sie dazu zu bewegen.

Dieser hier war anders, was damit anfing, dass er geflohen war. Das typische Verhalten angeklagter Dessla war, zu Hause zu sitzen und zu warten, bis ein Jäger kam, um sie abzuholen. Während der Überstellung machten sie üblicherweise ebenfalls keine Schwierigkeiten, verhielten sich ruhig und kooperativ. Der hier war alles andere als ruhig geschweige denn kooperationsbereit.

Krus jagte ihn jetzt seit zwei Wochen und bei jedem Versteck hatte eine Überraschung auf ihn gewartet, obwohl der Desslaner den Unterschlupf bereits verlassen hatte. Zum Beispiel ein Draht, der ein auf die Tür gerichtetes Gewehr auslöste. Zum ersten Mal in seinem Leben jagte er einen Desslaner unter Einsatz einer kugelsicheren Weste.

Das normabweichende Verhalten dieses Delinquenten war seinem Verbrechen indes durchaus angemessen. Zweifacher Mord, was bei den Dessla nur alle Jubeljahrzehnte vorkam. Beim ersten sogar Brudermord. Und wie es aussah, würde er exakt dafür verurteilt werden. Man versuchte nicht, sich der Verhaftung zu entziehen, wenn es lediglich Körperverletzung mit Todesfolge, Notwehr oder gar ein Unfall war. Aber bei einem gezielten Schuss in den Hinterkopf und einer durchgeschnittenen Kehle war das Argument Notwehr oder Unfall eher unwahrscheinlich und völlig unglaubwürdig.

Das war der entscheidende Vorteil der internen Aufträge, die die Jäger vom Zirkel erhielten, der sich aus den beiden führenden Mitgliedern der vier Räte - der Jäger, der Krieger, des Adels und der Oberschicht - zusammensetzte. Im Gegensatz zu den Aufträgen der Angerol war bekannt, wessen der Gejagte angeklagt war, sodass sich die Jäger auf die zu erwartende Reaktion einstellen konnten. Bei den Angerolaufträgen war das wie beim Glücksspiel. Das machte das Ganze zwar ein bisschen interessanter, war allerdings mit die Hauptursache, dass so verflucht viele Jäger bei der Jagd draufgingen.

Nun, hier in diesem Loch und mutterseelenallein abzukratzen, hatte er nicht vor. Deshalb zog er seine Combat aus dem Holster und entsicherte sie.

»Ich, an deiner Stelle, würde da nicht allein reingehen.«

Er fuhr zu der Stimme herum. Drei Meter hinter ihm stand ein Junge, ungefähr dreizehn Jahre alt, in abgetragener Kleidung. Spindeldürr und mit strähnigem, ungekämmtem Haar schrie er geradezu nach Verwahrlosung. Ein Mensch, noch dazu einer, der sich eine Weile nicht mehr gewaschen hatte. Scheiße, wieso hatte er den überrochen?

Langsam hob der Junge die Arme. Da erst bemerkte er, dass er die Combat auf ihn gerichtet hielt.

»Wer bist du?«

Der Junge schielte auf die riesige Mac-Tüte, die von seiner rechten Hand baumelte. »Der Pizzabote?«

Krus senkte die Hand. »Du haust besser ab.«

Widersprechend schüttelte der Junge den Kopf. »Du bist eine beeindruckende Erscheinung, sogar für einen Jäger, trotzdem würde ich Verstärkung anfordern. Der Kerl da drin ist echt irre.«

Woher wusste der Kleine, was er war?

Als hätte er den Gedanken erraten, tippte sich der Junge gegen das Kinn.

»Die meisten Menschen halten das für ein cooles Gangtattoo, ich weiß es besser, und deine Kleidung verrät mir den Rest. Und ich weiß, dass du ebenso wenig ein Mensch bist wie er.«

Nicht viele Menschen wussten Bescheid. Das warf Fragen auf, mit deren Klärung er sich im Moment allerdings nicht beschäftigen konnte.

»Verschwinde jetzt endlich.«

Wieder schüttelte der Junge den Kopf. »Ich kann dir helfen.«

Erneut schielte er auf die Tüte.

»Ich kann dich unbemerkt reinbringen.«

»Wieso solltest du?«

»Weil es endlich enden muss.«

Aha. Der Junge trieb sich nicht erst seit gestern im Fahrwasser des flüchtigen Desslaners herum. Vielleicht war er nicht freiwillig mit dem Mann zusammen und sah jetzt seine Chance zu entkommen. Das ergab Sinn und erklärte gleichzeitig sein Wissen.

»Also gut. Wie sieht's da drin aus?«

Der Kleine beschrieb die Örtlichkeiten ebenso detailliert wie die Bewaffnung des Desslaners und die aufgestellten Fallen. Er stellte alles derart plastisch dar, dass Krus es sich problemlos bildlich vorstellen konnte. Eine bemerkenswerte Eigenschaft, die er bei einem heimatlosen Herumtreiber nicht erwartet hatte, weil sie von Intelligenz zeugte und einem stark ausgeprägten Gedächtnis.

Nachdem er mit der Schilderung fertig war, schlenderte der Junge zur windschief in ihren Angeln hängenden Tür. Sie quietschte, als er sie aufzog.

»Ich bin's«, rief er in die leer anmutende Halle.

»Wurde auch Zeit«, knurrte eine männliche Stimme aus den Schatten. »Wieso hat das so lange gedauert?«

»War viel los.«

Der Junge betrat die Halle und Krus schlüpfte hinter ihm hinein. Er verbarg sich hinter einer Betonsäule und sah sich um. Alles war, wie der Junge es beschrieben hatte.

Im hinteren Teil lagen zwei Matratzen, die beinahe ebenso dreckig waren wie der Boden. Überall lag der Müll vergangener Fastfood-Mahlzeiten herum. Wie konnte man so nur leben? Wie konnte man einen Heranwachsenden zwingen, so zu leben? Und das als ehemaliger Adliger. Wie tief man doch sinken konnte, aber das erlebte er heute nicht zum ersten Mal.

Den Mann indes entdeckte er nirgends. Wo, zum Teufel, steckte der Kerl? Die Frage beantwortete sich, als er den Lauf einer Waffe im Genick spürte. Verdammt nochmal, was war heute bloß mit ihm los? Erst hatte sich der Junge an ihn heranschleichen können und jetzt der Mann, den er eigentlich einfangen sollte. Stattdessen war er zum Gefangenen geworden.

»Meine Nase funktioniert wohl besser als deine«, zischte ihm der Desslaner ins Ohr. »Hast du Schnupfen? Dann solltest du dich besser ins Bett legen und von deiner Partnerin pflegen lassen, anstatt auf die Jagd zu gehen.«

Von seiner Partnerin pflegen lassen? Ara würde ihn nicht mal pflegen, läge er im Sterben. Weil sie keinen Grund hatte, das für ihn zu tun, und weil er es ihr gar nicht erlauben würde.

»Ich hoffe, du hast dich anständig von ihr verabschiedet, bevor du losgezogen bist, du wirst sie nämlich nicht wiedersehen.«

Das Geräusch eines Abzugshahns, der gespannt wurde, und ein damit einhergehendes Klicken erklangen. Ein Trommelrevolver? Na, letztlich waren die genauso tödlich wie moderne Handfeuerwaffen mit Magazin.

Seine offiziell größte Angst war wahr geworden. Er hatte versagt. Und jetzt bezahlte er mit dem Leben für seine Nachlässigkeit.

Zu sterben war nicht mal das Schlimmste. Viel schlimmer war die Gewissheit, dass niemand ihn vermissen würde. Außer den Hunden vielleicht, und die würden ihn vermutlich schnell vergessen. Die anderen Jäger seiner Truppe wären vielleicht geschockt. Vorwiegend, weil sie unterbesetzt waren, aber Gor würde nicht lange brauchen, um sich von dem Schock zu erholen und nach einem Ersatz zu suchen. Seine Tochter und deren Nachkommen wären womöglich eine Weile traurig, da der Kontakt jedoch ziemlich sporadisch war, ging er eher von einer kurzen Weile aus. Und Ara? Ara wäre wahrscheinlich sogar froh, ihn los und endlich für einen Partner frei zu sein, der diese Bezeichnung verdiente, und der ihr geben konnte, was sie verdiente.

Bei diesem Gedanken zog sich sein Magen zusammen.

Er hatte sich nicht anständig von ihr verabschiedet, hatte er noch nie getan. Er hatte sie seit Monaten nicht gesehen. Seit ihrer letzten Fruchtbarkeit, um genau zu sein, und er war am Morgen danach ebenso wortlos gegangen wie immer. Das konnte wohl kaum als anständig bezeichnet werden.

Nein, niemand würde ihn vermissen. Im Grunde tat der Kerl hinter ihm der Welt einen Gefallen, wenn er ihn von ihrem Antlitz pustete. Und ihm ebenso, wenn er ehrlich war, und scheiß was auf das mutterseelenallein. Er war dieses Leben schon lange leid. Die Abscheu in den Augen derjenigen, die ihn ansahen, der Ekel, den er spürte, wenn er sich selbst ansehen musste. Die Einsamkeit, die er empfand und seit mehr als zweihundert Jahren einfach nicht abschütteln konnte. Seit seiner Zusammenführung mit Ara hatte sie ganz neue Ausmaße angenommen, weil sich in jener Nacht im Tempel noch etwas dazugesellt hatte: Der Wunsch, seine Einsamkeit möge enden.

Die Sehnsucht, mit einer Partnerin zusammenzuleben, richtig zusammenzuleben, als Paar, hatte das Gefühl der Einsamkeit noch tiefer werden lassen, als es ohnehin gewesen war. Allerdings bezog sich dieses Zusammenleben nicht auf irgendeine Partnerin. Nein. Dafür kam nur eine einzige Frau infrage: Ara. Keine andere. Aber sein Wunsch würde nie in Erfüllung gehen, konnte nicht in Erfüllung gehen. Diese Sehnsucht blieb auf ewig ungestillt. Auf ewig? Nein, heute endete es.

Für einen Krieger gab es nichts Besseres, als im Kampf zu sterben. Für einen Jäger galt Ähnliches. Er begrüßte seinen bevorstehenden Tod lächelnd. Man würde ihn nicht vermissen, aber in ehrbarem Andenken behalten. Er starb, wie es sich für einen Jäger gehörte: auf der Jagd.

»Nein!«, schrie der Junge.

Krus hörte etwas durch die Luft fliegen, raschelndes Papier hinter sich und das Fluchen des Mannes. In dem Moment, als die Waffe keinen Druck mehr auf sein Genick ausübte, drehte er sich um.

»Du kleiner, undankbarer Mistkerl.«

Der Desslaner zielte jetzt auf den Jungen. Hamburger und Pommes verteilten sich über den Boden. Sie waren aus der Papiertüte gerollt, die der Kleine nach dem Mann geworfen hatte. Das riss Krus aus seiner Lethargie. Sich mit dem eigenen Tod abzufinden, war eine Sache, den eines anderen war er nicht gewillt hinzunehmen. Vor allem nicht den eines Kindes, das sein ganzes Leben noch vor sich hatte.

Er hob den Arm und schoss. Blut spritzte aus dem Hals des Desslaners, wo die Kugel ihn getroffen hatte, und besudelte seinen kompletten Oberkörper. Der Mann ging in die Knie.

»Wieso?«, fragte er den Jungen mit ungläubig aufgerissenen Augen, bevor er vornüber aufs Gesicht fiel.

Die Blutlache um ihn herum wurde schnell größer, und er zuckte nicht mal mehr. Für Krus stand fest, dass er tot war. Kein befriedigendes Ergebnis für den Zirkel. Er sah das anders.

Das Kind trat neben die Leiche und blickte auf sie hinunter. »Du verdammter Idiot.«

Der Junge sank auf die Knie, ohne sich um das Blut zu scheren, in dem er landete, und drehte den Leichnam auf den Rücken. Tränen liefen über seine Wangen, als er die Lider des Mannes zudrückte. »Wieso hast du dich nicht ergeben, du Blödmann?«

Schien so, als hätten die beiden eine gewisse emotionale Bindung gehabt. Die Tränen sprachen ebenfalls dafür. Stockholm-Syndrom?

»Wer war er?« Weil er das Gefühl hatte, den Jungen zu schlagen, würde er normal laut sprechen, flüsterte er.

»Mein Vater.«

Sein ... was? Ach du Scheiße. Aber der Kerl hatte auf den Jungen gezielt, das machte man doch nicht, wenn es der eigene Sohn war. Oder?

»Er war völlig durchgeknallt und manchmal ein echter Scheißkerl, aber der einzige Vater, den ich je hatte.«

Ach so, nicht wirklich sein Erzeuger, sondern nur eine Projektion. Er kniete sich neben den Jungen in die Blutpfütze. War nicht das erste Mal, dass seine Lederhose Bekanntschaft mit dieser Substanz machte. Er legte dem Teenager eine Hand auf die Schulter, und der Junge sprach weiter.

»Mutter hat mir immer erzählt, mein Vater wäre vor meiner Geburt gestorben. Ich hab die Wahrheit erst von ihm erfahren. Kein Wunder, dass Mutter mich angelogen hat. Wenn sie mir gesagt hätte, dass mein Vater kein Mensch ist, sondern einer Rasse Unsterblicher angehört, dem verboten worden war, mit uns zusammen zu sein, hätte ich ihr sowieso nicht geglaubt.«

Doch der leibliche Vater?

»Er hat mir gesagt, dass sie sich geliebt haben, er und Mutter, und es ihm egal war, dass sie keine Angehörige seiner Rasse war. Seiner Familie war es nicht egal. Sie haben ihn gezwungen, Mutter zu verlassen. Ein Mensch war ihnen nicht gut genug.«

Das glaubte er bei Angehörigen des Adels unbesehen. Der Junge starrte ins Leere und erzählte weiter. Was die Familie des Vaters nicht wusste, war, dass seine Mutter zu dem Zeitpunkt schon schwanger war. Deshalb waren die beiden heimlich in Kontakt geblieben. Der Vater hatte sich dem Jungen nie gezeigt, wahrscheinlich um ihn zu beschützen. Aber er hatte dafür gesorgt, dass es Mutter und Kind an nichts fehlte. Nachdem die Mutter tot war und der Kleine ins Heim gesteckt wurde, hatte er ihn aus den Augen verloren. Aber er hatte nicht aufgehört, nach seinem Sohn zu suchen, bis er ihn dann gefunden hatte.

Er hatte angefangen, ihn zu besuchen, und ihm nach und nach klargemacht, wer er war, und vor allem was, und versprochen, ihn mitzunehmen, sobald er eine sichere Bleibe gefunden hätte.

»Woran ist deine Mutter gestorben?«

»Unfall mit Fahrerflucht. Ein Betrunkener hat sie überfahren. So steht es zumindest im Polizeibericht.«

Klang, als steckte mehr dahinter.

Den Unfallfahrer hatte die Polizei nie erwischt, erzählte der Junge weiter. Sein Vater war erfolgreicher gewesen, denn er hatte ihm den Fahrer beschrieben, wie er es nach dem Unfall auch bei den Behörden getan hatte.

»Ich war acht, als es passiert ist, und die waren überzeugt, ich hätte mir das mit den grünbraun gestreiften Haaren eingebildet. Mein Vater hat das nicht gedacht. Er wusste sofort, wen ich gesehen habe. Seinen Bruder. Und als er ihn zur Rede stellte, hat er gesagt, Mamas Tod wäre ein Versehen gewesen.«

Das eigentliche Ziel war der Junge. Da ist sein Vater ausgeflippt. Der Kleine glaubte, sein Vater hatte den Bruder umgebracht, denn er war ganz schön durch den Wind gewesen, als er ihn danach im Heim besuchte. Er hatte ihn gleich mitgenommen und gemeint, sie müssten verschwinden. Seither waren sie auf der Flucht.

Gütiger Dessmon, hinter der Mordanklage steckte also eine Familientragödie, die einen bis dato unbescholtenen Desslaner in einen Racheengel verwandelt hatte. Und der Zirkel wusste es vermutlich, zumindest die zwei Mitglieder aus dem Rat der Adligen.

Was war nur in der Familie vor sich gegangen, als sie beschlossen hatte, das Kind aus der Welt zu schaffen? Wie hatten sie überhaupt von ihm erfahren? Und wie kalt musste ein Onkel sein, um sich zu entscheiden, das Instrument zur Umsetzung eines Mordplans am eigenen Neffen zu sein?

Okay, die Dessla tanzten nicht gerade vor Begeisterung über Menschen-Halbblüter. Im Allgemeinen wurden sie jedoch stillschweigend toleriert. In den meisten Fällen setzte sich sowieso das menschliche Erbgut durch, was bedeutete, dass sich das vermeintliche Problem ohnehin nach ein paar Jahrzehnten von allein löste.

Der Junge drehte den Kopf und sah ihn direkt an, und zum ersten Mal seit langer Zeit verspürte er nicht den Zwang, das Gesicht abzuwenden.

»Er hat sich um mich gekümmert, so gut er konnte, obwohl das in letzter Zeit nicht besonders gut war, weil er mit jedem Tag verrückter geworden ist. Aber er war da. Jetzt hab ich niemanden mehr. Was soll denn jetzt aus mir werden? Wo soll ich hingehen?«

Grundgütiger! Er hatte dem Jungen den Vater genommen. Die einzige Bezugsperson, die das Kind gehabt hatte.

»Tut mir leid. Ich wünschte, ich hätte ihn nicht getötet.«

Das stimmte allerdings erst seit ein paar Sekunden. Wenn er wirklich vorgehabt hätte, den Kerl am Leben zu lassen, würde er noch leben. Er war ein zu guter Schütze, um jemanden aus Versehen zu erschießen. Wenn er gewollt hätte, wäre es kein Problem gewesen, ihn lediglich außer Gefecht zu setzen. Aber das hatte er nicht gewollt. Er hatte ihn töten wollen. Um den Jungen zu beschützen. Wenn er die Hintergründe vorher gewusst hätte, wäre es nicht so weit gekommen.

»Ist okay. Ich denke, daran ist Vater selbst schuld. Er hätte sich doch nur ergeben müssen. Wieso hat er das nicht?«

Woher sollte Krus das wissen? Sich in die Köpfe oder gar Seelen anderer hineinzuversetzen, war eine Gabe, über die er nicht verfügte. Leider. Er gäbe viel darum, könnte er es. Es würde so vieles erleichtern und, vielleicht, wenn er dazu in der Lage wäre, hätte er gemerkt, dass es zwischen dem Mann und dem Jungen eine Verbindung gab, dann hätte er den Kerl nur außer Gefecht geschossen.

Ihm wurde ganz schlecht bei dem Gedanken daran, dass er dafür verantwortlich war, dass der Junge jetzt niemanden mehr hatte. Keine Bezugsperson, kein Zuhause. Wo sollte der Kleine jetzt hin? Zu ihm? Großer Gott, nein. Seine Gesellschaft war nun wirklich nichts, was ein Heranwachsender brauchte. Zumal er der Mörder seines Vaters war.

Er spürte, wie er den Kopf schüttelte, noch bevor er den Gedanken zu Ende gedacht hatte. Er war niemand, mit dem man zusammenleben wollte.

Das Los, mit ihm in seinem traurigen Haus zu leben, bürdete er keiner Seele auf. Nicht mal seiner Partnerin, von der immerhin erwartet wurde, dieses Schicksal klaglos hinzunehmen. Außerdem stand der Junge momentan unter Schock. Irgendwann in naher Zukunft, wenn er den überwunden hatte, würde er begreifen, was Krus getan hatte und ihn dafür hassen. Er hasste den Kerl ja auch, der seinen Vater getötet hatte, obwohl er nicht wusste, wer es gewesen war.

»Ich geh nicht zurück ins Heim. Eher werfe ich mich vor einen Zug, das schwör ich.«

»War es dort denn so schlimm? Haben sie dich schlecht behandelt?«

»Das ist es nicht. In der Zeit, in der ich dort war, hatte ich so viele Unfälle, bei denen ich fast draufgegangen wäre, dass Vater das nicht für Zufall hielt. Er meinte, seine Familie hätte ihren Plan noch nicht aufgegeben, deshalb hat er ja auch nicht aufgehört. Er sagte, wir wären erst vor ihnen sicher, wenn keiner mehr da wäre, uns nachzustellen. Wenn ich ins Heim zurückgehe, finden sie mich dort ganz leicht. Da kann ich auch gleich zu ihnen gehen und sagen ›Hier bin ich, bringt mich um‹.«

Dreizehn Jahre, höchstens, aber ein Kind war der Junge schon lange nicht mehr.

»Wie heißt du eigentlich, Kleiner?«

»Simon.«

Tief atmete Krus durch. Er konnte sich nicht vorstellen, wie es sein würde, mit einem Kind zusammenzuleben, einfach hierlassen konnte er Simon aber auch nicht. »Also gut, Simon. Ich nehm dich mit zu mir. Vorläufig und nur vorübergehend, bis ich einen sicheren Platz für dich gefunden habe.«

Verflucht nochmal. Jetzt nahm er zusätzlich zu Hunden auch noch streunende Menschen auf. Wenn er so weitermachte, wurde er von der Gilde der Ungewollten noch heiliggesprochen.

2

Als Ara den Raum betrat, in den der Diener Lukas ihren Besuch geführt hatte, stand Inkia von ihrem Stuhl auf und kam auf sie zu. Die Musterung, der sie unterzogen wurde, schien ein anderes Ergebnis hervorzubringen, als das, mit dem Inkia gerechnet hatte. So deutete Ara zumindest die Überraschung in Inkias Blick. Tja, auf eine Jägerin zu treffen, die wie eine Jägerin aussah, obwohl sie keiner Gruppe zugeordnet und demzufolge inaktiv war, hatte Inkia definitiv nicht erwartet.

Das ging den meisten nicht anders, wenn sie ihr zum ersten Mal begegneten. Fast alle gingen davon aus, ihr Äußeres sei das Einzige, was sie zu bieten hatte, und dass sie das durch die entsprechende Kleiderwahl unterstrich. Nicht wenige stellten sie sich als hübsches Weibchen vor, dessen war sie sich bewusst.

Die Realität sah anders aus, weil sie darauf achtete, dass es so war. Sie trainierte viel und hart, und das sah man ihrem Körper an. Ihre Größe tat ein Übriges dazu. Sie konnte förmlich sehen, wie Inkia sie im Geiste neben Gor stellte, um einen Größenvergleich zu haben. Soweit sie sich erinnerte, war sie beinahe genauso groß wie Gor, und somit vermutlich die größte Frau, die Inkia je gesehen hatte.

»Entschuldige, dass du warten musstest. Ich bin erst seit kurzem daheim und stand gerade unter der Dusche.«

»Kein Problem.« Inkia streckte ihr die Hand entgegen. »Ich bin ...«

»Ich weiß, wer du bist«, fiel sie ihr lächelnd ins Wort. »Ein leuchtendes Paar spricht sich schnell herum. Und wenn es über alle Regeln hinweg die Genehmigung zur Vereinigung erhält, erst recht. Ihr beide, du und Gor, habt Geschichte geschrieben, und das zu Lebzeiten. Ich hab mir dich allerdings anders vorgestellt.«

»Dito.«

Das konnte sie sich lebhaft vorstellen. Am meisten stolperte Inkia vermutlich über die optische Abstimmung zu Krus, die so gut wie jeden irritierte. Die sogar Krus irritiert hatte, nachdem sie in ihrer Jugendzeit zutage getreten war.

Ihre Augen hatten die gleichen Farben, nur andersherum. Seine dunkelgrün mit braunem Ring um die Iris, ihre braun mit deutlichem grünem Ring. Bei den Haaren war es dasselbe. Seine schokobraun mit burgunderroten Sprenkeln, ihre burgunderrot mit schokobraunen Sprenkeln. Sie wusste, würde man Krus und sie nebeneinanderstellen, sie gäben rein optisch das perfekte Paar. Wenn sie ein richtiges Paar wären. Was sie nicht waren, weil Krus es so entschieden hatte.

»Darf ich fragen, warum du hier bist? Und sag jetzt bitte nicht, du wärst sowieso in der Gegend gewesen.«

Inkia lachte. »Stimmt, war ich nicht. Ich wollte dich kennenlernen, aber du hast bisher alle Einladungen ausgeschlagen. Da dachte ich, wenn der Prophet nicht zum Berg kommt, muss der Berg eben zum Propheten.«

»Hast du Nari auch schon besucht?«

»Nari hat bisher nicht den Eindruck vermittelt, als würde sie gesteigerten Wert auf meine Bekanntschaft legen.«

»Und was veranlasst dich zu der Annahme, bei mir wäre das anders?«

»Ich weiß nicht.« Inkia zuckte mit den Achseln. »Vielleicht, weil Nari persönlich abgesagt hat mit der Bitte, sie nicht mehr einzuladen. Du hast dich nie selbst geäußert.«

Das Thema gefiel Ara nicht sonderlich, sie würde jedoch nicht darum herumkommen, es mit Inkia zu besprechen. Allerdings nicht hier.

»Lass uns in mein Zimmer gehen.«

Sie verließen den Warteraum, und kaum draußen rief sie nach dem Diener. Lukas kam herbeigeeilt, als hätte er nur darauf gewartet. »Madame Ara?«

»Mein Gast möchte jetzt gerne nachholen, was du bisher versäumt hast. Sie möchte ablegen. Und bring uns bitte was zu trinken rauf.« Sie wandte sich an Inkia. »Kaffee? Tee? Wasser? Irgendwas anderes?«

»Kaffee und Wasser wären gut«, meinte Inkia, während Lukas ihr den Mantel abnahm. »Wasser ohne Blubb, wenn's geht. Danke.«

»Sehr wohl«, erwiderte Lukas und machte auf dem Absatz kehrt.

»Du darfst es ihm nicht übel nehmen. Er ist ein bisschen schräg drauf, wenn es um die Partnerinnen von Jägern geht, vor allem von Jägern dieser Gruppe. Hat wohl Angst, es könnte ein ähnliches Desaster geben wie damals, als ... Ach, ist egal.«

Sie führte Inkia in den obersten Stock, wo sich hinter der einzigen Tür, die es am Ende der Treppe gab, ihre Suite befand. Schnell räumte sie die Sportklamotten zur Seite, die sie vor dem Duschen achtlos über das edle Ledersofa geworfen hatte und die jetzt nicht ins Bild passen wollten. Nachdem das erledigt war, bedeutete sie ihrem Gast, sich zu setzen.

»Um auf deine Frage zurückzukommen. Ich habe deine Einladungen nicht aus Desinteresse ausgeschlagen, sondern weil ich Krus nicht begegnen wollte.«

Ach du Schande. Der Blick, der sie traf, sprach Bände. Natürlich dachte Inkia nach dieser Aussage, dass die Gerüchte, sie könne Krus' Anblick nicht ertragen, stimmten. Was folgte, war ein peinliches Schweigen, in das Lukas mit den Getränken platzte. Nachdem er verschwunden war, nahm sie den Faden wieder auf.

»Neugierig war ich schon, aber weißt du, ich versuche, Krus' Wünsche im Rahmen des Machbaren zu erfüllen, und er ist alles andere als glücklich, wenn er mit mir in einem Raum sein muss. Deshalb vermeide ich solche Zusammentreffen, wenn es geht.«

Sie sah, wie es hinter Inkias Stirn arbeitete. Klar, auf die Idee, die räumliche Trennung könne seine Idee gewesen sein, war Inkia bisher bestimmt nicht gekommen. Wieso auch? War doch logisch, dass es nicht an ihm lag, sondern nur an ihr liegen konnte. Schließlich fand sich in seiner Entstellung, die gar nicht so schlimm war, wie alle immer taten, eine ausreichende Erklärung.

»Kann ich dir eine Frage stellen?«

Kam auf die Frage an. Über Krus wollte sie eigentlich nicht sprechen, trotzdem nickte sie.

»Damals, als was?«

Wäre auch zu schön gewesen, wenn Inkia diesen abgebrochenen Satz ignoriert hätte. Na gut, wie sollte sie anfangen? Zwei Stück Würfelzucker wanderten in ihren Kaffee, dicht gefolgt von einem Schuss Sahne, und während sie darüber nachdachte, was sie Inkia erzählen wollte, rührte sie in der Tasse, als wollte sie sich bis zum Unterteller durcharbeiten.

»Du musst es mir nicht sagen, wenn du nicht willst.«

Inkia versuchte, ihr die Sache einfacher zu machen. Das war nett, aber jetzt hatte das Gespräch schon diese Richtung eingeschlagen, da konnten sie es auch zu Ende bringen. Wenn ihr doch nur der Name von Naris Partner einfiele. Alles, woran sie sich erinnerte, war, dass er mittlerweile nicht mehr die Funktion eines Jägers innehatte, sondern die eines technischen Beraters. Sie war ihm, im Gegensatz zu seiner Partnerin, noch nicht begegnet, und wenn sie keine Verknüpfung mit Gesichtern herstellen konnte, war ihr Namensgedächtnis etwas lückenhaft. Es war irgendwas mit J.

»Was weißt du über Jills Vorgänger?«, antwortete sie mit einer Gegenfrage, als ihr der Name endlich eingefallen war.

Nicht viel bis gar nichts, sagten Inkias fragend hochgezogene Augenbrauen. Wahrscheinlich wusste sie gerade mal, dass er bei der Jagd auf einen Lykomorph getötet worden war.

»Er war Krus' bester Freund«, erläuterte Ara deshalb. »Eines Tages stand seine Partnerin vor der Tür, wie du heute. War wohl der Ansicht, wenn sie sich mit mir anfreundet, würde das unser Verhältnis verbessern, also das von Krus und mir. Ich weiß nicht, wie sie sich das vorgestellt hat, auf jeden Fall ist der Schuss mächtig nach hinten losgegangen. Am Ende war Krus sauer, sein bester Freund ebenfalls, und eine Frau, die ich mochte und an deren Gesellschaft ich Gefallen gefunden hatte, geht mir seither aus dem Weg. Sie hat seit damals kein Wort mehr mit mir gesprochen. Als ob es meine Idee gewesen wäre. Seitdem bin ich vorsichtig, wenn es darum geht, mich mit den Partnerinnen der Jäger aus Krus' Gruppe anzufreunden.«

»Ich bin nicht wegen Krus hier.«

Natürlich nicht. Das würde sie Inkia niemals unterstellen. Inkias Neugier, sie kennenzulernen, hatte bestimmt nichts mit Krus zu tun und der unbedeutenden Tatsache, dass sie seit über zehn Jahren seine Partnerin war, die ihn in den Augen aller verschmähte. Nein, ganz sicher hatte es damit nichts zu tun. Und Inkia war in Wahrheit auch nicht hier, um eine Bestätigung zu erhalten, dass sie die gefühlskalte Frau war, die Inkia sich ausgemalt hatte. Eine Frau, die ihren Partner abwies, weil sie nichts als sein halb zerstörtes Gesicht und darum ein Monster in ihm sah.

»Ich hab einen Mädelsabend eingeführt, weil wir doch alle im selben Boot sitzen. Wir treffen uns alle vierzehn Tage bei mir und machen, wozu wir Lust haben.«

»Wer ist wir?«

»Mera, Poki und meine Wenigkeit. Ich fänd's schön, wenn du auch dabei wärst.«

Okay, vielleicht tat sie Inkia Unrecht. Dennoch ging

sie auf das Thema Mädelsabend nicht weiter ein, was Inkia nicht zu verwundern schien. Wenn man mit der Tür ins Haus fiel, musste man damit rechnen, dass die Besitzer erst nach neuen Scharnieren suchten, um die Tür zu reparieren, bevor sie auf das Hereinschneien reagierten. Anscheinend erwartete Inkia aus diesem Grund keine schnelle Antwort.

Sie redeten eine Weile über eher Belangloses. Zum Beispiel darüber, wie sie ihre Freizeit verbrachten. Inkia erzählte auch von ihrem Job als Krankenschwester. Sie war stolz darauf, den Abschluss als Jahrgangsbeste absolviert zu haben.

Jeder Mensch würde vor Neid erblassen, wenn er wüsste, wie schnell und einfach Dessla lernten und sich Wissen aneignen konnten. Ein einmal gelesener Text blieb im Gedächtnis. Nicht wortwörtlich, aber inhaltlich. Eine einmal ausgeführte Tätigkeit konnte auch nach Jahren wiederholt werden. Möglicherweise nicht perfekt, aber die einzelnen Schritte waren vorhanden. Alles, was es dann noch brauchte, waren Erfahrung und Routine. Und Wille natürlich. Wenn ein Dessla nicht wollte, konnte man ihm nicht mal mit dem Prügel etwas eintrichtern.

Für die Ausbildung zur Krankenschwester benötigten Menschen drei Jahre. Die Dessla veranschlagten dafür höchstens fünf bis sechs Monate. Gor musste unglaublich stolz auf seine Tasha sein.

Ara wiederum berichtete von ihrer Arbeit mit jugendlichen Desslanerinnen vor deren Initiation, die sie sich in Ermangelung einer zugeteilten Aufgabe eigenmächtig kreiert hatte. Die einzige Aufgabe, die der Rat für sie vorgesehen hatte, war, die Mutter von Krus' zweitem Kind zu werden, weswegen sie ratsseitig den Status „inaktiv" hatte. Aus diesem Grund würde kein Gruppenanführer sie bei der Zusammenstellung seiner Gruppe in Betracht ziehen. Zu Hause herumzusitzen und darauf zu warten, schwanger zu werden, wozu sie ja nur ein Mal pro Jahr Gelegenheit hatte, genügte ihr nicht. Das sprach sie allerdings nicht aus.

Inkia hörte ihr aufmerksam zu und strich sich dabei immer wieder über den Bauch. Eine Geste, die zu sehen wehtat. Wie gern würde sie das mit ihrem eigenen auch machen können. Plötzlich verzog Inkia das Gesicht.

»Geht's dir nicht gut?«

»Doch, doch. Alles okay. Das Kleine findet heute nur ein unheimliches Vergnügen daran, mich zu malträtieren. Das geht schon den ganzen Tag so.«

Sehnsucht ergriff Besitz von ihr und sie streckte den Arm aus, ohne sich dessen wirklich bewusst zu sein. »Darf ich?«

Inkia lächelte. »Nur keine Scheu. Ich hab mich längst daran gewöhnt, dass früher oder später alle Frauen diesen Bauch berühren wollen. Es erstaunt mich nur immer wieder, dass er bei all dem Darübergereibe noch nicht angefangen hat zu glänzen wie eine polierte Glatze.«

Ara legte ihre Hand genau auf die richtige Stelle. Die Tritte, die sie an ihrer Handfläche spürte, fühlten sich himmlisch an. Ein kleines Lebewesen bewegte sich im Bauch der Frau ihr gegenüber, und sie konnte dieses neue Leben ebenso spüren wie das Lächeln, zu dem sich ihre Lippen verzogen.

»Fühlt sich toll an.«

»Für dich vielleicht. Glaub mir, wenn man die Tritte von innen gegen die Bauchdecke bekommt oder, noch schlimmer, gegen ein Organ, sind sie nicht mehr so toll.«

Das würde sie gerne in Kauf nehmen, wenn sie dafür Krus' Kind in sich tragen dürfte.

»Du bist eine sehr glückliche Frau, Inkia.«

Ara war es nicht. Seit zehn Jahren versuchte sie, von Krus schwanger zu werden. Erfolglos. Manchmal war das Leben echt unfair. Inkia hatte alles, was man sich als Frau erträumte. Sie lebte mit dem Mann zusammen, den sie liebte, und wurde wiedergeliebt, und die beiden freuten sich auf ihr erstes gemeinsames Kind. Ja, Inkia hatte alles. Ara hatte nichts.

»Das bin ich wohl.«

Komisch, wie Inkia es sagte, klang es fast wie eine Entschuldigung. Dabei musste sie sich doch weiß Gott nicht dafür entschuldigen, glücklich zu sein.

»Ich muss jetzt leider los. Wenn Gor vor mir nach Hause kommt, macht er sich nur unnötig Sorgen.«

Verständlich, dass Inkia das vermeiden wollte. Sie nickte und begleitete Inkia noch zur Tür.

»Hoffentlich klebt mir auf der Rückfahrt nicht wieder so ein Blödmann an der Stoßstange und zieht ein enthirntes Überholspiel ab. Das hatte ich auf der Herfahrt. Stell dir mal vor, auf einer Strecke von zehn Kilometern hat der mich dreimal überholt, um sich direkt vor mir wieder einzuordnen und vom Gas zu gehen. Wenn ich paranoid wäre, hätte ich mich von dem Polo glatt verfolgt gefühlt. Bin gespannt, was Krus über den Halter rausfindet.«

Krus? Was hatte der denn mit so was zu tun? Eine Frage, die ihr anscheinend im Gesicht stand, denn Inkia ergänzte lächelnd:

»Ich hab ihm eine SMS mit dem Kennzeichen geschickt, bevor ich an eurer Tür geklingelt habe. Krus knackt und hackt alles, auch das Kraftfahrzeugbundesamt. Nicht, dass ich mir wirklich Sorgen mache, aber Gor pflegt zu sagen, dass Vorsicht die Mutter der Porzellankiste ist. Und zu erfahren, wem das Auto gehört, und dabei festzustellen, dass man denjenigen nicht kennt, ist bestimmt beruhigend. Dann kann ich's abhaken. So, jetzt muss ich aber wirklich los. Überleg dir das mit dem Mädelsabend. Sonntag, sechzehn Uhr bei mir.«

»Ich denk darüber nach.«

~ * ~

Krus stand in Gors Wohnzimmer, wie immer seitlich an

die Wand gelehnt, und beobachtete, wie der Arzt Mull an Gors kahlrasiertem Hinterkopf fixierte, um die Platzwunde zu verbinden, die Estobar ihm beigebracht hatte.

Estobar. Der Lykomorph, den sie vor etwas über einem halben Jahr zu jagen beauftragt worden waren, und der ihnen entwischt war, nachdem er Gor angegriffen und schwer verletzt hatte. Der ihm entwischt war, um genau zu sein. Eben dieser Estobar, der seither wie vom Erdboden verschluckt gewesen war, hatte sich die ganze Zeit nur ein paar hundert Meter von hier aufgehalten, und heute war Gor auf dem Heimweg von einem Spiel seiner Lieblings-Eishockey-Mannschaft zufällig über ihn gestolpert.

Und was hatte Gor getan? Hatte er Verstärkung gerufen, bevor er Estobar gestellt hatte? Nein, hatte er nicht. Stattdessen hatte er sich dem Lykomorph allein zum Kampf gestellt. Okay, es war gut für ihn ausgegangen, er war nur niedergeschlagen worden, die Verletzung sah tragischer aus, als sie war, wie das bei stark blutenden Platzwunden nun mal vorkam, aber, Herrgott nochmal, dieser Leichtsinn. Das hätte saumäßig ins Auge gehen können. Wenn Gor nicht sein Boss wäre, er würde ihn übers Knie legen und ihm den Arsch versohlen.

»Gütiger Dessmon, da seid Ihr endlich.« Yilans Stimme, die aus dem Eingangsbereich des Hauses ins Wohnzimmer drang, klang aufgeregt. Also exakt so, wie sie ausgesehen hatte, als er angekommen war. Mit unordentlichem Haar, als hätte sie es sich gerauft, hatte sie den Eindruck vermittelt, als wäre sie ein Huhn, das kurz vor dem Rupfen stand. Ihre Worte indes ließen darauf schließen, dass Inkia endlich nach Hause gekommen war.

»Inkia?« Gor zog denselben Schluss und seine Stimme klang ziemlich gequält.

Als Inkia das Wohnzimmer betrat, sah ihr Gesicht noch verärgert aus. Dieser Ausdruck verabschiedete sich, als ihr Blick auf Gor auf dem Sofa und den Arzt hinter ihm fiel, und wurde durch Beunruhigung ersetzt.

»Mir wäre wohler, du würdest ins Krankenhaus gehen«, meinte der Arzt in diesem Moment, nachdem er das letzte Pflaster auf seinem Platz festgedrückt hatte.

»Nicht nötig«, erwiderte Gor. »Meine persönliche Krankenschwester ist soeben eingetroffen.«

»Was ist passiert?« Inkias Stimme spiegelte den Schreck wider, den sie unübersehbar empfand.

»Gor hatte auf dem Heimweg einen Zusammenstoß mit Estobar«, meinte Temm, als wäre das nichts Besonderes.

»Was?«

Er konnte sehen, was Inkia dachte. Das letzte Mal, als Gor einen Zusammenstoß mit Estobar hatte, hatte ihn das seine Milz und einen Teil seiner Leber gekostet.

»Keine nachträgliche Panik, mein Licht. Wie du siehst, lebe ich noch.«

»Was man von dem räudigen Fellträger nicht behaupten kann.« Skall machte nicht den Eindruck, als wolle er einen seiner berühmten flachen Sprüche hinterherschicken.

»M-hm. Unser Boss hat ihm das Lebenslicht ausgeblasen.« Zegg klang ebenfalls ernst.

»Du hast mit ihm gekämpft? Allein? Sag mal, spinnst du?«

Noch vor einem halben Jahr hätte Inkia so nicht geredet, grundsätzlich nicht und schon gar nicht mit Gor, zumindest nicht vor versammelter Mannschaft. Aber sie hatte sich verändert. Sie war jetzt die Tasha eines Gruppenanführers und mittlerweile füllte sie diese Rolle sehr gut aus. Ihm gefiel das, obwohl Gor es wahrscheinlich anders sah. Zumindest zeigte ihm die Reaktion, dass er sich in Sachen Arsch versohlen hinten anstellen musste.

»Wie treffend formuliert. Ich hätt's nicht besser ausdrücken können.« Oh nein, von Skall würde heute definitiv kein Witz kommen.

»Das hat sich so ergeben.«

»Es hat sich so ergeben.« Wollte Inkia lieber ohnmächtig werden oder explodieren? Sie konnte sich sichtlich nicht entscheiden. »Und wenn es andersrum gekommen wäre? Wenn Estobar dich getötet hätte? Ist es das, was ich unserem Kind deiner Meinung nach sagen soll, wenn es mich fragt, warum sein Papa nicht da ist? Dass es sich eben so ergeben hat?«

Ihre Stimme überschlug sich und sie klang hysterisch. Ein Jäger war ständig mit dem eigenen Tod konfrontiert, sie wusste das und sollte entsprechend reagieren, der Tasha eines Jägers angemessen. Sie sollte nicht hysterisch sein, aber, verinnerlichte Rolle hin oder her, wenn Gor etwas zustieß, konnte sie wohl nicht aus ihrer Haut. Was irgendwie verständlich war.

»Kannst du mir einen Gefallen tun, mein Licht? Reiß mir den Kopf bitte erst ab, wenn er nicht mehr so schrecklich wehtut.«

Eigentlich sollte das der Tropfen sein, der das Fass zum Überlaufen brachte, stattdessen erzielte es die gegensätzliche Wirkung, wie von Gor bestimmt beabsichtigt. Inkia beruhigte sich.

»Wenn dein Kopf nicht mehr wehtut, werd ich dir den Hintern versohlen.«

Bingo. Er hatte doch gewusst, dass er erst als Zweiter drankäme.

Gor grinste leicht, weil er wusste, dass sein Plan aufgegangen war. »Klingt gut.«

Skall rollte mit den Augen. »Ihr zwei seid unmöglich.«

»Aber echt«, pflichtete Zegg bei.

Erst jetzt, nachdem sich die Aufregung bei ihr gelegt hatte, ging Inkia zu Gor hinüber und küsste ihn. Danach blickte sie in die Runde.

»Ich nehme an, ihr bleibt zum Essen?« Eine Frage, die keiner Antwort bedurfte. »Dann werd ich Yilan in der Küche besser zur Hand gehen.«

Sie machte auf dem Absatz kehrt und verließ das Wohnzimmer. Kaum war sie draußen, fiel Krus die SMS ein, die sie ihm geschickt hatte. Er ging ihr nach und holte sie ein, bevor sie die Küche erreicht hatte.

»Wegen dem Kennzeichen«, sprach er sie an. »Das Auto ist auf eine Melissa Gordon zugelassen. Keine besonderen Vorkommnisse, kein Eintrag in Flensburg. Ist erst vor kurzem hierhergezogen. Hab nichts über sie gefunden, das Anlass zur Sorge geben würde.«

»Danke, Krus.«

»Keine Ursache.« Er nickte kurz und kehrte ins Wohnzimmer zurück.

»Dann eben eine Blödfrau«, hörte er sie murmeln, bevor die Küchentür hinter ihr zufiel. Was auch immer sie damit meinte.

3

Während Krus hinter Gor die Treppe zum Zeremoniensaal des Tempels hinunterstieg, betrachtete er den Jungen, den Gor vor sich herschob. Simon, entgegen seiner ersten Schätzung nicht schon dreizehn, sondern erst zehn Jahre alt, hatte sich gut rausgemacht, seit er ihn vor drei Wochen mehr oder weniger unfreiwillig bei sich aufgenommen hatte. Gepflegt, in anständige Kleidung gepackt und durch das Essen, mit dem Theos Frau Juschka ihn aufpäppelte, mit ein paar Kilo mehr auf den Rippen als bei seiner Ankunft, sah Simon fast akzeptabel aus. Nochmal zehn Kilo oben drauf, und man konnte vergessen, wie unterernährt er gewesen war.

An die Reaktionen der anderen darauf, dass Simon bei ihm eingezogen war, erinnerte er sich noch gut. Wie üblich hatte Skall den Vogel abgeschossen.

›Dein Engagement in allen Ehren‹, hatte Skall gefeixt, ›die Adoption eines Mischlings wird dich der Vollendung deiner Kennzeichnung jedoch keinen Schritt näher bringen. Da wirst du schon selbst ranmüssen.‹

Mann, am liebsten hätte er Skall in den Boden gestampft, und es grenzte an ein Wunder, dass er sich hatte zurückhalten können. Dabei hatte Skall nur Glück gehabt. Wäre Simon nicht anwesend gewesen, als Gors Cousin diesen Dummspruch vom Stapel ließ, die Sache wäre anders für ihn ausgegangen.

Natürlich war verständlich, dass sich alle fragten, wieso er sich dieses Jungen annahm und wer Simon war. Nur Gor kannte die ganze Geschichte. Er hatte sie ihm erzählt, weil er seine Hilfe brauchte, um ein neues Zuhause für Simon zu finden, das nicht nur sicher, sondern in dem er auch gut aufgehoben war. Sprich, anständig behandelt und ordentlich erzogen wurde, bevorzugt bei einem Paar, das ihn mochte und die Rolle seiner Eltern übernahm.

Der Kleine hatte es in seinem Leben bisher echt nicht leicht gehabt. Unehelich geboren, aber das war sein geringstes Problem. Allein bei der Mutter aufgewachsen, bis sie ihm im zarten Alter von acht genommen worden war. Die Jahre im Heim waren sicher kein Zuckerschlecken gewesen. Die meisten Paare, die sich zur Adoption entschlossen, wollten Babys, Kinder in Simons Alter zogen da meist den Kürzeren. Und als er erfährt, dass sein Vater doch nicht tot ist, wie er immer geglaubt hatte, stellt sich heraus, dass der kein Mensch ist, und, als wäre das nicht schon schlimm genug, dessen Familie nach seinem Leben trachtet.

Und was war das Ergebnis? Ein Leben in Angst vor Entdeckung. Bis zu dem Tag, als sein Vater durchgedreht war, anstatt den offiziellen Weg zu gehen. Was für ein riesen Rindvieh. Er hätte sich doch nur an seinen Rat wenden müssen und mit Simon zusammen ein ruhiges Leben führen können. Aber nein. Stattdessen hatte er beschlossen, das Recht in die eigenen Hände zu nehmen und sich zum Richter und Henker aufzuschwingen, womit er seinen Sohn in ein Leben gezwungen hatte, das aus permanentem Davonlaufen bestand.

Kein Wunder, dass sich Simon nach einem Zuhause und Eltern sehnte. Und Gor sollte dabei helfen, diese Eltern zu finden.

Interessenten gab es, soweit Gor ihn hatte wissen lassen, und er hätte Simon bereits vor Tagen in einer Familie unterbringen können. Aber Gor war noch nicht damit fertig, deren Hintergründe zu checken, und das dauerte, denn er wollte gründlich sein. Außerdem waren alle Interessenten Dessla, und die kamen für Simon eher nicht infrage. Immerhin war er zur Hälfte Mensch und würde das wohl bis an sein Lebensende in schätzungsweise sechzig, siebzig Jahren bleiben. Die potenziellen Eltern mussten also Menschen sein, eingeweihte Menschen obendrein, und hier das Passende zu finden, war sicher nicht leicht, weil Gor keine ausgeprägten Kontakte zu Menschen pflegte.

Eigentlich war der Plan, den Krus hatte, als er Simon aus der Lagerhalle mitnahm, der gewesen, ihn nach der ersten Nacht in Gors und Inkias Obhut zu geben, dann hätte sich der Kleine schon mal an das Leben mit einem Paar gewöhnen können. Aus ihm nicht verständlichen Gründen hatte Inkia abgelehnt, was ihr gar nicht ähnlich sah. Er schob es auf ihre Schwangerschaft. Vielleicht hatte sie Angst, aufgrund der Hormone zu tiefe Muttergefühle für Simon zu entwickeln. Und da sich Simon vehement weigerte, in einem Heim untergebracht zu werden, selbst, wenn es nur vorübergehend war, hatte er ihn eben behalten. Für ein paar Tage, hatte er gedacht. Aus diesen paar Tagen waren mittlerweile drei Wochen geworden, und, verflucht, er hatte sich an das Kind gewöhnt. Schlimmer noch, das Kind hatte sich an ihn gewöhnt. Hoffentlich gab das kein Drama, wenn endlich neue Eltern für Simon gefunden waren.

Heute begleitete Simon ihn und Gor in den Tempel, weil der Oberste Wächter ihn darum gebeten hatte, Simon mitzubringen. Damit der Junge aus erster Hand einen Einblick in die Religion seines Vaters erhielt, hatte der Wächter erklärt. Dagegen war nichts einzuwenden. Im Gegenteil. Anders als Gor war Krus nämlich kein Religionsverweigerer. Nicht supergläubig und auch kein Fanatiker, aber er betete regelmäßig, und das nicht ausschließlich für sich selbst, und besuchte den Tempel gern, wenn es seine Zeit erlaubte. Das gab ihm ein Gefühl von Frieden und die in der Gemeinschaft zelebrierten Zeremonien ein Gefühl von Zugehörigkeit. Wenn Simon das hier ebenfalls fand, war das doch eine feine Sache.

Er begleitete Gor in den Tempel, weil er heute dran

war, Gors Leibwächter zu spielen. Seit der Sache mit Estobar bestand Inkia darauf, dass Gor nicht mehr allein aus dem Haus ging. Als ob der nicht auf sich aufpassen könnte. Schmecken tat das Gor nicht, aber er fügte sich zähneknirschend, um Inkia nicht unnötig aufzuregen. Mal sehen, ob das nach der Geburt des Kindes so blieb. Wie er Gor kannte, eher nicht.

Und Gors Grund für diesen Ausflug in den Tempel war, dass er endlich eine Audienz beim Ersten Wächter erhalten hatte, der nach langer Zeit mal wieder in München weilte.

Als sie den Zeremoniensaal betraten, war Simon sichtlich beeindruckt. Das ging ihm jedes Mal genauso. Der Anblick konnte einem ein gehöriges Maß an Ehrfurcht einflößen. Würde sich Gor auf seine Schultern stellen, bräuchte es immer noch einen weiteren Jäger, um mit ausgestreckten Armen gerade eben so mit den Fingerspitzen die Saaldecke berühren zu können, und diese Höhe erstreckte sich über die gesamten dreihundert Quadratmeter Grundfläche des Saals. Eine Wahnsinnsleistung, wenn man bedachte, dass es sich um einen unterirdischen Tempel handelte, und die Wächter keinen Bagger zur Verfügung gehabt hatten, als sie den Tempel seinerzeit erschufen.

Die Statue des Gottes entlockte Simon ein erstauntes »Wow!«. Auch das kein Wunder. Sie reichte vom Boden bis fast zur Decke und war aus einem einzigen Stück Marmor gehauen worden. Ein Meisterwerk der Steinmetzkunst, oder wer immer dies vollbracht hatte.

Der Oberste Wächter trat zu ihnen, und Gor und Krus begrüßten ihn, wie es ihm gebührte, mit einer ehrerbietigen Neigung ihres Hauptes.

»Willkommen, Jäger. Willkommen, junger Mann.« Der Wächter wandte sich nun Gor zu. »Der Erste Wächter braucht noch einen Augenblick und bittet dich um etwas Geduld.«

Keine große Überraschung. So was tat der Erste Wächter gern, wenn man ihn aus einem anderen Grund als einer Initiation aufsuchte. Seine Art, seine Macht zu demonstrieren.

Nun drehte sich der Oberste Wächter lächelnd zu Simon.

»Ich freue mich über dein Interesse an unserem Tempel. Wenn du möchtest, führe ich dich gerne herum und beantworte deine Fragen.«

Simons fragender Blick traf ihn, und er lächelte den Jungen an. Bei jedem anderen hätte der ureigene Beschützerinstinkt, der jedem Dessla innewohnte, und bei ihm in Sachen Simon mittlerweile verdammt stark ausgeprägt war, Alarm geschlagen. Nicht beim Obersten Wächter. Der war kein Fremder und außerdem eine absolut vertrauenswürdige Person. In der Obhut des Obersten Wächters war Simon in Sicherheit. Niemand würde es wagen, Hand an ihn zu legen.

»Geh ruhig und viel Spaß. Ich bin hier, wenn ihr fertig seid.«

Der Erste Wächter ließ Gor und ihn eine gefühlte halbe Ewigkeit warten, und dann noch ein bisschen länger, bis er endlich auftauchte.

»Du hast um ein Gespräch mit mir gebeten, Gor, und da die Initiation deines jüngsten Kindes erst in siebenundzwanzigeinhalb Jahren auf meinem Terminplan steht, gehe ich davon aus, dass du meine Dienste als Sprachrohr unseres Gottes benötigst. Du willst Dessmon also etwas mitteilen oder ersuchst seinen Rat. Um was geht es?«

»Das werde ich ihm persönlich sagen.«

Krus schnappte nach Luft, bevor ihm die Kinnlade nach unten fiel.

Natürlich war es das Recht eines jeden Dessla, über den Ersten Wächter um ein Gespräch mit dem Gott zu bitten, allerdings sollte man das besser auf eine andere Art tun. Auf diese Weise mit dem Ersten Wächter umzuspringen, war doch eher unkonventionell. Doch sollte er sich beleidigt fühlen, ließ er sich nichts davon anmerken.

»Du überraschst mich, Gor. Du gehörst nicht gerade zu den Jägern, die für ihre tiefe Religiosität bekannt sind. Bisher hast du eher den Eindruck vermittelt, als würdest du in Wahrheit nicht an Dessmons Existenz glauben. Und jetzt möchtest du, dass ich für dich um eine Audienz bei ihm bitte?«

»Ja, und wenn du dich weigerst, bestätigst du meine Annahme damit.«

Das konnte jetzt nicht Gors Ernst sein. Lieber Himmel. Er forderte den Ersten Wächter heraus. Glaubte er denn wirklich, so könnte er irgendwas erreichen?

Die restlichen anwesenden Wächter waren ebenfalls aufmerksam geworden. Kreidebleich starrten sie Gor an. Tja, sich mit vermeintlicher Blasphemie auseinanderzusetzen, war hier nicht an der Tagesordnung. Die Wächter sahen aus, als würden sie Gor am liebsten mit einem Fußtritt vor die Tür setzen. Alle, ohne Ausnahme.

Er selbst konnte sich nicht entscheiden, ob er sich ihnen anschließen oder davonlaufen wollte oder was sonst eine angemessene Reaktion war. Wäre die Angelegenheit nicht so verflucht ernst, vielleicht würde er sogar lachen. Das verkniff er sich wohlweislich jedoch lieber.

Derart zurückhaltend war der Erste Wächter nicht, er lachte völlig ohne Scheu.

»Wieso sollte ich mich weigern? Es gehört zu meinen Aufgaben, nein, Pflichten, unserem Gott Bittgesuche vorzutragen. Ich werde bei deinem keine Ausnahme machen. Ob es Gehör findet und dir die Audienz gewährt wird oder nicht, vermag ich nicht zu sagen, denn das liegt außerhalb meines Entscheidungsbereichs.«

Wie praktisch. So konnte der Erste Wächter nach einer entsprechenden Showeinlage einfach behaupten, das Gesuch sei abgelehnt worden, und Gor hatte keine Möglichkeit, das Gegenteil zu beweisen.

Der Erste Wächter schloss seine Lider und begann, in tiefen Zügen zu atmen. Sah fast aus, als würde er im Stehen meditieren. Nach einer Weile, vier oder fünf Minuten, öffnete er die Augen, die sonderbar durchdringend geworden waren. Dann streckte er die Arme aus, mit den Handflächen nach oben.

»Gib mir deine Hände, Gor, und schließe die Augen.« Die Stimme des Wächters war um eine halbe Oktave gesunken, und ihr Klang duldete weder Fragen noch den Anflug einer Verweigerung.

~ * ~

Gor legte seine Hände in die des Wächters und machte die Augen zu. Fast sofort fühlte er sich in einen Sog gezogen, als wäre er von einem Wirbelsturm erfasst worden, der ihn von Kopf bis Fuß durchschüttelte.

Als die Luft um ihn herum wieder stillstand und sein Körper zur Ruhe kam, fragte er sich, was da gerade mit ihm passiert war, ob überhaupt etwas mit ihm passiert war, oder ob er es sich eingebildet hatte.

Eine warme Brise streichelte seine Wange und er hörte Vögel zwitschern, und das konnte nicht sein. In den unterirdischen Tempeln gab es weder Zugluft noch Federvieh.

Vorsichtig öffnete er die Augen und fand sich mitten in einem Obsthain wieder. Kirschbäume, Äpfel, Birnen, Pflaumen, sogar exotische Früchte wie Bananenstauden in den unterschiedlichen jahreszeitlich bedingten Entwicklungsstadien. Kahle Äste wie im Winter, Zweige in voller Blütenpracht wie im Frühling, die verschiedenen Reifegrade, die der Sommer brachte, und buntes Herbstlaub. Alles gleichzeitig an einem einzigen Baum und das an jedem Baum. Die Wiesenblumen zeigten dasselbe Bild. Krokusse, Tulpen, Gladiolen, Freesien, Astern, Christrosen und viele andere Sorten standen friedlich vereint nebeneinander, als würde es keine Rolle spielen, dass

Schneeglöckchen und Chrysanthemen unterschiedliche Wetterbedingungen brauchten.

»Du siehst überrascht aus, Gor. Hast du es dir anders vorgestellt?«

Er drehte sich zu der Stimme hinter sich um, die zu einem Mann gehörte, der zehn Meter von ihm entfernt stand, wobei Mann nicht das passende Wort war. Der Kerl war so groß wie ein durchschnittliches Einfamilienhaus hoch. Mit einer Art Lendenschurz bekleidet, der Gor an den Dresscode für die untere Körperhälfte von Prätorianern erinnerte, stellte der Mann einen Alabasterleib zur Schau, der selbst Krus und Zegg vor Neid erblassen ließe und in ihre Schranken verwies. Seine Gesichtszüge waren das Pendant zu einem hochkarätigen, von Meisterhand geschliffenen Diamant. Wenn das Dessmon war, wurden ihm die Statuen in den Tempeln nicht im Mindesten gerecht.

Der Mann lachte, bevor er sich in seine Richtung in Bewegung setzte.

Täuschte er sich, oder schrumpfte er wirklich mit jedem Schritt, den er näher kam? Als er direkt vor ihm stand, befanden sich beide auf Augenhöhe. Er hatte sich also nicht geirrt - oder war vorher einer optischen Täuschung erlegen.

Wie sollte er sich jetzt verhalten? Gab es eine spezielle Begrüßungsfloskel für Götter, irgendwelche Regeln, die es zu beachten galt? Sollte er auf die Knie fallen, oder reichte es, sich tief zu verbeugen? Hätte er sich bloß ein bisschen intensiver mit diesen Details beschäftigt, als er die alten Schriften in Sachen Audienzen durchgeschmökert hatte. Allerdings war er da noch davon ausgegangen, dass es sowieso nicht klappen, der Erste Wächter irgendeine Ausrede erfinden würde.

Erneut lachte der Mann, Dessmon oder wer immer er war. Ein Lachen, das ihn völlig vereinnahmte.

»Ich bin der, den du zu sprechen wünschst, und im

Gegensatz zu meinen beiden Schwestern lege ich keinen Wert auf Zeichen der Unterwürfigkeit. Du musst also weder buckeln noch zu Boden gehen. Und jetzt sag, was kann ich für dich tun?«

Wenn er wirklich vor einem Gott stand, sollte der doch bereits wissen, was er von ihm wollte.

»Natürlich weiß ich das, und ich könnte alle deine Fragen beantworten, ohne dass du eine einzige stellen müsstest. Allerdings ziehe ich ein Gespräch einem Monolog vor.«

Okay, was in seinem Kopf vor sich ging, wusste Dessmon, und sein Gesichtsausdruck deutete darauf hin, dass das auch für den gerade eben gedachten Gedanken galt.

Verdammt. Er hatte so viele Fragen und wusste nicht, womit er anfangen sollte.

»Vor ein paar Tagen begegnete ich einem Lykomorph, der mir Dinge erzählte, die mich erschüttert haben.«

»Estobar hat dich nicht belogen, Gor. Weder in Bezug auf das Gesetz der Angerol noch auf den bevorstehenden Krieg.«

»Ich verstehe nicht, wieso.«

»Es Krieg geben wird? Weil er unvermeidlich ist. Schon an dem Tag, an dem die Feindschaft zwischen Dessla und Lykomorphen begann, war klar, dass es darauf hinauslaufen würde.«

»Das meine ich nicht.«

Was der Gott wusste, wie sein Lächeln verriet.

»Ezekial. Die Angerol. Wieso tun sie das? Wieso erfinden sie ein Gesetz, das die Lykomorphe unterdrückt, und geben es als gottgegeben aus? Ihnen muss doch klar gewesen sein, dass es irgendwann rauskommt, und sich die Lykomorphe dann gegen sie wenden. Und ich denke lieber nicht darüber nach, dass sie bewusst in Kauf genommen haben, dass die Lyks in dem Fall zuerst gegen uns vorgehen werden, um uns aus dem Weg zu räumen.«

»Lass uns ein Stück gehen.«

Dessmon wandte sich um und marschierte los. Ihm blieb nichts übrig, als dem Gott zu folgen.

Sie durchquerten den Hain, der größer war, als er gedacht hatte. Ein Ende war in keiner Richtung zu erkennen, und auch als sie auf einen Flecken unbebaumten Landes traten, war es lediglich eine Lichtung in der Größe von anderthalb Fußballfeldern. Ein Haus stand in der Mitte, seinem eigenen nicht unähnlich, außer, dass es einstöckig war mit einer fünfmal so großen Grundfläche.

»Nein, es ist nicht zu groß.«

Wie, um Dessmons Aussage zu bestätigen, brach eine zwanzigköpfige Kinderschar im Alter zwischen drei und zehn aus der Tür und stürmte johlend auf den Gott zu. Sie umringten ihn, und er hob das jüngste Kind, ein zum Stehlen hübsches Mädchen mit goldblonden Locken, hoch, warf es in die Luft, fing es auf und wiederholte das Ganze noch ein paarmal. Die Kleine quietschte vor Vergnügen und lachte über den zärtlichen Poklaps, den er ihr verpasste, nachdem er sie abgesetzt hatte. Er wuschelte den anderen durch die Haare oder knuffte sie, bevor er sie weiterschickte. Lachend sah er ihnen hinterher, wie sie zwischen den Bäumen verschwanden, anschließend wandte er sich wieder ihm zu.

»Was denn? Ich bin ein Gott, das bedeutet nicht, dass ich automatisch auch ein Asket bin.«

Das waren alles seine Kinder?

»Ein Teil meiner Kinder. Die größeren sind noch nicht Zuhause.«

Okay. Das Haus war definitiv nicht zu groß, und die Mutter dieser Rasselbande musste Nerven wie Drahtseile haben.

»Mütter. Und ja, das haben sie, sonst würden sie es mit mir nicht lange aushalten.«

Dessmon schlug ihm auf den Rücken, als wären sie alte Kumpel. Ein sonderbares Gefühl. Noch vor kurzem hatte er nicht mal wirklich an die Existenz Dessmons geglaubt, und jetzt behandelte der ihn, als kannten sie sich schon ewig.

»Das Leben einer Gottheit kann schrecklich langweilig sein, und jeder von uns hat seine eigenen Methoden, es interessanter zu gestalten.«

Wie wär's damit, sich fürsorglich um die Spezies zu kümmern, die man erschaffen hatte?

»Tja, das ist leider nur bedingt erlaubt.«

Sie betraten das Haus, in dem es ihm nach der Wärme auf der Lichtung kühl vorkam. Nicht kalt, ihn fröstelte nicht mal, aber deutlich niedriger temperiert als draußen, obwohl von Ventilatoren oder einer Klimaanlage nichts zu sehen war. Naja, im Reich eines Gottes benötigte man so was vermutlich nicht.

Der Flur, durch den Dessmon ihn lotste, war unmöbliert und ohne jeglichen Schmuck an den Wänden. Die Halle, in die sie gelangten, ebenfalls eher spärlich eingerichtet. Aber auch sie war nicht das Ziel des Spaziergangs, sondern der Innenhof, den man von dort betrat.

Heiliger Strohsack.

Bei den Ausmaßen des Hauses hatte er sich gründlich verschätzt. Nach hinten raus war es viel weitläufiger, als es von vorn aussah. Eigentlich war die Lichtung nicht groß genug für diesen Gebäudekomplex, der eher einem Palast entsprach als einem Haus.

In der Mitte des Hofes befand sich ein Brunnen und genau dorthin führte Dessmon ihn. Er deutete auf die Wasseroberfläche im Becken, die vollkommen ruhig lag, obwohl der Brunnen in Betrieb war und tausende Tropfen von der zwei Meter hohen Säule herabrieselten.

»Blicke hinein. Was siehst du?«

Nichts außer Wasser. Seltsamerweise nicht einmal sein Spiegelbild oder den Beckenboden. Doch allmählich formte sich ein Bild. Ein Schloss, das in Wolken schwebte. Oder aus Wolken bestand? Er war nicht ganz sicher. Beides war möglich.

»Da leben meine Eltern«, erklärte Dessmon, der nicht mal hinsah.

Der Wohnsitz des Schöpferpaares. Wow.

»Und da haben auch meine Geschwister und ich gelebt, bis wir rausgeworfen wurden.«

Rausgeworfen? Welchen Grund sollte das Schöpferpaar haben, die eigenen Kinder vor die Tür zu setzen? Das Schloss bot Platz genug.

Dessmon lachte leise. »Weißt du, Gor, das Problem mit dem Schöpferpaar ist, dass es nichts anderes als das tut. Ihre Liebe gilt dem Erschaffen, danach erlischt ihr Interesse, zumindest weitestgehend. So war es mit dem Planeten, auf dem du lebst, den Kreaturen, die sich darauf tummeln, und dasselbe gilt für ihre Kinder. Sobald wir groß genug waren, auf eigenen Beinen zu stehen, wurden wir unseres Zuhauses verwiesen und uns selbst überlassen. Keinem von uns ist erlaubt, den Palast jemals wieder zu betreten. Das heißt allerdings nicht, dass sich unsere Eltern nicht hin und wieder in unsere Leben einmischen. Wenn wir etwas tun, das ihren Ideen zuwiderläuft, können sie sogar ziemlich piefig werden.«

Piefig war nicht gerade das Wort, das er als Beschreibung für die Gemütsverfassung von aufgebrachten Göttern verwenden würde. Und diese Einführung in göttliches Leben war ja ganz interessant, brachte ihn allerdings keinen Schritt weiter und war auch nicht der Grund, aus dem er hier war.

»Richtig. Sieh weiter hinein.«

So viel zum Thema Gespräch statt Monolog. Ein Kichern neben ihm gemahnte ihn, seine Gedanken besser im Zaum zu halten. Er betrachtete weiterhin das Wolkenschloss und versuchte, darauf zu kommen, was Dessmon damit bezweckte, es ihn ansehen zu lassen, denn einen Zweck gab es bestimmt.

Inzwischen flogen riesige Vögel um die Türme. Zuerst nur ein paar, dann immer mehr. Als zwei vor dem Portal landeten, stellte er fest, dass es gar keine Vögel waren, sondern ...

»Nein, das sind keine Angerol. Das sind, was die Menschen Engel nennen.«

Engel? Die gab's wirklich?

»Klar gibt's die wirklich, aber sie sind was anderes, als die Menschen in sie hineininterpretieren. In Wahrheit handelt es sich bei Engeln schlicht um die Leibwache des Schöpferpaares. Mehr nicht.

Üblicherweise entfernen sie sich nicht vom Palast, es sei denn, einer der Schöpfer tut es. Sie könnten, wenn sie wollten, aber eigener Wille ist bei ihnen nur spärlich ausgeprägt. Und sie sind geschlechtslos, weder männlich noch weiblich. Nur, wenn Nachschub gebraucht wird, werden zwei ausgewählt, erhalten kurzzeitig Geschlechtsorgane und paaren sich. Die Auswahl und Überwachung obliegt meiner Mutter.

Eines Tages vor langer, langer Zeit war sie nachlässig. Ihr Lieblings-Zuchtbulle schlich sich aus dem Palast und stieg auf die Erde, bevor sich sein Penis zurückgebildet hatte. Dort verliebte er sich in eine Wempyrfrau und paarte sich mit ihr. Ich war damals noch sehr klein, aber ich erinnere mich gut daran, wie wütend mein Vater war. Wenn es nach ihm gegangen wäre, er hätte beide sofort hingerichtet. Mutter zeigte sich gnädiger, weil die Frau schwanger war. Sie holte sie in den Palast. Der Engel wurde verbannt und dazu verurteilt, fortan auf der Erde zu leben, fern von seiner Frau und seinem Kind, die er nie wiedersehen würde.«

Kam daher die Vorstellung von gefallenen Engeln? Oder war dieser Engel gar das, was die Menschen den Teufel nannten?

»So was wie gefallene Engel gibt es nicht, Gor. Wenn man als Engel in der Gunst des Schöpferpaares fällt, überlebt man das nicht. Da sind die beiden rigoros und sehr konsequent. Dieser eine war die einzige Ausnahme, weil sein Tod in ihren Augen eine zu milde Strafe gewesen wäre. Sie wollten, dass er unter der Trennung leidet, und jemand, der tot ist, leidet nicht. Und was den Teufel angeht. Dazu äußere ich mich nicht.

Wie dem auch sei. Das Ergebnis dieser unerlaubten Paarung unterschied sich von den Engeln. Auf den ersten Blick sah das Kind aus wie einer von ihnen, aber es wurde mit Geschlechtsteilen geboren. Mutter entschied, ihn trotzdem zu behalten und für die Zucht zu verwenden. Bei seinen Nachkommen gab es allerdings dasselbe Problem. Keiner war geschlechtsneutral. Sie alle waren von Geburt an männlich oder weiblich. Ausgeprägte Geschlechtsorgane ziehen jedoch Geschlechtshormone nach sich, und Hormone haben Einfluss auf das Verhalten. Hinzu kamen, als Erbe der Wempyrfrau, eigener Wille und Intelligenz, das machte diese Nachkommen nicht so steuerbar wie Engel und zeitweilig sogar unberechenbar. Deshalb konnten sie nicht im Palast bleiben. Sie wurden auf die Erde geschickt und leben seither dort.«

»Die Angerol?«

»Die einzige Spezies, die nicht erschaffen wurde, sondern sich selbst erschaffen hat.«

Nach dem Einblick in die Lebensführung von Göttern, nun also ein Ausflug in die Entstehungsgeschichte der Angerol. Alles schön und gut, aber wo lag der Sinn?

Dessmon seufzte. »Überall dort, wo Lebewesen nicht ausschließlich nach ihren Instinkten operieren, wo sie über eigenen Willen und Intelligenz verfügen, gibt es neben gut auch böse. Du hast gefragt, wieso die Angerol das tun, aber die Frage ist falsch. Nicht die Angerol, Gor. Es betrifft nicht die gesamte Spezies, die ist im Ganzen weder gut noch schlecht, sondern, wie bei jeder anderen Rasse, gibt es Angerol mit guten und solche mit weniger guten Absichten. Es gibt auch schlechte Dessla. Macht das die Gesamtheit der Dessla schlecht? Nein.«

»Dann ist Ezekial also der Bösewicht.«

»Je nachdem, wie man Bösewicht definiert und von welchem Standpunkt aus man ihn betrachtet.«

Herrgott nochmal. Allmählich verstand er, warum die meisten Leute, die göttlichen Rat suchten, den Ersten Wächter vorschickten und es vorzogen, mit ihm zu konferieren, statt mit dem Gott selbst. Dessmon konnte anscheinend keine Frage mit einem schlichten Ja oder Nein beantworten.

Erneut lachte der Gott. »Das liegt daran, dass es bei den meisten Fragen einfach nicht möglich ist, sie nur mit Ja oder Nein zu beantworten. Es gibt nicht nur schwarz und weiß, Gor, sondern schier unendlich viele Grauschattierungen dazwischen.«

»Und was ist mit dem Krieg?«

»Was soll damit sein?«

»Was sollen wir tun?«

»Kämpfen, was sonst.«

»Haben wir eine Chance, ihn zu gewinnen?«

So, wie Dessmon ihn ansah, würde die Antwort sicher wieder eher unbestimmt ausfallen, und der Gott bestätigte diese Annahme.

»In einem Krieg gibt es keine Gewinner. Keine Sieger, keine Verlierer. Es gibt nur eine Seite, die sich als stärker erweist als die andere, aber unterm Strich verlieren beide. Ja, ich weiß, das ist nicht, was du hören wolltest, zufällig ist es aber die Wahrheit.«

»Und was hilft uns die?«

»Was hast du dir von dem Gespräch mit mir erhofft?«

»Ich weiß nicht genau.« Jedenfalls keine Geschichtsstunde. »Vielleicht einen Rat, wie wir uns verhalten sollen. Anleitung. Führung. Unterstützung.«

»Ich kann euch nicht unterstützen, zumindest nicht, wie du es gerne hättest. Ich kann diesen Krieg nicht abwenden. Nicht, weil ich es nicht wollte oder nicht in der Lage dazu wäre, sondern weil ich es nicht darf. Das wäre eine Einmischung, die über die Regeln hinausginge, und da verstehen meine Eltern überhaupt keinen Spaß. Einen Rat willst du? Tut das, was Estobar gesagt hat. Schließt euch mit den Kriegern zusammen und bereitet euch vor. Und was die Führung angeht. Das ist nicht mein Job, Gor, sondern deiner. Du wirst die Dessla anführen.«

»Ich?«

»Ja, du. Schon vor deiner Geburt wurdest du dazu auserwählt, die Dessla in und durch diesen Krieg zu führen. Es ist dein Schicksal.«

Na, wenn das mal keine tollen Neuigkeiten waren. Da ging einem doch glatt das Herz auf. Allerdings fühlte es sich eher an wie der Arsch auf Grundeis. Ausgerechnet er sollte die Dessla anführen? Das würde dem König aber gar nicht schmecken.

»Mach dir um den König keine Sorgen, der ist nicht dein größtes Problem. Solange du ihn sein ausschweifendes Leben weiterführen lässt und ihm die Verehrung durch sein Volk nicht streitig machst, genügt ihm das völlig. Damit gibt er sich seit Jahrhunderten zufrieden.

Problematischer ist der Zirkel. Seine Mitglieder sind die eigentlichen Machthaber, und sie werden dir nicht widerstandslos Macht einräumen, die ihre eigene beschneidet. Es wird dir viel Fingerspitzengefühl abverlangen, den Zirkel auf deine Seite zu ziehen.«

»Ich bin kein Politiker.«

»Gott sei Dank.« Sonderbare Formulierung für eine Gottheit. »Deshalb wirst du ein guter Anführer sein. Und ich werde dir helfen, soweit ich es vermag.«

Dessmon streifte sich einen Ring vom Finger und legte ihn in seine Handfläche. Dann umgriff er mit eben dieser Hand Gors linken Oberarm. Als er losließ, hatte sich der Ring in einen Armreif verwandelt, der sich fest um seinen Arm spannte.

»Niemand kann ihn abnehmen, auch du nicht. Er ist jetzt ein Teil von dir und begleitet dich bis zum Ende deiner Aufgabe oder bis in den Tod. Wann immer du

Anleitung brauchst oder einen Rat, wird dieser Reif dich zu mir führen.«

Oha. Damit hatte er nicht gerechnet. Wie es aussah, war das nicht seine letzte Audienz bei Dessmon und in Zukunft konnte er auf die Dienste des Ersten Wächters wohl verzichten.

»Du siehst nicht sonderlich erfreut aus.«

Kein Wunder. Er war es nicht.

»Ich soll die Dessla gegen die Lykomorphe führen und habe keine Ahnung, wie. Ich wünschte, du hättest uns nicht so menschenähnlich gemacht.«

»So, hab ich das.«

»Wir sind unsterblich, ja, aber im Vergleich zu den Lykomorphen sind wir nichts. Wenn wir wenigstens ein paar Fähigkeiten hätten. Es müssten nicht mal außergewöhnliche sein wie bei den Wempyren. Aber ein bisschen mehr als gute Wahrnehmungen wäre schön gewesen.«

»Und wieso denkst du, dass ihr keine habt? Überleg mal, Gor. Wie schafft es der Erste Wächter, bei jeder Initiation persönlich anwesend zu sein? Ihr habt keine besonderen Fähigkeiten, meinst du? Nein, Gor, sie sind bloß nicht offensichtlich, und ihr habt euch noch nicht die Mühe gemacht, sie zu entdecken.«

»Dann ...?«

Abwehrend hob Dessmon die Hand. »Für heute hab ich dir genug gesagt. Es wird Zeit, dass du zurückkehrst und Pläne machst. Doch eine Botschaft für deinen Freund möchte ich dir noch mitgeben. Sage Krus, ich kenne seine beiden Wünsche und bin nicht taub für seine Gebete. Wenn er will, dass ich sie nicht nur höre, sondern auch erhöre, muss er sich für einen seiner Wünsche entscheiden. Er kann nicht beides haben. Die Erfüllung des einen wird durch den Verlust des anderen bedingt. Entweder oder.«

Gor nickte, obwohl die Botschaft für ihn keinen Sinn

ergab. Krus' zwei Wünsche gingen in die gleiche Richtung. Erstens, nicht zu versagen, wenn es darauf ankam. Zweitens, noch lange jagen zu können. Wieso nicht beides gehen sollte, entzog sich seinem Verständnis.

»Was jemand sagt, muss nicht unbedingt das sein, was er empfindet.«

Schön, da waren sie einer Meinung, denn dass das der Wahrheit entsprach, konnte er aus eigener, noch gar nicht allzu lang zurückliegender Erfahrung bestätigen.

»Und jetzt geh. Wir sehen uns bald wieder.«

Der gleiche Sog, der ihn hierher gebracht hatte, ergriff erneut Besitz von ihm und beraubte ihn seines Sehvermögens.

»Gor? Alles okay bei dir?«

Als er die Augen aufschlug, kniete Krus neben ihm. Wieso saß er auf dem Boden?

»Tut mir leid, dass es nicht geklappt hat.«

»Aber das hat es, Krus. Ich habe doch über eine Stunde mit Dessmon gesprochen.«

Krus sah ihn an, als hätte er den Verstand verloren, dann schüttelte er den Kopf. »Seit du die Hände des Ersten Wächters genommen hast, sind keine fünf Sekunden vergangen, und du gingst zu Boden, sobald du sie berührt hattest.«

Was? Das konnte nicht sein. Krus musste sich irren, denn wenn nicht, hatte er wirklich den Verstand verloren. Er drehte den Kopf zum Ersten Wächter, der ihn milde anlächelte.

»Zweifle nicht, Gor. Da, wo du warst, hat Zeit keine Bedeutung.«

Leichter gesagt als getan, doch dann fiel sein Blick auf den Armreif. Scheiße, er war tatsächlich dort gewesen.

»Dessmon hat mir eine Botschaft für dich übermittelt, Krus.«

Er zitierte die Nachricht wortgetreu und stellte erstaunt fest, dass Krus erbleichte. Sah verflucht danach aus, als hätte das nichts mit seinem Status als Jäger zu tun.

»Nur eins der Dinge, die ich nicht verstanden habe.«

Der Erste Wächter lachte. »Ja, von einem Gespräch mit Dessmon kommt man selten mit weniger Fragen zurück, als man hat, wenn man hingeht. Du wirst dich daran gewöhnen. Willkommen in meiner Welt, Gor.«

4

Seit Gor mit Inkia vereint war, hatte Krus ihn nicht mehr so introvertiert erlebt wie auf der Heimfahrt vom Tempel. Dessmon musste ihm einen gewaltigen Brocken zum Verdauen hingeworfen haben. Darin schien der Gott ziemlich gut zu sein, gemessen an dem Brocken, den Gor ihm mitgebracht hatte. Der für Gor war dermaßen mächtig, dass er umgehend eine Besprechung anberaumt und die anderen zu sich bestellt hatte. Wahrscheinlich würden sie alle gleichzeitig bei seinem Haus ankommen, wenn Temms Karre nicht wieder streikte, was sie seit ein paar Monaten zu gern tat. Wurde Zeit, dass sich Temm endlich was Neues zulegte.

Simon auf dem Rücksitz war das genaue Gegenteil von Gor. Der Junge wurde nicht müde, über den Tempel und die Begegnung mit dem Obersten Wächter zu reden. Beides hatte großen Eindruck bei ihm hinterlassen. Und seine Augen leuchteten vor Begeisterung und Neugier, seit er durch Gors Erlebnis begriffen hatte, dass die Dessla einen Gott zum Anfassen besaßen. Einen, den man wirklich treffen konnte, nicht nur ein theoretisches Gebilde wie der, mit dem er aufgewachsen war. Trotzdem löcherte er Gor nicht mit Fragen.

Der Junge war toll, und Krus verstand immer weniger, wieso Simons Vater es vorgezogen hatte, sich auf einen Rachefeldzug zu begeben, anstatt sich anständig um ihn zu kümmern. Und warum seine desslanische Familie ihn ablehnte, ohne ihn überhaupt zu kennen. Gut, er war halb menschlich, nichtsdestotrotz war er ein Bursche, auf den man stolz sein konnte. Er wäre es, wäre Simon sein Junge. Verdammt, er war stolz auf ihn, und der Gedanke, Simon bald in eine fremde Familie abzugeben, gefiel ihm mit jedem Tag weniger. Er würde einiges darum geben, könnte er ihn behalten, zumal seine Diener ebenfalls einen Narren an Simon gefressen hatten. Von den Hunden gar nicht zu reden. Die Meute liebte den Kleinen abgöttisch.

Simon bei sich zu behalten, stand dennoch nicht zur Diskussion. Der Junge brauchte Eltern und ein fürsorgliches, heimeliges Zuhause. Weder das eine noch das andere hatte er ihm zu bieten. Sein Zuhause war alles andere als heimelig und als alleinerziehender Papa machte er mit Sicherheit auch keine sonderlich gute Figur.

Wie vermutet waren die anderen bereits da, als sie ankamen. Sogar Temm, der gerade einparkte.

Gor schloss die Tür auf, sie betraten das Haus und Krus lief gegen eine Wand aus reifen, aufgeschnittenen Erdbeeren. Wie eine Wand fühlte es sich jedenfalls an, als ihm der Geruch in die Nase stieg. Sofort schob sich ein Bild vor sein inneres Auge. Burgunderfarbene Haare mit schokobraunen Sprenkeln zu grünumringten braunen Augen und einem herrlichen Schmollmund. Ara. Sie roch genauso, und er sog den Duft tief in die Lungen.

Wo, um alles in der Welt, bekam man zu dieser Jahreszeit frische Erdbeeren her? Mann, Gor musste ganz schön unter Inkias Fuchtel stehen, wenn er die Gelüste seiner schwangeren Tasha sogar damit befriedigte, Erdbeeren einfliegen zu lassen.

Einer Art von Fuchtel allerdings, unter die er sich auch stellen würde. Es gab nur ein Problem: Er gehörte nicht zu der Sorte Männer, die von Frauen begehrt wurden. Nicht mehr. Sobald sie sein Gesicht sahen, wandten sie sich entsetzt und angewidert ab. Unter dieser Fuchtel würde er also nie stehen.

Ein Scharren und Winseln, das aus dem Wohnzimmer kam, lenkte die Aufmerksamkeit sämtlicher Jäger dorthin. Die Tür wurde geöffnet und wie ein Blitz kam LSM herausgerannt. Gor würdigte er keines Blickes, sondern sprintete schnurstracks auf ihn zu und sprang an ihm hoch. Der Hund schien ihn vermisst zu haben. Wie er ihn. Und Wuff, der seit dem Auszug seines Kumpels oft ziemlich melancholisch wirkte.

»LSM!« Inkia trat aus dem Wohnzimmer in den Eingangsbereich und erstarrte. »Gor? Was machst du denn schon Zuhause? Und wieso sind die Jungs hier?«

Was für eine nette Begrüßung. So kannte er Inkia gar nicht.

»Scheiße.« Gor schlug sich mit der flachen Hand gegen die Stirn. »Mädelsabend. Tut mir leid, mein Licht, das hab ich völlig vergessen. Wir stören euch nicht, versprochen. Aber könntet ihr euch vielleicht um Simon kümmern?«

»Kein Problem, der ist ja noch kein großer Mann. Dass mir von euch keiner die Nase aus dem Besprechungszimmer steckt, bevor ich es ihm erlaube.«

»Klar, Chefin.«

»Gebongt.«

»Na logisch.«

»Würd ich nie wagen.«

Inkia lachte und pfiff nach LSM. »Komm, mein Freund. Du kannst dich später von Krus weiterkraulen lassen.«

Der Hund gehorchte, sie hatte ihn wirklich gut im Griff. Ebenso wie ihren Partner. Und die Jäger. Jeden einzelnen. Sogar Simon, der nicht zögerte, LSM zu folgen.

Die anderen polterten bereits die Treppe hoch, während er LSM hinterhersah, der auf Inkias Wink wieder im Wohnzimmer verschwand. Inkia selbst blieb im Türrahmen stehen, als wollte sie noch etwas sagen, tat es aber nicht.

Er drehte sich der Treppe genau in dem Moment zu, als die Tür zur Erdgeschosstoilette geöffnet wurde. Heraus kam ...

Verfluchte Scheiße. Es roch nicht nach Aras Erdbeerduft, weil Gor Erdbeeren hatte einfliegen lassen, sondern weil Ara hier war.

Sämtliche Muskeln versteiften sich, seine Beine versagten ihm den Dienst. Er stand einfach nur da und starrte sie an. Es war lange her, dass er Ara zum letzten Mal angezogen und nicht fiebrig von ihrer Fruchtbarkeit gesehen hatte.

Sie trug ihre Haare jetzt anders. Nicht mehr schulterlang, sondern als frechen Bubi, der ihr hervorragend stand. Bei Dessmon, sie war wunderschön, viel schöner, als er sie in Erinnerung hatte.

Er sollte irgendetwas sagen, schließlich war das hier seine offizielle Partnerin. Dumm nur, dass sein Mund so trocken war. Die Zunge klebte ihm am Gaumen und er brachte keinen Ton raus. Außerdem fiel ihm nichts Vernünftiges ein, weil sein Hirn leergeblasen war.

Auch sie schien von dieser Begegnung völlig aus dem Konzept gebracht zu sein, starrte ihn ebenso wortlos an, wie er sie. Doch dann fing sie sich.

»Ich wusste nicht, dass du hier sein würdest, sonst wäre ich nicht gekommen«, sagte sie leise und wandte den Blick ab.

Klar, welche Frau sah ihn schon gerne an? Nicht mal seine. Schon gar nicht seine.

»Kommst du, Krus?«, rief Gor vom ersten Treppenabsatz. Das brach den Bann.

»Ja«, antwortete er und setzte sich in Bewegung.

Manus kam aus der Küche und sah ihm direkt ins Gesicht. Einer der wenigen, bei denen ihm das nichts ausmachte. Einer von dreien, um genau zu sein. Der Angerol war mit einer Schüssel frischem Popcorn bewaffnet, die wohl als Verpflegung für die Mädels gedacht war. Manus musterte ihn von Kopf bis Fuß und zog die Augenbrauen in die Stirn, sagte aber nichts.

»Du auch, Manus.« Das kam von Gor.

»Jepp. Ich geb das nur schnell ab.« Manus hob kurz

die Schüssel hoch, um Gor zu zeigen, was er meinte, und ging auf Inkia zu.

Er setzte seinen Weg fort und konnte es kaum erwarten, aus Aras Geruchsbereich zu entkommen. Würde nicht leicht sein, während der Besprechung konzentriert zu bleiben, mit ihr in so unmittelbarer Nähe.

~ * ~

Wenn Ara gewusst hätte, wie viel Spaß sie mit Mera, Poki und Inkia haben würde, sie hätte nicht den ganzen Tag mit sich gehadert, ob sie herkommen sollte oder nicht. Es war eine gute Idee gewesen. Und, wie von Inkia angekündigt, war es tatsächlich ein reiner Mädelsabend. Kein Mann im ganzen Haus, wenn man von diesem ominösen Manus absah, der seine Wohnung im Dachgeschoss nicht verließ, wenn Mädelsabend war.

Was war Manus eigentlich? Kein Dessla und kein Mensch, das stand fest. Aber was sonst? Momentan nicht wichtig, Hauptsache, er war nicht anwesend. Naja, gerade war er in der Küche und machte Popcorn für sie, weil Yilan freihatte. Und Popcorn gehörte zu einem Filmabend, nicht wahr? Die DVD - *Die Croods*, darauf freute sie sich wahnsinnig. Der Streifen sollte ungemein witzig sein, hatte sie sich sagen lassen, im Kino hatte sie ihn verpasst - war bereits eingelegt. Die anderen Mädels warteten nur noch, bis sie von der Toilette zurückkam.

Als sie die Toilettentür öffnete und in den Eingangsbereich des Hauses trat, den sie durchqueren musste, um zurück ins Wohnzimmer zu gelangen, traf sie beinahe der Schlag.

Von wegen kein Mann weit und breit.

Mitten im Raum stand Krus, der zu ihr herumfuhr, als hätte er sie gerochen, und sie anstarrte, als wäre sie das siebenundzwanzigste Weltwunder. Ein taktischer Rückzug zurück ins Klo schied damit aus.

Von wegen Mädelsabend. Das hatte Inkia doch geplant, andernfalls würde sie jetzt nicht in der Wohnzimmertür stehen und sich die Szene des Aufeinanderprallens anschauen. Allerdings wirkte ihr Gesichtsausdruck ebenso überrascht, wie Ara sich fühlte. Krus sah nicht überrascht aus, sondern eher überrumpelt. Wenigstens schien er nicht böse zu sein, aber das konnte noch kommen. Und er hörte nicht auf, sie anzustarren.

Was für eine unangenehme Situation, und das Schweigen zwischen ihnen machte sie nicht besser. Sie sollte etwas sagen. Irgendwas Unverfängliches, Harmloses, das der Szenerie ihren Schrecken nahm.

»Ich wusste nicht, dass du hier sein würdest, sonst wäre ich nicht gekommen.«

Bitte was? Was um alles in der Welt war da gerade aus ihrem Mund geflossen? Von allen Begrüßungssätzen, die es gegeben hätte, war das mit Abstand der bescheuertste, den sie hatte wählen können.

›Hallo, Krus. Lange nicht gesehen. Wie geht es dir?‹ Das wäre unverfänglich und harmlos gewesen. Aber ›Ich wusste nicht, dass du hier sein würdest, sonst wäre ich nicht gekommen.‹?

Wie konnte man nur so dämlich sein? Dabei hatte sie bloß ausdrücken wollen, dass es nicht ihre Idee gewesen war, damit er nicht sauer auf sie wurde. Wurde er aber doch, wie seine aufeinandergepressten Lippen verrieten. Das konnte sie sich nicht länger ansehen. Stattdessen unterzog sie ihre Schuhspitzen einer besonders intensiven Inspektion. Herrje. Wie oft träumte sie davon, ihm gegenüberzustehen, mit ihm zu reden und sei es über belanglose Dinge. Einfach nur seine Stimme zu hören. Aber jedes Mal, wenn sie einander außerhalb ihrer Fruchtbarkeit begegneten, war es, als würde sich eine Hand um ihre Kehle legen und jedes Wort, jede Silbe darin ersticken. Während ihrer Fruchtbarkeit war es jedoch nicht viel besser. Das war nicht immer so gewesen. Früher, vor ihrer Initiation, hatte es eine Zeit gegeben, da waren sie völlig zwanglos miteinander umgegangen. Krus hatte sie regelmäßig besucht, wie es der Brauch war, wenn ein Desslaner darauf wartete, dass seine ihm zugeteilte, zukünftige Partnerin erwachsen wurde. Damit sie nicht als Fremde zusammengeführt wurden, sondern sich bereits vertraut waren. Sie hatte Krus kennengelernt, als sie fünf war. Damals hatte sie mit dem Umstand, dass er eines Tages ihr Partner werden würde, nichts anzufangen gewusst. Sie hatte nur gewusst, dass sie diesen riesig großen Mann mochte, von der ersten Sekunde an. Dabei war sie vor dem Treffen ganz schön aufgeregt gewesen und ein bisschen ängstlich.

Er wäre anders als die anderen, hatte ihre Mutter gesagt und ihr zugeflüstert, sie solle nicht erschrecken, ihn nicht anstarren und, bitteschön, auf keinen Fall auf seine Andersartigkeit ansprechen. Mutters hilflose Art, sie auf schonende Weise auf Krus' Entstellung vorzubereiten. Sie hatte sich auf das Allerschlimmste gefasst gemacht, dabei hatte er doch lediglich eine Narbe im Gesicht. Okay, eine ziemlich große, die drei Viertel seiner linken Gesichtshälfte betraf. Folgen eines Säureanschlags, wie ihr Vater ihr später erklärt hatte. Aber so furchtbar, wie alle getan hatten, war es nicht. Sie hatte es jedenfalls nicht als furchtbar empfunden, und tat das bis heute nicht.

Allerdings empfand Krus Ara als furchtbar, was ziemlich offensichtlich war. So gut sie miteinander klargekommen waren, solange sie noch uninitiiert gewesen war, als Frau sagte sie ihm nicht zu. Und das tat verdammt weh, denn das Kind hatte ihn gemocht, die Frau sehnte sich nach ihm.

Eine unerfüllbare Sehnsucht. Er schaffte es ja nicht mal, ein paar Sätze mit ihr zu wechseln oder sich in einem Raum mit ihr aufzuhalten. Was man daran erkannte, wie eilig er es hatte, Gors Ruf nach oben zu folgen. Als würde er vor ihr flüchten.

Autsch.

Seine Stiefel polterten auf der Treppe, und sie hob den Kopf, um ihm hinterherzusehen. So blitzartig er an ihr vorbeigeschossen war, so entschleunigt wirkte er jetzt. Mit hängenden Schultern schleppte er sich die Stufen hoch wie ein alter Mann, als schleifte er eine immense Last mit sich herum. Und sie wusste, wie diese Last hieß: Ara.

Es brach ihr das Herz. Jedes Mal aufs Neue, wenn so etwas passierte. Sie spürte, wie sich das Wasser durch ihre Tränenkanäle schob und in ihre Augen trat. Ihre Unterlippe begann zu zittern, als sie versuchte, das Weinen zurückzuhalten. Sie war nicht zu Hause und sie war nicht allein. Neben ihr, nur ein paar Meter entfernt, stand immer noch Inkia in der Wohnzimmertür. Und Manus, der Inkia das Popcorn geben wollte. Zu allem Unglück trat jetzt auch noch Mera dazu. Super.

»Das ist der Grund, warum Älsy versuchte, die beiden zusammenzubringen«, raunte Mera Inkia zu. Sie hätte es besser aufschreiben und Inkia lesen lassen sollen oder den Kommentar auf später verschieben, anstatt zu versuchen, es Ara mit Flüstern nicht mitbekommen zu lassen. Dabei meinte Mera es nicht böse, das wusste sie. »Weil sie das Gleiche gesehen hat wie du. Vergebliche Mühe. Krus hat seine Tasha zu sehr geliebt, er kann sie einfach nicht loslassen. Er würde Aras Liebe nicht mal dann wahrnehmen, wenn sie mit roten Fahnen vor seinen Augen herumwedeln, ihn direkt anspringen oder ihm in den Arsch beißen würde. Weil er sie nicht will. Weder Ara noch ihre Liebe.«

Da hatte Mera allerdings Recht. So sehr es schmerzte, es zu hören, die Erkenntnis selbst war nicht neu. Krus wollte sie nicht, und ihm wäre ihre Liebe sogar dann scheißegal, wenn sie nackt Lambada vor ihm tanzte.

Entschlossen wischte sie sich die Tränen, die doch über ihre Wangen gekullert waren, weg und drehte sich den Frauen zu.

»Tut mir leid, Ara. Ich wusste nicht, dass er herkommen würde. Ehrlich nicht.«

Ja, Inkia sah wirklich betroffen aus.

»Weißt du was? Das glaub ich dir sogar.«

Sie bedachte Inkia mit einem leichten Lächeln, bevor sie zurück ins Wohnzimmer ging. Der Junge, auf den sie dort traf, war ihr unbekannt. Ein Mensch. Wie sonderbar. Und was für eine herrliche Ablenkung.

5

Das Schlimmste am Verreisen war das Kofferpacken, und Krus hasste es wie die Pest. Mehr noch als die Pest, weil die ihm, als Immortal, nichts anhaben konnte. Auszuwählen, welche Kleidungsstücke man mitnehmen wollte, war anstrengend dagegen und machte furchtbar müde. Eigentlich sollte er längst fertig sein. Theo wartete bereits unten, um ihn zum Flughafen zu fahren. Vielleicht war es besser, sich nicht länger den Kopf darüber zu zerbrechen. Die Reise ging nach England und war eine offizielle Mission, kein Urlaub. Seine Jägerkluft in ausreichender Stückzahl sollte demnach genügen.

Doch England war seine ursprüngliche Heimat - Cornwall, um genau zu sein - und er würde nicht darum herumkommen, seine Mutter zu besuchen, wenn er schon auf der Insel war. Mit schwarzer Lederhose zu schwarzem Muskelshirt, gekrönt von schwarzen Springerstiefeln brauchte er sich bei Filena allerdings nicht blicken zu lassen. Seitdem sein Vater bei der Jagd getötet worden war, ertrug Filena diesen Anblick nicht mehr, setzte sich dem nur aus, wenn es sich nicht vermeiden ließ. Bei feierlichen Anlässen wie einer Zusammenführung im Tempel beispielsweise.

Der Trip nach UK, der dazu diente, sich mit dem König und dem Zirkel zu treffen, die beide in London residierten, bot ihm zusätzlich eine Gelegenheit, seine Tochter zu sehen. Nach der Besprechung bei Gor, bei der beschlossen worden war, dass ihr Anführer nicht allein reiste, sondern sie geschlossen als Gruppe vor König und Zirkel treten wollten, hatte er seine Tochter angerufen und ein Treffen vorgeschlagen. Xirte war begeistert gewesen. Seine Gefühle waren eher zwiespältig. Natürlich freute er sich darauf, er hatte Xirte lange nicht gesehen, andererseits kramten Treffen mit ihr Erinnerungen hervor, die er lieber vergraben beließe.

Und auf die Frage, wie es um den lange erwarteten Nachwuchs stand, konnte er gut verzichten, sowohl von seiner Mutter wie von seiner Tochter. Sie kam jedoch unweigerlich, beide stellten sie jedes Mal. Als gäbe es für ihn nichts Wichtigeres zu tun, als Ara zu schwängern.

Das Handy klingelte, aber er musste nicht aufs Display sehen um zu wissen, wer anrief. Das verriet ihm der Klingelton: Beethovens Fünfte. Er musste auch nicht rangehen. Ryst ließ es stets nur einmal klingeln, bevor er auflegte. Mehr war nicht nötig. Ebenso wenig, wie miteinander zu sprechen. Da Ryst ihn lediglich ein einziges Mal pro Jahr anrief, bedurfte es keiner Worte, um die Botschaft zu übermitteln.

Er seufzte, dann griff er zum Handy. Um Gor zu benachrichtigen, dass die Jäger ohne ihn fliegen mussten.

Während Krus die letzte Treppe hochstieg, setzte das Kribbeln im Nacken ein, mit dem der Körper eines Desslaners ihn warnte, dass er sich in der Nähe einer fruchtbaren Desslanerin befand. Er wünschte, die Warnung wäre mit Schmerzen verbunden, dann wäre sie nicht so leicht zu ignorieren. Das Kribbeln ging jedoch eher in Richtung angenehm und war vermutlich nicht als Warnzeichen eingerichtet, sondern als Ansporn. Kein Wunder, dass Ryst in dieser Zeit ins Hotel auswanderte, obwohl es sich im Erdgeschoss überhaupt nicht und im ersten Stock nur leicht bemerkbar machte.

Kaum übertrat er die Schwelle zu Aras Räumlichkeiten, begann sein Körper, Amok zu laufen. Das Blut raste durch seine Adern und rauschte in seinen Ohren, sein Herz schlug schmerzhaft gegen die Rippen und sein Schwanz versuchte, ihm die Hose von der Hüfte zu sprengen. Unter Aufbietung all seiner Willenskraft hinderte er seine Beine daran, ihn schnurstracks ins Schlafzimmer zu tragen. Schweiß trat aus jeder Pore, während er sich zwang, zuerst ins Bad zu gehen. Seit zehn Jahren kämpfte er diesen Kampf jedes Jahr aufs Neue, bisher hatte er gewonnen, aber es wurde von Jahr zu Jahr anstrengender. Und Ara war in einem Zustand, in dem sie sich nicht dafür interessierte, ob er gewaschen war oder nicht. Ihr Körper strebte nach der körperlichen Vereinigung, die mit dem Akt der Befruchtung einherging, und dem war es egal, ob der Leib, der dieses Streben erfüllte, sauber oder schmutzig war, wohlriechend oder zum Himmel stinkend. Trotzdem. Die nächsten drei Tage würde er nicht lang genug in die Nähe von Wasser und Seife kommen, um ihre Benutzung auch nur in Erwägung zu ziehen, und er schuldete es ihr, die Angelegenheit wenigstens geduscht zu beginnen.

Er war nackt, bevor er die Badezimmertür erreichte. Seine Klamotten lagen zerfetzt am Boden. Gut, dass er nie was Teures trug, wenn er hierher kam, und immer Ersatzkleidung dabei hatte. Beim ersten Mal war das nicht der Fall gewesen und er hatte sich anschließend Kleider von Ryst leihen müssen. Aber man war ja lernfähig.

Die eiskalte Dusche kühlte ihn kein bisschen ab, und als er vor der Verbindungstür zum Schlafzimmer stand, musste er sich an die Box klammern, die er bei sich hatte, um das Hindernis nicht einfach niederzumähen. Bloß nicht die Nerven verlieren, und vor allem nicht die Beherrschung. Das würde fatale Folgen haben.

In dem Raum, den er betrat, roch es nicht ausschließlich nach Fruchtbarkeit. Er war erdbeerschwanger. Aras Geruch hing derart intensiv in der Luft, dass er kaum atmen konnte, und die deutliche Note nach Zartbitterschokolade, die unter dem Erdbeerduft lag, fuhr ihm direkt in die Eier. So roch sie nur, wenn sie erregt war.

»Tut mir leid«, hauchte sie, ohne ihn anzusehen.

Das sagte sie jedes Mal, seit verdammten zehn Jahren. Wann würde sie endlich aufhören, sich für etwas zu entschuldigen, für das sie nichts konnte.

»Muss es nicht. Deshalb bin ich doch hier, und es ist der einzige Grund, warum wir uns kennen.«

Leider.

Sie nickte, drehte sich um und kniete sich auf die Matratze. Sie war bereit für ihn und, bei Dessmon, er war mehr als bereit und willig, sie zu nehmen.

~*~

Die Matratze senkte sich, als Krus darauf stieg und sich hinter Ara kniete. Ihr durch die Fruchtbarkeit ohnehin geschwollenes Geschlecht fing an zu pulsieren und stieß noch mehr Feuchtigkeit aus, die an ihren Oberschenkeln hinunterrann. Wenn er nur endlich eindringen würde, aber er brauchte stets einen gewissen Moment. Um sich zu sammeln, geistig vorzubereiten oder was immer er in dieser Zeit tat.

Diese paar Sekunden, länger dauerte es nicht, waren für sie jedes Mal das Allerschlimmste. Ihr Körper zum Zerreißen gespannt, ihr fast schmerzhaft nach seinem gierendes Geschlecht. Körperliche Pein, die die seelische um Längen schlug, bis das Eindringen dem ein Ende bereitete.

Dieser Moment des Daraufwartens war schrecklicher als die Tatsache, dass er ihr verwehrte, ihn anzusehen. Er nahm sie ausschließlich von hinten. Wie im Tempel hatten sie es seither nicht mehr getan. Doggy Style nannte ihr Bruder das und sprach davon, dass diese Stellung besonders reizvoll für Männer sei, weil sie tiefer eindringen, kräftiger zustoßen und sich darüber hinaus dabei zusehen konnten. Ihr war das egal. Es war ja okay, es auch auf diese Art zu machen, aber nur so? Sie wollte seinen ganzen Körper spüren, wenn sie sich vereinigten, nicht bloß sein Becken an ihrer Kehrseite und seine Hände an ihren Hüften. Sie wollte ihre Arme und Beine um ihn schlingen und ihn ansehen, während er sich in ihr bewegte.

Nichts davon ließ er zu. In den ersten Jahren hatte sie noch versucht, ihn umzustimmen. Erfolglos. Irgendwann hatte sie resigniert. Himmel, er schaffte es sogar, sich ihrer Betrachtung während der kurzen Schlafphasen zu entziehen. Wie er es machte, war ihr ein Rätsel, aber er war stets vor ihr wach und drehte ihr vehement den Rücken zu. Berühren durfte sie ihn auch nicht.

Mit ihr zusammen zu sein, musste schrecklich für ihn sein, tun zu müssen, wozu er gezwungen war, ein drei Tage lang währender Albtraum. Und er schaffte es vermutlich nur deshalb, weil der Körper eines Desslaners nun mal auf die Fruchtbarkeit einer Desslanerin reagierte, ob er wollte oder nicht, er konnte nichts dagegen tun. Außerhalb ihrer Fruchtbarkeit, das stand für sie unumstößlich fest, reagierte sein Körper nicht auf sie. Wahrscheinlich wurde ihm beim puren Gedanken daran unbehaglich. Dass es bei ihrer Zusammenführung anders gewesen war, tja, was wusste sie schon darüber, was ihm davor eingeflößt worden war.

Ein kurzes Klopfen sagte ihr, dass er die mysteriöse Box, die aussah wie eine Teedose und die er immer mitbrachte, auf den Bettrahmen gestellt hatte. Sie hatte keine Ahnung, was sich darin befand. Vermutlich irgendwas, das Männer brauchten, um die fruchtbare Zeit durchzustehen. Sie hatte ihn nie gefragt und ihren Vater oder Bruder ebenfalls nicht. Oder es war etwas, das Männer grundsätzlich brauchten, wenn sie mit einer Frau zusammenkamen. Sie konnte sich zwar nicht an eine Box erinnern, die er während ihrer Zusammenführung gehabt hätte, aber das hieß nicht, dass sie nicht dagewesen war. An jenem Abend hatte sie für derlei Details schlicht kein Auge gehabt. Alles war so neu und aufregend gewesen. Ihr erstes Mal, noch dazu mit Krus. Wieso hätte sie da auf etwas anderes als das achten sollen? Sie war viel zu sehr mit den neuen Empfindungen beschäftigt gewesen, die sie durchströmt hatten. Vielleicht, wenn sie gewusst hätte, dass ihr erstes Mal gleichzeitig auch ihr letztes Mal war, hätte sie darauf geachtet. Aber das hatte sie nicht, deshalb wusste sie es nicht. Und im Grunde war es auch nicht wichtig. Wichtig war, dass das Abstellen bedeutete, es war soweit.

Er richtete sich hinter ihr auf und kroch dicht an sie heran. Sie spürte die Spitze seines Glieds an der Pforte zu ihrem Innersten. Alle Empfindungen sammelten sich exakt an dieser Stelle. Tief sog sie Luft in die Lungen, hielt den Atem an und wartete auf den Stoß, der diese Luft wieder aus ihr herauspresste. Er kam ohne weitere Verzögerung. Krus sog zischend Luft ein.

Erneut ein Moment des Verharrens, köstlich diesmal, weil sie ihn so intensiv spürte, dann begann er, sich zu bewegen und alle Gedanken zu vertreiben. Nichts war mehr von Bedeutung, außer der Vereinigung ihrer beiden Leiber.

~*~

Folter in ihrer reinsten Form. Das war Aras Fruchtbarkeit für Krus. Mit zitternden Händen traf er die letzte notwendige Vorbereitung, die ihm alles an Selbstbeherrschung abverlangte, was er aufzubieten hatte, während er hinter ihr kniete und sah, wie bereit sie war. Der Geruch nach Zartbitterschokolade überspülte ihn wie die Wellen einer aufgepeitschten See. Er liebte Zartbitterschokolade, seit er mit Ara zusammengeführt war, konnte er sie nicht mehr essen, war stattdessen auf die langweiligere Vollmilch umgestiegen. Er brachte kein Stückchen mehr runter, ohne an sie zu denken, und an sie zu denken, bedeutete, Gefahr zu laufen, sich in einem Traum zu verlieren, der niemals Wirklichkeit werden konnte.

Seit seiner Verstümmelung schlief er, wenn überhaupt,

nur noch mit Frauen, die damit ihren Lebensunterhalt bestritten. Normale ließen ihn sowieso nicht an sich heran. Und er tat es ausschließlich von hinten. Selbst einer Professionellen musste man den Anblick eines zerstörten Gesichts nicht zumuten. Die einzige Ausnahme war Ebly, und sie hatten Jahre gebraucht, um dahin zu kommen. Allerdings bestellte er Ebly nicht mehr oft, seit es Ara gab. Nur, wenn er es nicht mehr aushielt, die gute alte Handarbeit keine Erleichterung mehr brachte. Einmal, höchstens zweimal pro Jahr.

Grundsätzlich war es ihm egal, dass er von den meisten lediglich den Rücken kannte, und dass die Frauen nichts davon hatten. Es ging ja nicht um Sex des Vergnügens wegen, sondern um einen rein mechanischen Vorgang zur Befriedigung körperlicher Bedürfnisse. Mit Gefühlen hatte das rein gar nichts zu tun. Er schlief mit diesen Frauen nicht, weil er es wollte, sondern weil sein Körper es brauchte.

Bei Ara war das völlig anders.

Gott, wie sehr er es hasste, sie dabei nicht ansehen zu können. Nie zu sehen, wie sich ihr Gesicht verklärte, wenn sie kam, wie es bei ihrer Zusammenführung geschehen war. Er sehnte sich so sehr danach, jeden Quadratzentimeter ihrer Haut an seiner Haut zu spüren. Zu fühlen, wie sich ihre Hände an ihn klammerten, sich ihre Fingernägel in seinen Rücken bohrten. Er wollte sie schmecken und hören, wie sie seinen Namen hauchte. Und er wollte sie küssen. Sie hatten sich noch nie geküsst, nicht mal im Tempel. Ihre Lippen auf seinen, ihre Zunge, die mit seiner spielte. Die Sehnsucht danach zerriss ihn beinahe.

Nichts von all dem würde je passieren, und nie war er sich dessen bewusster als in dem Augenblick, kurz bevor er in sie eindrang.

Folter pur. Dennoch waren diese drei Tage alles, was er hatte, alles, wofür er atmete und lebte, alles, was seinem Leben einen Sinn gab. Es waren die einzigen Tage, in denen er ihr nah war und nah sein konnte, weil sie, erzwungen von ihren Instinkten, seine Nähe nur in diesen Tagen zuließ.

Als er mit der Vorbereitung fertig war, stellte er seine Box zur Seite - nicht weit weg, sie musste in Reichweite bleiben - und richtete sich auf. Schon als seine Eichel in Berührung mit ihr kam, hatte er das Gefühl, jeden Moment zu explodieren. Vielleicht auch zu implodieren, so genau konnte er es gar nicht sagen. Und als er sich dann in sie schob ...

Er zerschmolz in der warmen, weichen Feuchte ihrer Höhle. Unter normalen Umständen würde sie seinetwegen nicht feucht werden. Bei der Zusammenführung hatte der erhöhte Hormonspiegel ihrer Initiation dafür gesorgt, jetzt wurde es von ihrer Fruchtbarkeit bewirkt, aber, Himmel, spielte das eine Rolle? Im Augenblick nicht. Jetzt genoss er einfach nur, dort zu sein, wo er war. Später, wenn alles vorbei war, war es noch früh genug für Bedauern.

Lange ließen sich die Instinkte nicht in Schach halten. Schneller, als es ihm lieb war, übernahmen sie die Führung und brachten ihn dazu, seinen Schwanz in immer schneller werdendem Rhythmus in sie zu treiben. Nicht lange, bis er zum ersten Mal kam. Gemeinsam mit ihr, wie es bei allen noch folgenden Vereinigungen sein würde.

Ein befruchtungsfähiges Ei konnte nur mit einer Samenzelle verschmelzen, wenn es mit einem speziellen Hormon angereichert war, das der weibliche Körper ausschließlich während des Höhepunkts ausschüttete. Ihr Körper produzierte die Orgasmen also selbst, und zwar exakt zum gleichen Zeitpunkt wie die des Mannes, damit durch die Muskelkontraktionen auch der letzte Mikroliter Samen herausgepresst wurde.

Hier ging es drei Tage lang nicht um Sex, sondern um

Begattung zum einzigen Zweck der Zeugung von Nachkommen. Das hieß allerdings nicht, dass er sich nicht trotzdem bewusst war, was sie da taten, und dass er sich nicht trotzdem der Freude hingeben konnte, mit ihr zusammen zu sein.

In diesen drei Tagen war er dem Gefühl von Glück so nah, wie er ihm irgend kommen konnte, und obwohl ihn genau das eines Tages umbringen würde, konnte er sich ein Leben ohne diese kurze Zeitspanne im Himmel, die sich früher oder später als Vorhof zur Hölle entpuppen würde, ein Leben ohne Ara nicht mehr vorstellen.

6

Gor stand mit seinen Jungs vor einem Haus in der bekannten Coventry Street ganz in der Nähe des Leicester Squares, das von außen wie jedes andere dort aussah. Die altertümlich anmutende, jedoch tadellos in Schuss befindliche Fassade mit Stuck verziert, aber auch neueren technischen Elementen versehen.

Das Haus machte den Eindruck eines stinknormalen Bürogebäudes inklusive Firmenschild am Eingang - Silas & Partner, Attorneys at Law - doch der Schein trog, denn in diesem Haus befand sich der Königshof. Das Schild diente nicht ausschließlich der Tarnung, im Erdgeschoss war tatsächlich eine Rechtsanwaltskanzlei ansässig, allerdings eine, die sich ausnahmslos um desslanische Belange kümmerte.

Sie betraten das Haus und folgten dem Mann, der sie reingelassen hatte, nach oben.

Schon der erste Stock verriet, dass hier keine Geschäfte abgewickelt wurden, jedenfalls nicht von der Art, wie man es vermuten würde. Zusammen mit dem zweiten bildete er den Dienstbotentrakt, in dem sich auch die Küche befand. Im dritten Stock war die Decke entfernt worden, sodass er sich mit dem vierten zu einem Stockwerk verbunden hatte. Dort war der Thron- und Bankettsaal. Die fünfte und oberste Etage beherbergte die Privatgemächer der Königsfamilie.

Erstaunlich war, dass das Gebäude im Inneren tatsächlich wie ein klassisches Schloss aussah. Mit allem, was dazugehörte. Marmorfußböden und -skulpturen, teuren Gobelins und Ölgemälden an den Wänden und allerlei anderem Schnickschnack, den zwar keiner brauchte, ohne den ein Königshof jedoch nicht stilecht war.

Der Thronsaal war ebenfalls exakt das. Ein die gesamte Grundfläche einnehmender Saal mit auf Hochglanz poliertem Parkettboden, an dessen der Tür gegenüberliegenden Stirnseite auf einem Podest, das über drei Stufen zu erklimmen war, der Thron stand. Ein Holzstuhl, doppelt so breit wie ein gewöhnlicher, mit hoher, verschnörkelter Rückenlehne und einem mit rotem Samt bezogenen Sitzpolster. Skalls Frage, ob der Thron wohl aus Gold oder wenigstens vergoldet war, beantwortete sich somit auf den ersten Blick. Nein. Derart dekadent, eine Mischung aus Mahagoni und Palisander zu vergolden, war nicht mal der König, der im Übrigen völlig anders aussah, als Gor ihn sich vorgestellt hatte.

Dass Vrebal II. trotz seines fortgeschrittenen Alters - soweit Gor wusste, war der König weit über tausend - aussah wie Ende zwanzig, überraschte nicht, das traf schließlich auf jeden Dessla zu. Es war seine Figur, die er anders erwartet hatte. Irgendwie hatte er stets das Bild eines Mannes vor Augen gehabt, dem man den ausschweifenden Lebensstil, den er führte, ansah. Doppelkinn und Bauch, mindestens jedoch untersetzt, in edlen Gewändern, mit jeder Menge Klunker behängt und einer edelsteinbesetzten Krone auf dem Kopf.

Bei dem Mann, der auf dem Thron saß und ihm mit ernstem Blick entgegensah, war nicht mal ein Ansatz von Übergewicht erkennbar. Er war schlank und sogar muskulös. Seine Kleidung bestimmt nicht billig, weißes Seidenhemd zu schwarzer Bundfaltenhose, wirkte jedoch eher bescheiden. Ein Siegelring am rechten Mittelfinger war das einzige Schmuckstück, das er trug. Und eine Krone? Fehlanzeige.

Sein Vater hatte mal erzählt, dass der Hof einem Bienenstock glich, der niemals zur Ruhe kam, nicht mal, wenn der König schlief, und dass im Thronsaal ein stetes Kommen und Gehen herrsche. Er wäre nie leer, sondern würde zu jeder Zeit von mindestens zwanzig Personen bevölkert - Höflingen, Günstlingen, Ratsmitgliedern, Adligen und Sonstigen.

Der Thronsaal, den er und seine Männer durchschritten, bot ein anderes Bild, lag wie verwaist vor ihnen. Außer dem König war niemand anwesend. Nein, das stimmte nicht. Neben dem Thron, entlang der längsseitigen Wände gab es Sitzgruppen, die wie ein Kirchenchor aussahen. Die acht ersten Sitzplätze rechts waren besetzt mit - ach, du Scheiße - dem kompletten Zirkel, der allerdings steif wie Statuen anmutete. Er hatte nicht damit gerechnet, dass auch die beiden jeweils führenden Mitglieder aller Räte, besser bekannt als der Zirkel, heute zusammenkommen würden, um diesem Treffen beizuwohnen, obwohl er damit hätte rechnen müssen. Immerhin war der Zirkel das eigentliche Machtorgan der Dessla. Vrebal war schon lange nur noch ein Aushängeschild. Dass der Zirkel da war, hatte auch sein Gutes. Was er heute hörte, musste morgen nicht nochmal gesagt werden.

Vor dem Thron angekommen, zögerte er zunächst. Wen sollte er zuerst begrüßen? Den König, als oberstem Souverän aller Dessla, oder den Zirkel, als den eigentlichen Machthabern? Schließlich entschied er sich für Vrebal II.

»Majestät.« Er verbeugte sich nicht tiefer als vor dem Ersten Wächter. Er war kein einfacher Desslaner, er war ein Jäger. Vor dem Zirkel neigte er lediglich das Haupt. Die Jungs taten es ihm nach.

Ein leichtes Lächeln umspielte den Mund von Vrebal, die Gesichter des Zirkels blieben ausdruckslos. Dann erhob sich der König und stieg langsam von dem Podest. Direkt vor Temm blieb er stehen.

»Temm.« Vrebal umgriff die Oberarme des Jägers. »Ist lange her.«

Nicht nur Gor blieb die Spucke weg, den anderen ging es ähnlich. Temm und der König kannten sich? Persönlich? Das hatte er nicht gewusst. Wie er so vieles aus

Temms Vergangenheit nicht wusste. Genau genommen wusste er gar nichts aus oder über Temms früheres Leben, und das, obwohl er seit fünf Dekaden Temms Anführer war und den alten Recken noch viel länger kannte.

»Viel zu lange«, ergänzte der König. »Du fehlst hier.«

»Da, wo ich jetzt bin, geht es mir besser.«

An sich eine Beleidigung und unerhört, wie er an den von Unmut gezeichneten Gesichtern der beiden Vertreter des Adelsrates erkannte. Nur, Vrebal II. schien sich nicht im Mindesten beleidigt zu fühlen. Er nickte lächelnd.

»Das verstehe ich gut. Manchmal möchte ich auch vor meinen Erinnerungen davonlaufen.« Er seufzte. »Aber dieses Privileg ist mir leider nicht vergönnt.«

Oha.

Klang nach wesentlich mehr als bloßem Kennen.

Schon wandte sich der König ihm zu. »Entschuldige bitte, es war respektlos von mir, dich als Anführer nicht zuerst begrüßt zu haben.«

Holla. Der König entschuldigte sich bei ihm und sprach von Respektlosigkeit? Mannomann, Vrebal steckte voller Überraschungen.

»Aber auf einen alten Freund zu treffen, ist dieser Tage ein seltenes Vergnügen.«

Freund? Niemand, den er kannte, würde die Worte Temm und Freund in einem Satz verwenden. Überraschung war die Untertreibung des Tages.

»Ich fühle mich geehrt, dass du mich und meine Männer empfängst.«

Was hätte er sonst sagen sollen? ›Ich nehme die Entschuldigung an‹ vielleicht? Unmöglich.

Vrebals Lächeln wurde breiter. »Nun, Gor, mir blieb wohl keine andere Wahl, nachdem mir dieser Besuch und der Grund dafür von höchster Stelle angekündigt wurde. Wenn der Erste Wächter dir sagt, Dessmon schickt einen Boten, empfange und unterstütze ihn, sagt auch ein König nicht nein. Uns steht also ein Krieg mit den Lykomorphen bevor?

»Korrekt.«

»Woher weißt du das?«

»Estobar hat es mir gesagt.«

»Der Estobar, den du erschossen hast?«

Zum ersten Mal zeigte sich eine Regung im Zirkel. Das Ratsoberhaupt der Krieger meldete sich zu Wort und war damit, wie es aussah, nur unbedeutend schneller als sein Jägerkollege.

»Wieso sollte ein Lykomorph einen Dessla vor einem Krieg warnen?«

»Sagte ich, es wäre eine Warnung gewesen?« Natürlich war es das gewesen, aber das brauchte außer ihm keiner zu wissen. »Estobar hatte ein diebisches Vergnügen daran, mir unter die Nase zu reiben, dass die Tage der Dessla gezählt seien. Zumindest so lange, bis ihm meine P2000 das Grinsen aus dem Gesicht gepustet hat.«

Eine Erwiderung, die ganz nach dem Geschmack der Jägerräte war, wie er ihrem kaum verhohlenen Schmunzeln entnahm.

»Und was ist dein Plan, Gor? Was willst du jetzt tun?«

Da stellte der König doch glatt die Eine-Million-Euro-Frage. Dumm, dass er keine Antwort darauf hatte. Und am besten gab er das gleich zu.

»Ich habe noch keinen Plan. Dessmons Rat war, dass sich die Jäger und die Krieger zusammenschließen sollen, und er hat mich beauftragt, dafür zu sorgen, dass das geschieht. Aber ehrlich gesagt weiß ich im Augenblick noch nicht, wie ich das bewerkstelligen soll.«

»Und darum kommst du zu mir, weil du denkst, wenn ich es befehle, wird es einfacher. Das Problem ist, ich bin dafür nicht der richtige Mann. Selbst wenn ich es wollte, könnte ich diesen Befehl nicht erteilen oder verlangen, dass er befolgt wird. Ich kann lediglich offiziell verlautbaren, dass ein solcher Zusammenschluss mein

Wunsch ist. Das jedoch würde die Bevölkerung in Aufruhr versetzen, und ich glaube nicht, dass wir das gebrauchen können.«

Dem konnte er nicht widersprechen. Allerdings hatte er sich tatsächlich eine Art Befehl vom König erhofft.

»Die Sache ist doch die, dass dir nicht nur die Vereinigung von Kriegern und Jägern aufgetragen wurde, sondern die Führung der Dessla.« Der Unterton in der Stimme des Adelsrates verriet, dass dieser damit ganz und gar nicht einverstanden war, und das war mehr als deutlich rauszuhören. Er bemühte sich nicht einmal, seine Ablehnung zu verschleiern.

»Richtig. Dessmon meinte damit jedoch nicht die Führung des Volkes als Souverän, sondern die Führung der vereinten Streitkräfte in und durch diesen Krieg.« Zumindest hoffte er das. »Weder bedroht das die Stellung des Königs noch die des Zirkels. Ich strebe keine Machtposition an. Alles, was ich will, ist, dass unsere Spezies überlebt.«

»Führung, egal auf welche Art, geht immer mit einer Machtposition und der Ausübung von Macht über Untergebene einher.« Ach nee. Was meinte das Zirkelmitglied aus der Oberschicht eigentlich, was er seit fünfzig Jahren machte? Däumchen drehen? In der Nase popeln? »Wie, Gor, verrat uns das, willst du führen, wenn du nicht bereit bist, Macht auszuüben?«

»Ich bin der Anführer einer Jägergruppe und das nicht erst seit gestern. Dass ich bereit und fähig bin, Macht auszuüben, sollte also keine Frage mehr sein.«

»Herrgott nochmal! Um was geht es hier eigentlich? Darum, sich einzupissen, weil man seine Privilegien bedroht sieht, oder darum, eine Gefahr für die Dessla abzuwenden?«, rief Temm hinter ihm.

Gor fuhr zu Temm herum, der den Zirkel anstarrte, als wolle er sämtliche Mitglieder auf der Stelle fressen. Die Blicke, mit denen die Zirkelleute antworteten, waren allerdings nicht weniger aggressiv. Doch bevor einer etwas erwidern konnte, fuhr Temm fort.

»Wichtig ist zu entscheiden, was passieren soll. Wir müssen aus zwei Gruppierungen, die bisher nur lockeren Kontakt pflegten, eine funktionierende Armee bilden. Wir müssen kleine Gruppen zu einer Einheit formen, die wie ein Mann steht und kämpft. Jeder muss seinen Platz und seine Aufgaben kennen, alles muss Hand in Hand gehen, niemand darf ein eigenes Süppchen kochen in der Hoffnung, sich zu profilieren oder berühmt zu werden. Nur so haben wir eine Chance. Und dazu ist es erforderlich, gemeinsam zu trainieren. Krieger und Jäger vereint, nicht jeder für sich. Wir müssen überall Trainingslager einrichten, in denen alle auf den gleichen Stand gebracht werden. Und wir müssen schnell handeln, weil wir nicht wissen, wann die Lykomorphe zuschlagen werden. Darum geht es hier. Wer wem was wann und wie lange zu sagen hat, könnt ihr später ausschnapsen.«

Temm war nicht gerade dafür bekannt, viel zu sagen, aber wenn er es tat, hatten es seine Worte definitiv in sich.

»Jetzt gehst du zu weit, Jäger«, zischte der Adlige, der sich offensichtlich ans Bein gepinkelt fühlte.

»Aber er hat Recht.« Von allen anwesenden Würdenträgern hatte Vrebal anscheinend den meisten Grips. Interessant, wenn man bedachte, wer in Wirklichkeit die Geschicke des Volkes lenkte.

Der Adelsrat schnappte nach Luft. Diese Einmischung des Königs schmeckte ihm nicht. Doch Vrebal hob nur eine Hand und erstickte damit jeglichen möglichen Einwand.

»Von allen hier in diesem Saal, ist Temm der Einzige mit Erfahrung in Sachen Krieg, weil er der Einzige ist, der einen miterlebt hat.«

Temm hatte bitte was? Verfluchte Scheiße. Der letzte Krieg, in den die Dessla verwickelt waren, lag zigtausend

Jahre zurück. Gor hatte gewusst, dass Temm schrecklich betagt war, aber derart alt?

»Wenn er sagt, die Zeit eilt, pflichte ich ihm bei.« Vrebal blickte in die Runde. »Unsere Aufgabe ist es, unsere Rasse zu beschützen, und wir müssen alles Notwendige tun, um genau das in die Tat umzusetzen. Über Statussymbole zu streiten, ist dem nicht förderlich. Und wenn Temm sagt, wir brauchen Trainingslager, brauchen wir sie. Ich vertraue seinem Urteil da völlig.«

»Dein Vertrauen in allen Ehren, Majestät, aber dieser Jäger ist nicht mehr der Mann, der er früher einmal war und den du kanntest. Er hat sich verändert.«

War ja klar, dass solch ein Einwand kommen musste. Gor hatte große Lust, ihn dem Krieger in den Rachen zurückzustopfen.

Vrebal gab ein Geräusch von sich, das wie ein kurzes, abfälliges Auflachen klang. Es kam lediglich aus seiner Brust, den Mund öffnete er erst, als er antwortete.

»Das trifft auf jeden zu, der es miterlebt hat. Ich war danach auch nicht mehr derselbe.«

Es? Danach? Verdammt nochmal. Es machte ihn ganz wuschig, dass jemand, irgendjemand, mehr über Temm wusste als er, und dieses irgendjemand schloss den König mit ein. Schließlich war er Temms Chef und sollte wissen, was mit seinem Jäger los war. Der Umstand, dass mit Ausnahme von Temm und Vrebal auch alle anderen im Saal nicht wussten, worum es ging, weil alle anderen, inklusive ihm selbst, zu jung waren, um es wissen zu können, tröstete ihn kein bisschen.

»Gibt's irgendwelche weiteren Einwände?«, fragte Vrebal an den Zirkel gerichtet. Niemand äußerte sich. »Gut, dann betrachte ich die Angelegenheit Trainingslager als beschlossen.«

Jetzt wandte er sich wieder ihm zu. »Die meisten europäischen Jäger und Krieger leben in Großbritannien. Ich erwarte also, dass ihr euer Basislager hier aufschlagt, und stelle euch dafür einen meiner Landsitze zur Verfügung. Haltet mich über eure Pläne und die weitere Vorgehensweise auf dem laufenden.«

Vrebal stieg zurück auf das Podest und ließ sich auf den Thron fallen. Audienz beendet. Der oberste Jägerrat, ein anderer als der, der bei seiner Zusammenführung mit Inkia am Ruder gewesen war, sah das anders. »Sag mal, Gor, fehlt da nicht einer aus deiner Truppe?«

»Krus ist was Wichtiges dazwischengekommen, das seine Abreise verzögert hat. Er kommt nach, sobald es erledigt ist.«

»Was könnte es Wichtigeres geben, als über den Schutz unseres Volkes zu sprechen?«

Der Adelsrat hatte wohl vor, sich Gors Antipathie zu sichern, und wenn er so weitermachte, war er auf einem guten Weg. Trotzdem lächelte Gor.

»Aus meiner Sicht, nichts. Aus Sicht des Rats der Jäger, die Zeugung eines Nachkommen.«

»Wird er diesmal Erfolg haben?«

»Das wissen wir, wenn er in drei Tagen zu uns stößt.«

Der Rat nickte und damit war auch für ihn die heutige Besprechung beendet. Er und seine Männer verbeugten sich vor Zirkel und König und marschierten aus dem Thronsaal.

Kaum waren sie draußen, fasste Skall Temm am Oberarm. »Du und der König?«

Temm sah Skall durchdringend an, sagte aber nichts.

»Schon klar, du wirst nicht darüber reden.«

»Richtig.«

»Das war ja viel einfacher, als ich gedacht habe.« Zegg bemühte sich, das Thema zu wechseln. Ziemlich offensichtlich zwar, aber Recht hatte er trotzdem. Gor dachte dasselbe.

»Ich hätte mehr Widerstand vom Zirkel erwartet.«

»Der Zirkel ist es gewöhnt, in großem Rahmen zu denken und Entscheidungen zu fällen, die das gesamte

Volk betreffen, nicht nur eine einzelne Schicht. Den Rat der Krieger zu überzeugen, wird schwieriger werden. Aber täuscht euch nicht, auch beim Zirkel ist das letzte Wort noch nicht gesprochen.« Temm war also anderer Meinung und griff dabei vermutlich auf eine Erfahrung zurück, von der er bisher nicht gewusst hatte, dass der Jäger über sie verfügte.

Er legte Temm eine Hand auf die Schulter und sah ihm direkt in die Augen. »Du wirst mein Stabschef, Temm, und keine Widerrede. Ich brauche dich.«

Von Widerrede war Temm allerdings meilenweit entfernt. »Ja, das tust du, Gor.«

»Gut, dass wir uns einig sind. Und noch was. Über diese Königssache werden wir beide uns unterhalten müssen.« Er schielte zu Skall. »Unter vier Augen.«

Temm seufzte. »Ich weiß.«

7

Mit geschlossenen Augen lauschte Krus auf Aras regelmäßigen Atem. Sie schlief tief und fest. In seinem Arm, an ihn gekuschelt, was nur möglich war, weil sie derart fertig war, dass sie nicht mitbekam, was passierte. So war es jedes Mal, wenn die Fruchtbarkeit vorbei war. Der schönste und schrecklichste Moment daran. Schön, weil er sie halten durfte. Schrecklich, weil er wieder loslassen musste, und zwar, bevor sie wach wurde.

Aber noch schlief sie ja. Würde er auch gern. Er war zum Umfallen müde. Kunststück, er hatte seit drei Tagen nicht geschlafen. Er schlief nie, wenn er hier war, schloss lediglich die Augen und ruhte, damit er nicht verpasste, wenn sie aufwachte, und verhindern konnte, dass ihr Blick zufällig auf sein Gesicht fiel.

Erstaunlich, an was man einen Körper gewöhnen konnte, und was ein Glück, dass die Fruchtbarkeit nur drei Tage dauerte. Länger würde er das nicht durchstehen. Aber jetzt war es, Dessmon sei Dank, vorbei, obwohl das gleichzeitig bedeutete, sie erst in einem Jahr wiederzusehen.

Ein feiner Geruch nach Kokosnuss stieg in seine Nase. Ara hatte für ihr Duschgel eine Duftnote gewählt, die hervorragend zu ihrem natürlichen Geruch passte, und bewies damit, über welch tadellosen Geschmack sie verfügte. Bewundernswert, dass sie es nach der finalen Runde geschafft hatte, sich noch ins Bad zu schleppen und zu duschen, ohne vorher oder währenddessen einzuschlafen.

Er öffnete die Augen und betrachtete ihr Gesicht. So entspannt, friedlich und wunderschön. Gott, er hatte noch nie eine derart schöne Frau gesehen wie sie. Nicht mal seine Tasha, und die war alles andere als unattraktiv gewesen, hatte mehr als einen Verehrer gehabt.

Sanft strich er Ara eine Haarsträhne aus dem Gesicht. Seine Fingerspitzen glitten über ihr Ohr, ihren Hals, ihre Schulter. Das machte er immer, wenn sie schlief. Die einzigen Momente, in denen es möglich war. Sie zu berühren, tat ihm gut und erfüllte ihn mit so viel Zärtlichkeit, dass er meinte, überzufließen.

Sie nuschelte irgendwas Unverständliches und rückte noch näher an ihn heran. Es fühlte sich heute noch genauso überwältigend an wie beim ersten Mal, als es passiert war. Er schluckte, dann senkte er den Kopf. Zärtlich hauchte er einen Kuss auf ihren Scheitel.

»Ich liebe dich«, flüsterte er gegen ihr Haar. Oh ja, das tat er. Seit zehn Jahren. Oder länger, er wusste es nicht genau. Gemocht hatte er sie schon, als sie noch ein Kind gewesen war, obwohl er es nicht gezeigt hatte.

An ihre erste Begegnung erinnerte er sich noch gut. Ara war fünf gewesen und sich noch nicht wirklich im Klaren darüber, wer er war, welche Rolle er in ihrem Leben spielte. Zukünftiger Partner, für ein fünfjähriges Mädchen ein noch zu abstrakter Begriff, als dass es eine Vorstellung von der Bedeutung haben konnte. Wie sie vor dem Sessel gestanden war, in dem er saß, mit ihren verstrubbelt abstehenden roten Haaren, den Kopf schief gelegt, die Fäuste in die Seiten gestemmt und ihn von Kopf bis Fuß gemustert hatte.

Ohne vorher um Erlaubnis zu fragen, kletterte das Kind, das einmal seine Partnerin werden würde, auf seinen Schoß. Sie dachte sich nichts dabei. Jägerkinder waren im Umgang mit anderen Jägern nicht erschrocken und eingeschüchtert wie die Kinder anderer Schichten. Vorsichtig legte sie eine Hand auf seine linke Wange.

»Hat das wehgetan?«

»Ara!«

Ihrer Mutter fielen vor Entsetzen beinahe die Augen

aus dem Kopf. Die Kleine rollte ihre bloß.

»Ja, ich weiß, Mama. Ich soll ihn nicht darauf ansprechen. Aber das sieht aus, als hätte es wehgetan, und ich will doch nur wissen, ob das stimmt.« Sie wandte ihm das Gesicht zu. »Ich hab auch eine Narbe, weißt du.«

Sie zog ihr rechtes Hosenbein hoch und zeigte ihm ihr Knie. »Bin mit dem Fahrrad die Kellertreppe runtergefahren, weil ich die Kurve nicht gekriegt hab. Das hat furchtbar wehgetan. Und bei dir?«

Gott, es war ihm um so vieles lieber, wenn die Leute ihn direkt darauf ansprachen, als hinter vorgehaltener Hand darüber zu tuscheln.

»Schrecklich.«

Sie setzte einen wissenden Gesichtsausdruck auf und nickte. Und plötzlich grinste sie ihn an.

»Hey, weißt du was? Wir haben was gemeinsam. Ist doch toll, oder?«

Er merkte, wie sich bei der Erinnerung ein Lächeln auf seine Lippen stahl.

In diesem Moment hatte Ara sein Herz erobert, wenn damals auch noch nicht auf die Art und Weise, wie es ihr heute gehörte. Zum ersten Mal seit Äonen hatte er gewagt, zuversichtlich in die Zukunft zu blicken. Ihre unbekümmerte Art, mit seinem Aussehen umzugehen, hatte ihm Hoffnung gegeben, zumal sich daran auch im Laufe der Jahre nichts geändert hatte. Er hatte sich sogar auf ein Leben mit ihr gefreut, sobald sie erwachsen war. Bis zu jenem Tag zwei Jahre vor ihrer Initiation, als er zufällig heimlicher Zeuge eines Gesprächs zwischen dem Diener Lukas und dessen Frau geworden war.

»Ara hatte schon wieder Albträume und war die halbe Nacht wach. Die Herrin macht sich große Sorgen. Und es bricht ihr das Herz, dass ihr Sonnenschein ausgerechnet mit dieser Scheußlichkeit zusammengeführt werden soll. Ich verstehe nicht, wieso unser Herr nichts dagegen unternimmt. Ist doch kein Wunder, dass seine Tochter schlecht träumt. Würd ich auch, wenn ich wüsste, dass ich bald mit einem echten Albtraum zusammenleben muss.«

Lukas' Partnerin hatte sich geschüttelt und ihr Gesicht verzogen. Der Diener hatte mit den Achseln gezuckt.

»Bisher hat Ara auf mich nicht den Eindruck gemacht, als würde sie sich am Anblick des Jägers stören.«

»Was bleibt ihr denn übrig? Gute Miene zum bösen Spiel nennt sich das, mein Lieber. Und solange er nur zu Besuch kommt, geht das ja auch. Für eine Stunde kann man sich zusammenreißen und verstellen. Aber wie wird es ihr gehen, wenn sie bei ihm wohnt, jeden Tag mit diesem Anblick konfrontiert ist? So etwas sollte man von einer derart jungen Frau nicht verlangen. Es ist grausam.«

Als hätte er eine Schnur mit Widerhaken verschluckt, so hatte es sich angefühlt, diese Worte zu hören. Dennoch, sie hatten Recht. Man konnte ihr das nicht zumuten. Er war danach nie wieder in Rysts Haus gewesen, hatte Ara erst anlässlich ihrer Zusammenführung wiedergesehen - und sich sofort in sie verliebt. Für eine kurze Weile, dort auf dem Altar, hatte er sich seinen Gefühlen hingegeben, um anschließend zu entscheiden, dass er nicht grausam war. Nicht zu Ara. Deshalb hatte er Ryst gesagt, dass er unter keinen Umständen mit ihr zusammenleben würde. Er würde sie aufsuchen, wenn sie fruchtbar war, um seiner Verpflichtung nachzukommen, wolle ansonsten allerdings nichts mit ihr zu tun haben. Nach anfänglichem Unverständnis hatte Ryst nur zu gern eingewilligt. Klar, auch er wollte seiner Tochter ein Leben mit „dieser Scheußlichkeit" ersparen.

Erneutes Nuscheln riss ihn aus seinen Gedanken. Im Schlaf ließ Ara ihre Hand über seine Brust gleiten, und er spürte, wie ihm diese unbewusste Zärtlichkeit Tränen in die Augen trieb, die seinen Blick verschleierten. Er war nicht grausam. Sie schon, obwohl das bestimmt nicht in ihrer Absicht lag.

»Krus.«

Das war's. Damit war das Maß überschritten. Zu oft hatte er davon geträumt, sie seinen Namen sagen zu hören, während er sie im Arm hielt, und jetzt, da es passiert war, auch wenn sie ihn nur gemurmelt hatte, riss es sein Herz in Stücke.

~*~

Als Ara die Augen aufschlug, war der Platz neben ihr leer. Seltsam, so war es immer, und trotzdem tat es jedes Mal weh. Sie wälzte sich auf die andere Seite und fand, was im Bett liegen sollte, auf dem Sessel daneben sitzend. Sittsam in eine Decke geschlungen, als hätten sie sich nicht gerade drei Tage lang die Seelen aus den Leibern gefickt, oder er wäre dabei angezogen gewesen. An der Zimmertemperatur konnte es nicht liegen.

Sobald Krus merkte, dass sie wach war, erhob er sich und griff nach dem Cremetiegel, der auf dem Nachttischchen stand. Das erste Eincremen ihrer wundgescheuerten Haut machte er eigenhändig. Alle weiteren Male musste ihre Mutter für ihn einspringen. Aber man musste für Kleinigkeiten dankbar sein, immerhin könnte er auch das erste Eincremen ihrer Mutter überlassen. Wahrscheinlich tat er es ohnehin nur, um sich die Färbung ihrer Schamlippen anzusehen - bläulich gleich schwanger, normal gleich nicht schwanger -, ohne sie oder sich mit diesem Anliegen in Verlegenheit zu bringen.

Sie drehte sich auf den Rücken, schlug die Decke zurück und spreizte die Beine. Keine Notwendigkeit, die Angelegenheit unnötig hinauszuzögern. Er hockte sich zwischen ihre Knie.

»Und?«

Eigentlich musste sie nicht fragen. Ein Blick in sein ausdrucksloses Gesicht reichte. Würde er blau sehen, die Reaktion fiele anders aus. Und sein Kopfschütteln brauchte es ebenfalls nicht.

»Tut mir leid.«

Herrgott nochmal. War das alles, worauf sich ihre Konversation mit ihm beschränkte, Entschuldigungen?

»Es ist nicht deine Schuld.«

Ach nein? Wessen denn sonst? An ihm konnte es nicht liegen, er hatte durch seine Tochter bereits bewiesen, dass er Kinder zeugen konnte. Nur eben nicht mit ihr. Als würde sogar sein Samen sie ablehnen.

Ohne weitere Worte schraubte er den Deckel vom Tiegel, tauchte Zeige- und Mittelfinger in die Creme und tat, was zu tun war.

Verdammt. Wenn sich seine Finger nicht so sanft anfühlen würden, wäre es viel leichter zu ertragen. Und Sehnsüchte würde es auch nicht wecken. Nicht nach Sex - Dessmon bewahre, nicht nach diesem Marathon -, sondern nach einem freundlichen Wort, einem innigen Blick, schlicht, seiner Zuneigung. Sie biss sich auf die Unterlippe, um nicht zu schreien. Im Inneren tat sie es doch: Hör auf! Nein, hör nicht auf!

Natürlich war er irgendwann fertig, und natürlich beendete er diesen kleinen Dienst an ihr sofort. Er verschloss die Creme, stellte sie auf den Nachttisch zurück, schnappte sich stattdessen seine Dose und verließ das Schlafzimmer auf dem gleichen Weg, auf dem er es betreten hatte: durch das Bad.

Wenige Sekunden später hörte sie das Plätschern der Dusche. Er würde nicht zurückkommen. Das tat er nie. Also kein Grund mehr, ihre Tränen zurückzuhalten.

Sie hatte so sehr gehofft, dass es klappen würde. Ein Baby von Krus. Etwas, das sie miteinander verband, ihnen die Chance gab, sich einander anzunähern und es im Laufe der Zeit vielleicht sogar ermöglichte, die Kluft zwischen ihnen zu überbrücken. War das wirklich ein zu großer Wunsch?

8

Die Besprechung mit dem Rat der Jäger war relativ unkompliziert verlaufen. Sie hatte im Haus des neuen Oberhaupts Obbs, das erst vor ein paar Wochen eingesetzt worden war, via Videokonferenz stattgefunden. Es überraschte nicht, dass der Rat begeistert war, dass ein Jäger die Führung übernehmen sollte. Ein Jäger, den die Ratsmitglieder zu beeinflussen gedachten. Gor hatte sie in dem Glauben gelassen.

Das Treffen mit dem Rat der Krieger war schwieriger gewesen, letzten Endes jedoch in seinem Sinn beendet worden, und das hieß, im Sinne der Dessla. Selbstredend hatte den Kriegern, als den besseren Kämpfern der beiden Gruppierungen, die Vorstellung, von einem Jäger herumkommandiert zu werden, nicht sonderlich geschmeckt, und er hatte zum ersten Mal das von Dessmon erwähnte Fingerspitzengefühl zum Einsatz bringen müssen, um sie vom Gegenteil zu überzeugen. Ein hartes Stück Arbeit, das er ohne Temms Hilfe nicht bewältigt hätte. In dem alten Stinkstiefel steckte ein echter Diplomat. Wer hätte das gedacht?

Zum Schluss waren er und die Krieger übereingekommen, dass sie nur erfolgreich sein konnten, wenn sie eine Allianz gleichberechtigter Partner bildeten. Der Kriegerrat wollte ihm den erfahrensten Krieger, der aufzutreiben war, zur Seite stellen. Dagegen hatte er nichts einzuwenden. An etwas in dieser Richtung hatte er sowieso gedacht. Er hatte bloß noch keine Idee, wie er das seinem eigenen Rat verkaufen sollte. Aber Temm würde bestimmt was einfallen. Hoffte er.

Im Augenblick bereitete er sich auf die Begegnung vor, die in wenigen Minuten begann und im eigens für diesen Zweck gesperrten Speisesaal des Hotels stattfand. Ein Treffen mit einer Delegation der führenden Jäger Großbritanniens, unter denen sich auch Braa befand, der erfolgreichste Jäger, den es je gegeben hatte. Seine Bilanz würde auf absehbare Zeit von keinem getoppt werden können. Braa, eine lebende Legende, nicht nur unter den Jägern, und zufälligerweise Jills Vater, der auf die Degradierung seines einzigen Sohnes vom aktiven Mitglied als Jäger zum technischen Berater der Gruppe, gelinde ausgedrückt, mit einem Tobsuchtsanfall reagiert hatte. Ihm hatten noch Tage, nachdem Braa aufgelegt hatte, die Ohren geklingelt.

Gern gab er es nicht zu, aber er war nervös, weil er mit Widerstand der Jäger gegen seine Person rechnete. Immerhin waren nicht wenige davon älter als er.

In Gedanken ging er ein letztes Mal durch, was er sagen wollte, während er sich aus dem Hintergrund von Musik berieseln ließ. Noch nie hatte er Volbeat derart leise gehört und musste feststellen, dass sie laut besser kamen. Aber auf welche Metalband traf das nicht zu? Viel lieber hätte er etwas anderes, wesentlich Härteres gehört, am liebsten Five Finger Death Punch, die sich zu seiner absoluten Lieblingsband gemausert hatten. Aber die gingen leise mal so gar nicht, schieden als Untermalungsmusik also völlig aus, obwohl *Meet the Monster* geradezu prädestiniert für den Anlass war. Wobei sich noch die Frage stellte, wer für wen das Monster darstellte.

Ein Faustschlag gegen die Zimmertür sagte ihm, dass der Countdown abgelaufen war. Er atmete tief durch, bevor er sich zu seinen Männern gesellte und sie gemeinsam ins Foyer hinuntergingen, um sich der Herausforderung zu stellen. Gerade kamen sie unten an, als sich der Hoteleingang öffnete und Krus über die Schwelle trat. Das nannte er gutes Timing. Jetzt waren sie wenigstens vollzählig.

~ * ~

Als Krus das Foyer betrat, kamen die anderen gerade die Treppe herunter. Gut, er hatte es also rechtzeitig zum Beginn des Treffens geschafft, von dem Gor ihm am Telefon erzählt hatte, bevor er losgeflogen war. Gor sah ziemlich angespannt aus, und das konnte er ihm nicht verdenken. Er wäre es an Gors Stelle ebenso. Viele englische Jäger und insbesondere die Anführer waren bestenfalls Snobs. Gute Jäger, miserable Desslaner. Eingebildet und hochnäsig. Mit ein Grund, warum er der Insel vor langer Zeit den Rücken gekehrt hatte.

»Scheint so, als hätte er gleich mit uns mitfliegen können.« Skall bemühte sich nicht mal um einen gemäßigten Tonfall. Und wozu auch? Er sprach nur aus, was stimmte. Daran war nicht zu rütteln.

»Du kommst genau zur richtigen Zeit, Krus. Wir ziehen grade in die Schlacht und können deine Unterstützung gut gebrauchen«, begrüßte Gor ihn.

»Und er die Ablenkung«, raunte Jill Zegg zu.

Eine Ablenkung, die der Kleine wahrscheinlich selbst gebrauchen konnte. Jill begegnete seinem Vater Braa heute zum ersten Mal, seit er Großbritannien verlassen hatte. Seit der neuen Position innerhalb der Gruppe hatten sie gar keinen Kontakt mehr miteinander gehabt. Braa ließ Jill deutlich spüren, wie er darüber dachte.

Krus nickte Gor zu und ging zur Rezeption, um seine Reisetasche abzustellen und Bescheid zu sagen, dass er später einchecken würde.

»Hey, tut mir leid, Mann«, sagte Gor.

»Nicht wirklich überraschend, oder?«, erwiderte er und zuckte mit den Achseln.

»Also dann, meine Herren. Let’s get ready to rumble.« Aha. Gor war in Kampfesstimmung. Ob das die richtige Vorgehensweise war?

Als sie den Speisesaal betraten, schlug ihnen die frostige Stimmung wie eine Wand entgegen. Wow. Krus hatte ja mit Schwierigkeiten und Vorbehalten seiner ehemaligen Landsleute gegen Gor gerechnet, mit einer derart spürbaren Ablehnung nicht.

»Da kommt unser neuer Anführer aus Deutschland ja«, rief ein Jäger, den er noch nie gesehen hatte. »Schnell, lasst uns stramm stehen, den rechten Arm heben und ›Sieg heil!‹ rufen, damit er sich anständig begrüßt fühlt.«

Scheiße. Ablehnung war noch kein Ausdruck. Das war blanker Hass, für den es nicht die geringste Erklärung gab.

»Sachte, mein Freund.« Temm reagierte schneller, als Gor dazu in der Lage war.

»Oder was?«, erwiderte der Jäger.

»Ich bring dir Manieren bei.«

»Hoho, jetzt hab ich aber Angst.«

»Solltest du auch.«

Eine Hand auf seinem Unterarm hinderte den Hitzkopf an der Fortführung des Wortgefechts. Den Jäger, zu dem die Hand gehörte, hatte er schon mal irgendwo gesehen, er konnte ihn im Moment bloß nicht zuordnen.

»Dieser Jäger hat schon gejagt, als von uns noch keiner geboren war. Er verdient unser aller Respekt und Achtung«, sagte der selbsternannte Schlichter ruhig und bestimmt.

Der Streithahn schnaubte. »Meinetwegen. Aber auf den da«, mit dem Kinn deutete er auf Gor, »trifft das nicht zu.«

»Der da hat einen Namen. Er heißt Gor. Seit dreihundertacht Jahren erfolgreicher Jäger. Seit fast einundfünfzig Jahren Anführer einer Jägergruppe. Ihm ist gelungen, woran ältere und erfahrenere Jäger scheiterten. Er hat Estobar getötet. Und jetzt, Grünschnabel, sage noch einmal, dass er weder unseren Respekt noch unsere Achtung verdient.«

Grünschnabel, wie der Mann Gors Kontrahenten nannte, deutete darauf hin, dass dieser Jäger die Position eines Anführers noch nicht sonderlich lange innehaben konnte. Nichtsdestotrotz war er einer, was dafür sprach, dass er sich bereits Lorbeeren verdient hatte.

»Na, immerhin ist einer hier drin nicht unser Feind«, flüsterte Skall.

»Zumindest auf den ersten Blick«, meinte Zegg ebenfalls flüsternd.

»Du hast Recht, Chyk.« Dem Jäger, der jetzt sprach, war er vor Jahrzehnten begegnet. Nicht eine seiner angenehmsten Erinnerungen, weil der Typ ihm in die Quere gekommen war. »Für sein Geschick mit Estobar verdient Gor unsere Anerkennung.«

»Nicht nur dafür«, meinte Chyk. »Auch für seinen Umgang mit dem Verlust seiner Eltern, die 1703 von Lykomorphen erschlagen wurden. Andere wären daran zerbrochen. Gor nicht. Ich kannte seinen Vater, und das gilt für einige, die heute hier sind, ebenfalls. Ich kannte ihn sogar sehr gut.«

Erst jetzt drehte sich Chyk Gor zu und sah ihn direkt an. »Dein Vater wäre stolz auf dich.«

Das ging Gor bestimmt runter wie Öl. Leider bekam er keine Gelegenheit, sich bei Chyk zu bedanken.

»Stolz?«, rief der Querulant, der seine Rolle wohl noch nicht beendet sah. »Worauf denn? Dass er seinen Job macht? Das tun wir alle. Auf seine Gruppe? Pah. Lächerlich. Die ist nicht mal vollzählig. Was für ein Anführer ist das, der es in Monaten nicht schafft, Lücken zu schließen? Und seht euch den vorhandenen Haufen an. In ihrer Mitte ein emotionales Wrack, das für mich einer Zeitbombe gleichkommt, die jeden Augenblick hochgehen kann. Ist nur eine Frage des Auslösers.«

Er zeigte auf Temm, der nicht mal mit der Wimper zuckte. Als nächstes fixierte er Zegg.

»Ein tollwütiger Casanova, der seinen Namen geändert hat, um der Verfolgung durch wütende Ehemänner aller möglichen Spezies zu entkommen.«

»Tollwütig nimmst du zurück«, forderte Zegg, bevor der Jäger sich einem weiteren Mitglied der Gruppe zuwenden konnte.

Nicht wenige Jäger grinsten verstohlen, ein paar versuchten, ein Prusten zu unterdrücken, zwei lachten ungeniert.

Der Grünschnabel war allerdings noch nicht fertig. Als nächstes bekam Krus selbst sein Fett weg.

»Und was haben wir hier? Einen Mann mit leerem Sack, der nichts weiter als heiße Luft verspritzt, die zu nichts führt. Oder nicht zu dem, zu dem es führen sollte, einem gefüllten Frauenbauch.« War ja klar gewesen, dass das hatte kommen müssen. »Wie man hört, wird der seiner Partnerin auch in den kommenden zwölf Monaten flach bleiben.«

Er verzog seine Lippen zu einem schmalen Lächeln. »Ich bin immer wieder erstaunt, wie schnell sich gute Neuigkeiten verbreiten.«

»Dann stimmt es also.« Der Triumph, den Grünschnabel verspürte, war nicht zu überhören. »Was ist mit dir los, Krus, dass du es nicht schaffst, deine Partnerin zu schwängern? Sind deine Eier geschrumpft, als deine Tasha starb, oder ...?«

Er spürte, wie ihm bei dem Wort oder, nach dem der Jäger bewusst nicht weitersprach, sämtliche Farbe aus dem Gesicht wich. Zu gegebener Zeit würde er sich mit dem Arschloch noch befassen – in einer Neumondnacht, in menschenleerer Gasse und mit einem Baseballschläger in der Hand.

»Oder was?«

Scheiße, warum konnte es Gor nicht auf sich beruhen lassen?

»Ach, komm schon.« Der Scheißkerl lachte, dann wanderte sein Blick von ihm zu Zegg. »Die Gerüchte, was herauskommt, wenn man bei Xirte einen Vaterschaftstest macht, kennt doch nun wirklich jeder.«

Arschloch lag am Boden, bevor irgendjemand bis drei zählen konnte. Niedergestreckt von Zeggs Faust - was für ein Aufwärtsschwinger. Zegg hatte nichts verlernt, das musste er neidlos anerkennen, ob es ihm gefiel oder nicht. Und Zegg setzte nach. Einmal, zweimal, bis Chyk und ein weiterer Jäger ihn gewaltsam wegzogen.

»Xirtes Mutter war eine anständige, über jeden Zweifel erhabene Frau, und ein Pisser wie du wird ihr Andenken nicht beschmutzen«, rief Zegg seinem Opfer zu, während Skall versuchte, ihn zu beruhigen.

Seltsam, eigentlich hätte eine solche Reaktion von ihm kommen müssen, aber er stand einfach nur da, als wäre er zu Stein geworden. Völlig erstarrt und zu keiner Regung fähig. Die bloße Erwähnung von Xirtes Mutter reichte, um ihm sämtliche Kraft zu rauben.

Chyk streckte dem am Boden Liegenden eine Hand entgegen und zog ihn auf die Füße. Der bedankte sich und nahm das ihm angebotene Taschentuch, um sich das Blut aus dem Gesicht zu wischen.

»Seht ihr?«, nuschelte der Typ durch den Stoff. »Das passiert, wenn man Dinge anspricht, die einer von denen nicht hören will. Was für eine Art Führung wird das sein, die Gor ausüben wird? Ich sag's euch. Eine Diktatur, die jeden verschwinden lässt, der ihm nicht in den Kram passt.«

Arschi mochte den Boden offensichtlich, denn er lag schon wieder dort. Hinuntergeschickt von ... Braa.

»Diesmal bist du zu weit gegangen.«

Die Worte aus dem Mund der Legende kamen leise, durch zusammengepresste Zähne und mit so viel Eiseskälte ausgesprochen, dass sie eine Gänsehaut verursachten.

Mit großen Augen starrte Dummi Braa an. »Du stellst dich auf Gors Seite? Er hat deinen Sohn degradiert.«

»Ich wurde nicht degradiert«, widersprach Jill. »Ich bekam eine Aufgabe, die meinen Fähigkeiten angemessen ist. Das ist was anderes.«

Mann, der trotzige Blick, mit dem Jill seinen Vater bedachte, war der Sache alles andere als förderlich. Aber Braa ging darauf gar nicht ein. Stattdessen zog er sich wortlos in den Hintergrund zurück.

»Die Zusammensetzung von Gors Gruppe ist, zugegeben, eher unkonventionell«, meldete sich ein Jäger zu Wort, der sich bis dato wie die meisten bedeckt gehalten hatte. »Hier stehen die Qualitäten und Qualifikationen der einzelnen Gruppenmitglieder jedoch nicht zur Debatte, darum ist es reine Zeitverschwendung, Worte darüber zu verlieren.«

Das erste Vernünftige, das er am heutigen Abend zu hören bekam.

»Mich würde trotzdem interessieren, wer oder was das da ist.« Der Jäger deutete auf Manus.

»Ein Freund von unschätzbarem Wert.« Gors eher ausweichende Antwort überraschte nicht. Sie waren sich einig, Manus' Geheimnis noch nicht zu lüften.

»Aha. Wie aussagekräftig. Und worin besteht sein unschätzbarer Wert? Er trägt nicht mal Waffen.«

»Die brauch ich nicht«, antwortete Manus an Gors statt. »Ich bin eine Waffe.«

Gor konnte sich ein Schmunzeln ebenso wenig verkneifen wie die anderen.

Ja, der Angerol hatte sich in den vergangenen sechs Monaten ganz schön verändert. Noch vor einem halben Jahr hätte jeder der Gruppe nach diesen Worten genauso zweifelnd dreingeschaut, wie es der Jäger gerade tat, hätte selbst Krus der Aussage widersprochen. Jetzt nicht mehr.

Das konsequente Training mit Gor und die stetige Zusammenarbeit mit ihnen, gepaart mit seinen mentalen Fähigkeiten, die noch längst nicht ausgeschöpft waren, hatten aus Manus tatsächlich eine Waffe geschmiedet, auf die keiner von ihnen mehr verzichten wollte.

Der Jäger nickte, als würde er zu verstehen geben wollen, dass er sich mit der Antwort vorläufig zufriedengab.

Erneut ergriff Chyk das Wort. »Heute Abend sind viele hässliche Dinge gesagt worden, die uns dem eigentlichen Zweck dieser Zusammenkunft keinen Schritt nähergebracht haben. Und ich befürchte, wir sind alle in einer Stimmung, die dem ebenfalls entgegensteht. Deshalb schlage ich vor, dass wir dieses Treffen vertagen.«

Die Engländer blickten geschlossen auf Braa, der jeden einzelnen Blick erwiderte, bevor er nickte.

»Einverstanden«, sagte Gor. »Es ist sicher besser, sich erst wieder zu treffen, wenn sich die erhitzten Gemüter abgekühlt haben, und wir Gelegenheit hatten, darüber nachzudenken, wozu ein solches Treffen eigentlich dienen soll. Allerdings dürfen wir nicht allzu viel Zeit vergehen lassen. Die Lykomorphe schlafen nicht.«

Wieder nickte Braa. Ein gutes Zeichen für die Zukunft.

»Ich setze mich mit dir wegen einem neuen Termin in Verbindung«, meinte Chyk, der anscheinend der Rädelsführer der Delegation war, zumindest der nach vorne gestellte. Tatsächlich, daran zweifelte Krus nicht, war Braa das Zünglein an der Waage.

Die Versammlung löste sich auf. Alle strebten dem Ausgang zu. Gesittet und friedlich. Bis er neben Grünschnabel stand. Rein zufällig natürlich. Nein, er hatte diese Gelegenheit ganz bestimmt nicht absichtlich abgepasst oder herbeigeführt.

Er packte den Kerl am Kragen seines Pullovers und zog ihn derart dicht zu sich heran, dass sich ihre Nasenspitzen berührten, obwohl er sich dazu zu ihm hinunterbeugen musste.

»Ich warne dich, Arschloch. Begegne mir niemals allein, sonst verreckst du an deinem eigenen Gift. Kapiert?«

9

Vier Tage waren seit Beendigung ihrer diesjährigen Fruchtbarkeit vergangen. Mittlerweile ging Ara wieder ihrer Beschäftigung mit den Jugendlichen nach, und sie las in Vorbereitung auf den morgigen Kurs gerade in einem Buch über Selbstverteidigung ohne Waffen, als Lukas ihr den Besuch von Inkia meldete. Sie legte das Werk auf ein Beistelltischchen und erhob sich, um Inkia zu empfangen, die nicht lange brauchte um zu erscheinen.

»Hallo Inkia. Was führt dich zu mir?«

Inkia lächelte, teils herzlich, teils ein bisschen verlegen wirkend. »Ich habe mit Gor telefoniert und dachte, du könntest Gesellschaft und Ablenkung vertragen.«

Aha. Das Scheitern ihrer Bemühungen hatte sich bereits bis zu Krus' Chef herumgesprochen. Sie fand es lieb von Inkia, sich Gedanken über ihre Gemütsverfassung zu machen, und Ablenkung konnte sie wirklich gebrauchen. Nur, ob es funktionierte, wenn sie versuchte, sich ausgerechnet von einer Schwangeren ablenken zu lassen? Eher nicht.

Als hätte Gors Tasha den Gedanken erraten, trat sie zu ihr und legte ihr den Arm um die Taille.

»Hey, Kopf hoch. Irgendwann klappt's bei euch auch, und dann wirst du feststellen, dass es gar nicht so toll ist, wie man meint, einen auf Ballon zu machen. Ich bin froh, wenn ich die Kugel los bin, das kannst du mir glauben. Und ich hab erst Halbzeit.«

Hätte sie eine Kugel, sie würde vielleicht dasselbe denken. Momentan gingen ihre Wünsche in die gegensätzliche Richtung.

»Wenn es mir nicht gut geht, esse ich was. Das hebt meine Stimmung sofort um einige Stufen an. Und weißt du was? Genau das werden wir jetzt machen. Wo ist die Küche?«

»Wieso? Sag mir, worauf du Lust hast, und Lukas bringt es uns.«

»Nein, nein, nein. So geht das nicht. Wenn der Trick funktionieren soll, muss es was Selbstgekochtes sein.«

»Ich kann nicht kochen.«

»Wie gut, dass ich es kann.«

»Du kannst kochen?«

Inkia lachte geradeheraus. »Ach Ara. Als ob ich nicht wüsste, dass es niemanden gibt, der nicht darüber tuschelt, dass sich ein Jäger mit einer ehemaligen Leibeigenen vereint hat. Leuchten hin oder her.«

Das hatten sie gemeinsam. Sie beide teilten das Schicksal, dass hinter ihren Rücken über sie geredet wurde. Bei Inkia war es die Herkunft, bei ihr der Partner. Vielleicht verstanden sie sich deshalb so gut.

»Und kochen ist zufällig eins der Grundkenntnisse von Leibeigenen, demnach also auch von mir. Ich hab's quasi sogar im Blut. Meine Mutter war Chefköchin. Ich konnte kochen, bevor ich sprechen konnte.«

Die Vorstellung eines kleinen Stöpsels vor einem Herd, womöglich noch mit hoher weißer Kochmütze auf dem Kopf, war köstlich und hob ihre Stimmung etwas an.

»Na, dann kann ja nix schiefgehen, wenn ich dich in unsere Küche lasse.«

»M-hm. Du darfst allerdings nicht vergessen, dir hilft es nur, wenn du kochst. Aber keine Bange, ich bin bei dir.«

Sie gingen also in die Küche, verscheuchten eine sichtlich entsetzte Köchin und machten sich an die Arbeit. Was Einfaches für den Anfang. Spiegeleier. Noch nie hatten sie ihr derart lecker geschmeckt.

Inkia hatte Recht. Zu kochen und das Gekochte anschließend zu essen, hob die Stimmung beträchtlich. Die

Gesellschaft trug allerdings einen nicht unerheblichen Teil dazu bei. Sie hatten wahnsinnig viel Spaß miteinander, lachten und scherzten. Und die Worte Krus, Schwangerschaft und Baby fielen nicht ein einziges Mal.

Viel zu schnell verging die Zeit und Inkia musste gehen. Sie hatte noch einen Routinetermin beim Frauenarzt. Womit sie wieder beim Thema waren.

»Mein Doc ist ’ne echte Koryphäe. Wenn du magst, mach ich nen Termin für dich, damit er dich durchcheckt.«

Nett gemeint, aber unnötig. Sie war schon bei zig Ärzten gewesen, um sich durchchecken zu lassen. Immer mit demselben Ergebnis: Bei ihr war alles in Ordnung. Rein biologisch gab es keine Erklärung dafür, dass sie nicht schwanger wurde.

»’Tschuldigung«, sagte Inkia, nachdem sie auch nach einigen Sekunden noch keine Antwort erhalten hatte. »Ich wollte dir nicht zu nahe treten.«

»Schon gut. Und danke für deinen Besuch. Komm bitte bald wieder, ja?«

»Mach ich gern. Und du bist jederzeit bei mir willkommen. Das weißt du hoffentlich. Ruf einfach vorher an, damit ich da bin.«

»So, wie du immer anrufst, bevor du vorbeikommst?«

Inkia zuckte mit den Schultern und grinste. »Erwischt.«

Sie umarmten einander, und Inkia machte sich auf den Weg. An der Tür drehte sie sich nochmal um und winkte ihr zu.

Ara machte sich auf den Weg zurück zur Bibliothek, um mit der begonnenen Lektüre fortzufahren. Da fiel ihr Blick auf den Garderobenständer. Inkia hatte ihren Schal vergessen. Sie schnappte sich das Wollteil und sprintete ihrer Freundin – ja, als exakt das empfand sie Inkia – hinterher. Weit war Inkia noch nicht gekommen. Noch nicht mal bis zum Zaun.

Wenn sie im Nachhinein darüber nachdachte, konnte sie nicht erklären, warum sie nach rechts sah, statt nach Inkia zu rufen. Vielleicht eine Bewegung oder Instinkt. Jedenfalls war es gut, dass sie es tat. Sonst wäre ihr der Lieferwagen nicht aufgefallen, der auf der anderen Straßenseite in einer Hofeinfahrt stand.

Er gehörte da nicht hin und definitiv nicht den Hausbesitzern. Deren Fahrzeuge kannte sie. Sie hatte diesen Wagen nie zuvor in der Gegend gesehen. Alt, rostig, verbeult, mit abgedunkelten Scheiben und - hallo, was war das denn? - ohne Kennzeichen.

Die Scheibe auf der Fahrerseite war einen Spalt heruntergekurbelt und etwas stand daraus hervor. Sah aus wie ein Rohr. Nein. Scheiße. Es war ein Gewehrlauf, und er war auf Inkia gerichtet.

»Inkia! Runter!« Brüllen und Losrennen war eins, für Gedanken dazwischen gab's keinen Platz mehr.

Ihr Schrei ließ Inkia herumfahren. Für einen Moment verharrte die Freundin in dieser Position, versuchte wohl zu verstehen, was sie sah, nämlich eine Frau, die auf sie zustürmte, als würde ihr der Kittel brennen, und die nicht vorhatte zu bremsen.

Inkia war im Begriff, dem Ansturm, den sie darstellte, auszuweichen, als sie Inkia erreichte, an den Oberarmen packte und mit ihr herumwirbelte, sodass sie wieder in ihrer ursprünglichen Position stand, mit Ara vor sich. Sie wandte dem Zaun nun den Rücken zu. Genau in diesem Moment hörte sie einen Knall.

Ara spürte, wie die Kugel in sie eindrang. Ein stechender Schmerz im unteren Teil ihres Rückens. Sie erstarrte und kippte gegen Inkia. Ein zweiter Knall erschallte. Kurz darauf quietschten Reifen und sie hörte den Lieferwagen davonbrausen. Langsam knickten ihre Knie ein und sie rutschte wie in Zeitlupe an Inkia entlang zu Boden.

Überall um sie herum klappten Türen und Leute riefen durcheinander, aber sie sah nur, wie Inkia neben ihr auf die Knie ging und sich über sie beugte. Seltsamerweise spürte sie nichts mehr.

»Komisch. Es tut nicht mal weh.«

Inkia sah besorgt, nein entsetzt aus.

»Ara. Hey, mach bloß keinen Blödsinn. Hörst du? Wenn du jetzt stirbst, bring ich dich um, ich schwör's dir.«

»Madame Ara!«

Lukas kam aus dem Haus gerannt. Das sah sie nicht, sie hörte es. Und er versuchte, Inkia von ihr wegzuziehen, hatte aber keine Chance. Es kam ihr vor, als würde es einen Bulldozer brauchen, um Inkia von ihrer Seite wegzubekommen.

»Lasst mich sie reinbringen.«

»Nein.«

»Sie kann in der Kälte doch nicht hier draußen bleiben.«

»Die Kälte verlangsamt den Blutfluss. Und wenn sie bewegt wird, macht das alles vielleicht noch schlimmer.«

»Ich werd sie nicht hier liegen lassen.«

»Doch, wirst du.« Ihr Vater Ryst stand hinter Lukas. Wo kam der denn so plötzlich her? »Inkia hat Recht. Der Krankenwagen wird gleich hier sein.«

Ryst kniete sich Inkia gegenüber auf Aras andere Seite und ergriff ihre Hand.

»Papa.«

»Schsch. Ruhig, mein kleiner Liebling. Alles kommt wieder in Ordnung. Du musst nur wach bleiben.«

Ungeachtet ihrer eigenen Situation bewunderte sie seine nach außen hin gezeigte Ruhe und scheinbare Gelassenheit. In ihm drinnen sah es anders aus, das wusste sie genau. Aber ihr Vater war ein Jäger, und in Momenten wie diesem zeigte sich, welchen Unterschied zu normalen Desslanern das machte.

Er sah Inkia an. »Du bist auch verletzt.«

»Nicht der Rede wert«, erwiderte die, als wäre ihre Verletzung nichts.

Die Sirene der Ambulanz war schon von weitem zu hören, dicht gefolgt von einer weiteren, die etwas höher klang. Der Krankenwagen stoppte unmittelbar vor dem Tor. Lukas sprang hin, um es zu öffnen, während die Sanitäter die Bahre rausholten. Vor dem Krankenwagen hielt ein BMW mit Blaulicht auf dem Dach. Nicht wirklich Polizei, sondern das Desslapendant dazu, das sich zwecks Tarnung nur der Optik ihrer menschlichen Kollegen bediente. Was ein Glück wählten die meisten Dessla ihren Wohnsitz in der Nachbarschaft anderer Dessla. Sonst wäre bestimmt irgendeiner im Umkreis auf die Idee gekommen, den echten Notruf zu wählen - echt aus Sicht der Menschen.

Der Notarzt begutachtete sie noch auf dem Pflaster, dann winkte er den Sanitätern, die sie vorsichtig auf die Bahre hoben und zum Wagen trugen. Es tat immer noch nicht weh, und das machte ihr echte Sorgen. Sie wusste, dass sie getroffen worden war, weil sie es gespürt hatte. Sie wusste, dass sie blutete, weil sie ihr Blut gerochen hatte. Wieso spürte sie dann keinen Schmerz?

10

Gor fand, dass der Landsitz, den der König ihnen zur Verfügung gestellt hatte, diesen Namen verdiente, und Vrebal II. ihn umsichtig ausgewählt hatte. Das Gelände darum herum hatten sie noch nicht begutachtet. Er schätzte jedoch, dass sich der Englische Garten dagegen wie die Terrassenumrandung eines Einfamilienhauses ausnahm. Ideale Größe für das Haupttrainingslager, meinte Temm. Jeder Jäger hatte seinen eigenen Bereich, nicht bloß ein Gästezimmer mit Bad, sondern richtige Suiten. Seine Suite hatte hundertdreißig Quadratmeter Wohnfläche und war damit nur unwesentlich kleiner als sein Haus. Temm verlief sich in seiner bestimmt, schließlich war er ein zwanzig Quadratmeter Einzimmerapartment gewöhnt.

Sie lebten hier zwar alle unter einem Dach, hingen aufgrund der Aufteilung der Suiten aber nicht aufeinander. Dessmon sei Dank. Die Mahlzeiten nahmen sie gemeinsam ein. Das sparte Zeit und Aufwand. Und wieso sollte man die Künste des zum Haus gehörenden Kochs oder des restlichen Personals nicht in Anspruch nehmen, wenn es schon da war? Ja, sie führten hier ein richtiges Luxusleben mit allem, was dazugehörte. Also exakt die Art von Leben, wie er es eigentlich nicht führen wollte. Aber man stieß dem König nicht vor den Kopf, indem man sich über Annehmlichkeiten beschwerte. Das Abendessen, das vor ein paar Minuten aufgetragen worden war, verströmte einen köstlichen Duft und schmeckte genauso gut, wie es roch. Rehbraten mit Preiselbeeren zu Salzkartoffeln. Fehlte bloß der Rotkohl, um es perfekt zu machen. Und da hieß es, die Engländer könnten nicht kochen.

Alle hatten sich im Speisesaal um den Tisch platziert. Nur Krus war heute Abend nicht da. Er dinierte eine Autostunde entfernt in der Hauptstadt mit seiner Tochter. Das Essen verlief schweigend. Klar. Mit vollem Mund redete es sich nicht gut. Die Aussprache war immer so undeutlich. Anschließend würde er sich allerdings mit seinen Jungs besprechen. Morgen Vormittag fand das zweite Treffen mit den UK-Jägern statt, und er wollte seine Gruppe noch darauf eintakten. Nicht, dass ein ähnliches Desaster dabei herauskam wie im Hotel. Als sein Handy klingelte, ignorierte er das zunächst. Die Essenszeiten waren jedem aus dem Umfeld der Jäger bekannt, und dass sie beim Essen nicht gestört werden wollten ebenfalls. Der Anrufer erwies sich jedoch als penetrant und regelresistent. Also sah er kurz aufs Display um zu erfahren, wen er nach dem Essen zurückrufen und anscheißen musste. Seine Haushälterin? Was wollte die denn?

»Was gibt es, Yilan?«

»Auf Madame Inkia wurde ein Attentat verübt.«

»Was?« Das Handy fiel ihm aus der Hand und landete rumpelnd unter dem Tisch. Er gemahnte sich, ruhig zu bleiben. Yilan hatte nicht geklungen, als wäre das Attentat geglückt. Er bückte sich nach dem Telefon und schlug beim Wiederhochkommen mit dem Hinterkopf gegen die Tischplatte. Autsch. Das würde ne schöne Beule geben.

»Bist du noch dran?«, fragte er, als er wieder aufrecht auf seinem Stuhl saß. Dann hörte er nur noch zu, wie Yilan ihm davon berichtete, was in Deutschland passiert war. Sie beschloss ihre Erzählung mit der Frage, ob er kommen wolle. »Klar, bin schon unterwegs.«

Er legte auf, sprang vom Stuhl und blickte auf Temm. »Du musst mich morgen vertreten.«

Schon hing er wieder am Handy, um Krus wegen Ara Bescheid zu sagen, während er auf dem Weg aus dem Speisesaal war. Doch Krus war nicht erreichbar.

»Scheiße, bei Krus geht nur die Mailbox ran.«

Manus verstellte ihm den Weg. »Was ist los?«

Da erst merkte er, dass ihn seine Jungs erschrocken anstarrten. Himmel, er hatte ihnen nichts gesagt. Sie malten sich womöglich sonst was aus.

»Jemand hat auf Inkia geschossen.«

»Was?« Skall war nicht der Einzige, der aufsprang. »Ist sie schwer verletzt?«

»Yilan sagt nein. Nur ein Treffer in die Schulter. Nichts Bedrohliches. Ara hat's schlimmer erwischt.«

»Ara?«

»Sie hat die erste Kugel abgefangen, wenn ich Yilan richtig verstanden habe. Sie operieren sie gerade. Gott, ich muss Krus erreichen. Und einen Flug buchen. Und ...«

In diesem Moment ging er in die Knie. Buchstäblich. Es war fast wie in dem Restaurant, als er erfahren hatte, dass Lykomorphe die Klinik überfallen hatten, in der Inkia arbeitete.

»Hey. Kein Grund, in Panik zu verfallen.« Manus kniete neben ihm und legte ihm eine Hand auf den Rücken. »Du hast selbst gesagt, Inkias Verletzung ist nicht bedrohlich. Also flipp jetzt nicht aus. Das hilft ihr nicht. Okay?«

Er konnte nur nicken. Irgendwie war ihm die Sprache abhandengekommen. Wenigstens hyperventilierte er nicht und es fühlte sich auch nicht so an, als würde er ohnmächtig werden.

»Gut. Dann geh jetzt in dein Zimmer und beruhige dich. Wir kümmern uns um den Rest.«

Erneut nickte er, hievte sich auf die Füße zurück und stakste aus dem Raum. Er war dankbar, Männer wie die seinen um sich zu haben.

~ * ~

Xirte war ihrer Mutter wie aus dem Gesicht geschnitten. Der Hauptgrund, warum sich Krus nicht öfter mit ihr traf. Es tat zu weh. Das Einzige, was nicht passte, war die Haarfarbe.

Er war froh, dass seine Tochter das Restaurant ausgesucht hatte. Zu lange war er nicht mehr in London gewesen, um sich mit den Örtlichkeiten noch auszukennen. Die Lokale, in denen er früher verkehrt hatte, gab es schon eine ganze Weile nicht mehr. Und Xirte hatte Geschmack. Der Inder genoss seinen untadeligen Ruf nicht umsonst.

Während sie auf das Essen warteten, drehte sich ihr Gespräch um Xirtes neusten Urenkel, seinen jüngsten Ururenkel. Ein süßer Kerl mit Pausbacken. Xirte hatte eine Sammlung Fotos auf ihrem Smartphone, die sicherlich zwei, wenn nicht drei Alben füllten, wenn sie auf Papier ausgedruckt wären.

Dummerweise brachte das die Rede unweigerlich auf das Thema Nachkommen. Xirte war glücklicherweise nicht wie ihre Großmutter. Sie erkundigte sich und zuckte nach seiner Verneinung lediglich mit den Schultern, ohne nachzubohren oder nach Gründen zu forschen, wie Filena es tun würde.

»Erzähl mir von ihr«, forderte Xirte ihn mitten im Hauptgang auf. »Von Ara.«

»Da gibt's nichts zu erzählen.«

»Ich hab gehört, sie soll eine schöne Frau sein. Wieso wohnst du nicht mit ihr zusammen?«

»Dafür hab ich meine Gründe und die gehen dich nichts an.«

»Magst du sie nicht?«

Darauf antwortete er nicht. Es war viel zu kompliziert, seiner Tochter zu erklären, was in ihm vorging. Außerdem ging sie das wirklich nichts an. Sie aßen schweigend weiter und redeten auch nicht mehr, bis der Nachtisch - Banane mit Ingwer und Rosmarin für Xirte, Milchbällchen für ihn - kam, der dem Hauptgang die Krone aufsetzte.

»Dad, ich muss dich was fragen.« Xirte druckste herum, das passte nicht zu ihr. »Aber du darfst nicht böse werden.«

Tja, kam darauf an, was sie fragte, nicht wahr?

»Seit ihr in London seid, wird unter den Jägern wieder über das Gerücht gemunkelt, dass ich nicht ... Du weißt schon. Ist da was dran?«

Dieses Gerücht war uralt und für Xirte nicht neu. Sie hatte nie danach gefragt, ob es stimmte.

»Wieso denkst du plötzlich, es könnte etwas dran sein?«

»Das ist keine Antwort.«

»Mir ist nicht klar, warum du fragst. Das war früher nie ein Thema.« Er legte sein Dessertgäbelchen beiseite und streckte ihr über den Tisch hinweg die Hand entgegen. »Was veranlasst dich, in Erwägung zu ziehen, du könntest nicht meine Tochter sein?«

Sie legte ihre Hand in seine. »Ich seh dir überhaupt nicht ähnlich.«

»Stimmt. Du siehst aus wie deine Mutter. Und?«

»Ich hab schwarze Haare. Genau wie ...«

Sie zögerte, wagte es nicht, den Namen auszusprechen.

»Dein Urgroßvater«, beendete Krus den Satz für sie, obwohl Xirte an den eher nicht gedacht hatte.

»Dieses Gerücht kam in Umlauf, da warst du noch nicht mal geboren. Es stimmt, du siehst mir nicht ähnlich. Kein bisschen. Trotzdem sah ich nie einen Grund zu zweifeln. Ich hätte es mitbekommen, wenn während der Fruchtbarkeit, bei der du entstanden bist, noch ein anderer im Raum und mit deiner Mutter zusammen gewesen wäre. Meinst du nicht? Oder denkst du, ich hätte dich nur als mein Kind akzeptiert, um deine Mutter nicht in gesellschaftlichen Misskredit zu bringen? Das kann nicht dein Ernst sein, Xirte.«

»Tut mir leid, Dad. All dieses Gerede, weil Zegg Mutter bei dem Treffen verteidigt hat, nicht du.«

Aha, das hatte sich also herumgesprochen. Wieso überraschte ihn das eigentlich nicht?

»Und weil Ara nicht schwanger wird, obwohl du während jeder fruchtbaren Phase bei ihr bist.«

»Wer weiß? Möglicherweise bin ich ja impotent, und sie hütet mein Geheimnis als Gegenleistung dafür, dass sie nicht mit mir zusammenleben muss.«

»Das ist nicht witzig, Dad. Nicht für mich.«

Als ob es das für ihn wäre. Er streckte nun auch die linke Hand über den Tisch und legte sie auf die seiner Tochter, die nach wie vor in seiner rechten ruhte.

»Xirte, du bist meine Tochter, daran solltest du nicht zweifeln. Aber wenn du Gewissheit brauchst, können wir einen Test machen. Ich habe keine Angst vor dem Ergebnis.«

Musste er auch nicht haben. Wie Zegg es gesagt hatte, Xirtes Mutter war eine anständige, über jeden Zweifel erhabene Frau gewesen. Und dass er dem Zweifel für eine Weile anheimgefallen war, tja, sein Problem. Der Preis, den er dafür bezahlt hatte, war hoch gewesen. Zu hoch. Das hatte er allerdings erst erkannt, als es zu spät gewesen war. Jetzt musste er damit leben.

»Vielleicht«, setzte Xirte zögernd zu einer Antwort an. »Nicht meinetwegen, versteh mich bitte nicht falsch, Dad. Aber es würde die andern zum Schweigen bringen.«

Er lächelte und hoffte, dieses Lächeln würde die Aufmunterung zeigen, die Xirte brauchte. Bevor er jedoch antworten konnte, klingelte sein Handy. Schon wieder. Erst Gor, da hatten sie gerade angefangen zu essen. Dann Temm zwischen Hauptgang und Nachtisch. Und jetzt auch noch Manus. Verflucht nochmal, was war heute Abend eigentlich los? Konnte er nicht mal zwei Stunden ungestört sein? Aber Manus würde dasselbe Schicksal ereilen wie schon Gor und Temm. Das Vergnügen einer netten Plauderei mit der Dame auf seiner Mailbox. Was immer die anderen von ihm wollten, es konnte warten, bis er zurück war. Das sah Manus anders, der gar nicht daran dachte, aufzugeben. Kaum hörte das Klingeln auf, weil die Mailbox ansprang, versuchte er es erneut.

»Willst du nicht rangehen, Dad? Scheint wichtig zu sein.«

»Im Moment ist nichts wichtiger als du.«

»Die Leute gucken schon.«

Na und? Sollten sie doch. Was kümmerte ihn das? Xirte machte jedoch einen peinlich berührten Eindruck. Sie schien es zu interessieren. Also seufzte er und nahm den Anruf entgegen.

»Den Schöpfern sei Dank. Endlich erreich ich dich.« Manus klang ziemlich durch den Wind.

»Was ist los?«

»Es gab ein Attentat auf Inkia.«

Ach du verfluchte Scheiße. *Lykomorphe in der Klinik.* Als wäre es erst gestern gewesen, hörte er Temms Bellen durch den Hörer. Damals war es für Inkia gut ausgegangen. Und diesmal? Gütiger Dessmon, wenn ihr etwas zugestoßen war ... Lieber Himmel, Gor.

»Krus? Bist du noch dran?«

»Was ist passiert?«

»Sie hat Ara besucht und ging gerade, als auf sie geschossen wurde.«

Geschossen? Dann waren es höchstwahrscheinlich keine Lykomorphe gewesen. Die bevorzugten den Einsatz von Krallen und Zähnen.

»Ist sie« - nein, er weigerte sich heute ebenso wie damals, diesen Gedanken auch nur zu denken - »verletzt?«

»Die zweite Kugel traf sie an der Schulter. Nichts Ernstes.« Dessmon sei Dank. Aber was hieß die zweite Kugel? Was war mit der ersten?

Als hätte Manus den Gedanken durch die Muschel empfangen, sagte er: »Die erste ... Ara hat sie abgefangen.«

»Dad!«

Erst durch den Schrei seiner Tochter bemerkte er, dass er aufgesprungen war und dabei den halben Tisch leergefegt hatte. Der Teller, auf dem sein Dessert serviert worden war, lag zerbrochen am Boden. Die Milchbällchen, die er noch nicht gegessen hatte, lagen verstreut darum herum.

Er bekam keine Luft. Als hätte ihm jemand eine Hand um die Kehle gelegt und würde zudrücken. Ara.

»Hast du mich gehört, Krus?«

»Dad, was ist denn? Gott, du bist ja ganz weiß.«

Er konnte nichts sagen, nicht mal denken, sich nicht bewegen. Widerstandslos ließ er sich von Xirte das Handy aus der Hand nehmen.

»Hallo? Hier ist Xirte. Sorry, aber Dad hat gerade der Schlag getroffen. Oh Scheiße. Schlimm?«

Xirte atmete durch und sah erleichtert aus.

»Gott sei Dank. Ja, klar. Kein Problem. Nein, ich denke, das war die richtige Entscheidung. Mach ich. Danke für den Anruf.«

Sie legte das Handy auf den Tisch und ihm eine Hand auf die Schulter. »Sie lebt, Dad.«

Die Knie gaben unter ihm nach und er plumpste wenig anmutig auf den Stuhl zurück. Er schlug sich die Hände vors Gesicht und versuchte, sich zu beruhigen. Ara lebte. Dessmon, den anderen Göttern, den Schöpfern, dem Himmel, sämtlichen Heiligen, falls es so was gab, allen zusammen oder wer immer dafür zuständig war, sei's gedankt.

»Skall hat für Gor und dich im ersten Flieger morgen früh Plätze gebucht. Du wirst heute Nacht bei mir schlafen, und ich fahr dich morgen nach Heathrow. Keine Widerrede.«

Widerrede? Dafür war er viel zu fertig mit den Nerven. Er nickte nur. Xirte winkte dem Kellner und zahlte. Dann verließen sie das Lokal.

»Na, wenigstens wurde eine meiner Fragen beantwortet«, meinte sie im Rausgehen. Sie lächelte ihn an, wenn auch nicht sonderlich fröhlich. »Du magst sie. Du magst sie sogar sehr.«

11

Ara erwachte und es dauerte einen Moment, bevor sie sich daran erinnerte, was passiert war. Man hatte auf Inkia geschossen, und weil sie nichts Besseres zu tun gewusst hatte, um Inkia zu helfen, als sich der Kugel in den Weg zu stellen, hatte sie sie abgekriegt. Alles nach dem Schuss war verschwommen.

Sie befand sich in einem Aufwachraum, was ihr zeigte, dass ihre Benommenheit von einer Narkose herrührte. Sie war also operiert worden. Zweifellos, um die Kugel zu entfernen, die sich in ihren Rücken gebohrt hatte.

»Hey. Da bist du ja.«

Inkia? In einem für Besucher oder Patienten üblicherweise nicht zugänglichen Bereich? Ach ja, sie arbeitete hier. Das öffnete wohl manche Tür, die ansonsten verschlossen blieb.

»Wie geht es dir?«

Sie versuchte zu antworten, das mit der Koordination zwischen Zunge, Lippen und Kieferbewegungen wollte jedoch noch nicht funktionieren.

»Schon gut.« Lächelnd griff Inkia nach ihrer Hand und drückte sie. »Überanstreng dich nicht. Ich bin nur gekommen, um mich bei dir zu bedanken. Ich schätze, du hast uns das Leben gerettet, dem Baby und mir.«

Ja, das hatte sie wohl, und sie würde es jederzeit nochmal tun. Und wieder, ohne darüber nachzudenken. Weil es das war, was man für Freunde tat. Man half ihnen, wenn sie in Not waren, und manchmal eben ungeachtet einer persönlichen Gefahr. Inkia würde dasselbe für sie tun, davon war sie überzeugt.

»Wie? Dir?« Mann, das mit dem Sprechen klappte

echt noch nicht, aber vielleicht lag das an den Schmerzmitteln, die sie über die Infusion an ihrem Arm erhielt. Die verhinderten, dass sie Schmerzen im Rücken spürte, und knipsten gleich noch ein bisschen mehr aus.

»Wie es mir geht? Gut soweit. Mich hat's an der Schulter erwischt. Ein glatter Durchschuss. Nicht der Rede wert. Sie haben mich genäht und den Rest besorgt die Natur. Sie wollen mich über Nacht hier behalten wegen dem Baby.«

Die Glückliche. Keine ernsthafte Verletzung und nach Hause durfte sie auch bald. Bei ihr würde es ein paar Tage länger dauern.

»Gor kommt morgen früh extra aus England, um mich abzuholen. Wenn ich zu Hause bin, werde ich ein ernstes Wort mit Yilan wechseln, dass sie ihn damit behelligt hat. Als hätte er momentan nichts Wichtigeres zu tun.«

Die doppelt Glückliche. Inkia hatte mit Gor einen Partner, der alles stehen und liegen ließ, um bei ihr zu sein, wenn sie ihn brauchte, und obwohl sie der Meinung war, ihn nicht zu brauchen.

Krus würde das nicht tun. Nicht für sie. Vielleicht, wenn sie tödlich getroffen worden und gestorben wäre. Dann, eventuell, würde er zu ihrer Beerdigung kommen. Um sich mit eigenen Augen zu überzeugen, dass er sie los war.

»Lässt die Wirkung des Morphins nach? Soll ich jemand rufen, der nach dir sieht?«

Wieso? Wie kam Inkia darauf? Ach so, weil ihr Tränen aus den Augen kullerten. Die hatten doch nichts mit Schmerzen zu tun. Zumindest nicht mit körperlichen. Und gegen die anderen wirkten Opioide nicht. Nicht in den Dosen, wie sie ihr hier und gerade verabreicht wurden.

Sie gab Inkia zu verstehen, dass sie keine Schmerzmittel brauchte. Was sie brauchte, konnte niemand ihr geben. Weder ein Arzt noch eine Krankenschwester. Kein Freund und auch Inkia nicht. Sie brauchte Krus.

»Willst du noch ein bisschen schlafen? Möchtest du, dass ich gehe?«

Alles, bloß das nicht. Wenn sie allein war, würde sie noch mehr an ihn denken als ohnehin schon. Das war ihrer Genesung sicher nicht zuträglich.

»Nicht weggehen.«

»Ist gut.« Inkia holte sich einen Stuhl ans Bett und ergriff erneut ihre Hand, sobald sie saß. Diesmal mit beiden Händen.

Wahrscheinlich war es Inkia gar nicht bewusst, dass sie mit einem Daumen immerzu über ihren Handrücken streichelte. Das tat gut, war unglaublich beruhigend. Vielleicht zu beruhigend, weil es sie noch schläfriger machte, als sie sowieso war.

»Wehr dich nicht, Ara. Schlafen ist immer noch die beste Medizin.«

Okay. Einverstanden. Aber nur ein paar Minuten.

Als sie die Augen das nächste Mal aufschlug, lag sie nicht mehr in dem Aufwachraum, sondern in einem Krankenzimmer. Einem für Privatpatienten, wie es aussah. Keine sterilen weißen Wände und kein weißes Bettzeug. Stattdessen ein freundliches Lindgrün an der Wand und Blümchenmuster auf der Decke. Sie fühlte sich deutlich besser. Noch mehr, als sie Inkia entdeckte, die noch - oder wieder? - neben ihrem Bett saß.

»Hallo, Schlafmütze. Na, wie fühlst du dich?«

Inkia versprühte gute Laune. Das hieß wohl, die OP war gut verlaufen. Und ja, sie fühlte sich körperlich tatsächlich gut. Gemessen daran, was passiert war. Leichte Schmerzen im Rücken, das war alles. Allerdings ...

»Ist es normal, wenn man nach einer OP am Rücken unten nichts spürt?«

Dem Blick nach zu urteilen, war es das nicht.

»Was meinst du mit unten?«

Dem Tonfall nach, ebenfalls nicht. Der klang besorgt.

»An den Beinen. Ich spüre sie nicht.«

»Kannst du sie bewegen?«

Konnte sie nicht. So sehr sie sich bemühte, nichts geschah. Ihre Zehen zuckten nicht mal. Gütiger Dessmon, hieß das, sie war gelähmt?

»Keine Panik, Ara. Ich hole einen Arzt.«

Der betrat das Zimmer keine zwei Minuten später. Wetten, wenn sie einer anderen Schicht angehören würde, hätte sie länger gewartet. Und sie läge in einem anderen Zimmer. Der Arzt wollte Inkia hinausschicken. Obwohl sie als Schwester in diesem Krankenhaus arbeitete, war sie momentan nicht in dieser Funktion hier. Also hatte sie bei einer Arzt-Patient-Unterredung nichts zu suchen. Ara sah das anders, und Inkia durfte bleiben.

»Mit dieser Komplikation haben wir gerechnet«, erklärte der Arzt ohne Umschweife.

Sie streckte die Hand nach Inkia aus, weil sie Halt brauchte, und als ihre Freundin ihr diesen gab, wünschte sie sich einmal mehr, es wäre Krus' starke Hand, die die ihre hielt.

»Nein, keine Sorge. Wir gehen nicht davon aus, dass es dauerhaft ist. Die Kugel hat die Nerven gestreift und bei der OP wurden sie zusätzlich gereizt. Ernsthaft verletzt sind sie nicht. Das Gefühl wird zurückkommen. Wir können nur nicht sagen, wann.«

Nicht gelähmt, bloß vorübergehend außer Gefecht gesetzt. Dessmon sei Dank. Erleichterung durchströmte sie und erst das zeigte ihr, wie viel Angst sie gehabt hatte. Ohne Gefühl in den Beinen hätte sie nichts mehr gehabt. Nicht mal mehr ihre Arbeit mit den Jugendlichen, und das war das einzige, was ihrem Leben einen echten Sinn gab. Zum Glück hatte sie das nicht verloren. Sie musste lediglich eine kleine Pause einlegen.

»Ich werde mich mit den Kollegen beraten, welche Therapie in diesem Fall am Sinnvollsten ist. Und ich denke, da die Wunde klein ist und gut verheilt, können wir bald einen Plan aufstellen und beginnen. Wahrscheinlich noch heute.«

Klang gut. Je schneller eine Therapie begann, umso schneller griff sie, umso schneller kam das Gefühl zurück, und umso schneller kam sie hier raus.

Der Arzt lächelte, nickte kurz und ging, um nach dem nächsten Patienten zu sehen.

»Die Prognose ist nicht schlecht. Und dieser Arzt neigt nicht dazu, etwas zu verschweigen oder herunterzuspielen.« Auch Inkia lächelte wieder. Die Besorgnis aus ihren Augen und ihrer Stimme war verschwunden. Schön. »Deine Eltern sind draußen. Ich lass euch allein, dann seid ihr ungestört.«

Gut. Diesmal war das in Ordnung. Die Anwesenheit ihrer Eltern würde sie ausreichend ablenken, um nicht ins Grübeln zu geraten.

12

Auf dem Weg vom Flughafen ins Krankenhaus telefonierte Gor mit Inkia, die jetzt darauf wartete, von ihnen abgeholt zu werden. Die Wunde war versorgt und konnte Zuhause genauso gut heilen wie in der Klinik. Man hatte sie über Nacht zur Beobachtung dabehalten, um wegen ihrer Schwangerschaft auf Nummer sicher zu gehen. Die Erleichterung war Gor anzusehen, und zwar aus zehn Kilometern Entfernung.

Krus fragte sich, was er eigentlich hier wollte. In der Nacht und noch beim Losfliegen war es ihm natürlich erschienen, herzukommen und sich persönlich davon zu überzeugen, dass es Ara gut ging. Jetzt kam es ihm dumm vor. Während der fast elf Jahre, in denen er inzwischen mit ihr zusammengeführt war, hatte er sich nie darum gekümmert, wie es ihr ging. Zumindest nicht offiziell. Gespräche hatte es keine gegeben, und er hatte sich nicht nach ihr erkundigt. Was also wollte er hier? Mit ihr reden? Worüber? Sie sehen? Klar, aber wozu? Es ging ihr den Umständen entsprechend gut, wie Inkia Gor erzählt hatte, und Ara legte auf seine Anwesenheit sicherlich keinen gesteigerten Wert.

Ihr erster Weg führte die beiden Männer zu Inkia, die keine Chance bekam, ein einziges Wort der Begrüßung loszuwerden. Wie der Pfeil aus einer Armbrust schoss Gor quer durch das Zimmer, in dem sie auf seine Ankunft wartete, kaum, dass er durch die Tür getreten war. Er riss sie in seine Arme und drückte sie an sich, als hinge sein Leben davon ab.

»Gor«, nuschelte Inkia gegen seine Brust gepresst, »du zerquetschst mich noch.«

Nicht, dass er nach diesen Worten von Inkia abrückte. Er lockerte lediglich die Umarmung, nahm stattdessen ihr Gesicht in seine Hände und erforschte jede Pore ihrer Haut überaus eingehend, als hätte er sie vorher noch nie gesehen. Nach der Inspektion mit den Augen folgte die mit den Lippen, und die war genauso gründlich. Tja, halbe Sachen pflegte der Chef üblicherweise nicht zu machen.

Bei jedem anderen Paar würde dieser Anblick Magenschmerzen verursachen. Jeden anderen Mann würde er beneiden und nicht bloß ein bisschen. Darum ging er Paaren ebenso aus dem Weg wie Frauen. Aber davon abgesehen, dass man als Jäger aus Gors Truppe gar nicht in der Lage war, dem Boss und seiner Tasha aus dem Weg zu gehen, mischte sich bei Gor und Inkia in ihm zu dem unterschwelligen Neid, den er durchaus empfand, stets auch ein gutes Quäntchen Freude.

Die beiden passten einfach zueinander und ergänzten sich wie die Schnörkel um ihre rechten Augen, die ineinandergriffen und, wenn sie nicht zweifarbig wären, den Eindruck vermittelten, es handele sich um eine große Verschlingung, die mittlerweile von der Nasenwurzel bis zum äußeren Brauenrand reichte. Manchmal fragte er sich, warum sie sich das Muster, das offensichtlich eine Paartätowierung werden sollte, obwohl beide steif und fest behaupteten, es wäre kein Tattoo, häppchenweise stechen ließen, eine Windung nach der anderen, anstatt es auf einmal hinter sich zu bringen.

»Alles okay mit dir, mein Licht?«

Herrje, die Frage hatte Gor erst vor einer halben Stunde übers Telefon gestellt. Als ob sich an Inkias Zustand in der Zwischenzeit irgendwas verändert hätte.

»Mir geht's nach wie vor gut. Es hat sich nichts daran geändert, dass die Kugel glatt durchging und nichts Wichtiges beschädigt hat. Also, wie du vor ein paar Tagen so schön zu sagen pflegtest: Keine nachträgliche Panik bitte.«

»Und Ara?«

»Die hatte nicht so viel Glück, obwohl es bei Weitem nicht so schlimm ist, wie es am Anfang aussah. Die Wunde heilt gut, und als ich vorhin bei ihr war, war sie schon richtig gut drauf, allerdings«, Inkia machte eine Pause, die ihm ein unangenehmes Ziehen im Kreuz verursachte, »spürt sie ihre Beine nicht.«

»Scheiße!«

Treffender als Gor hätte er es auch nicht formulieren können.

»Willst du damit sagen, sie ist gelähmt?«

»Vorübergehend, sagen die Ärzte. Die Kugel hat die Nerven gestreift, sie sind gereizt, aber nicht ernsthaft verletzt. Sie meinen, das Gefühl kommt zurück, und Ara wird ihre Beine wieder normal benutzen können. Man kann jedoch nicht sagen, wie lange es dauern wird. Können Stunden sein, Tage oder Wochen. Darum haben sie sich entschieden, gleich mit der Therapie anzufangen.«

»Was für eine Therapie?«, fragte er, weil er nicht länger in der Lage war, nur zuzuhören. Und da es jetzt um seine offizielle Partnerin ging, bestand keine Notwendigkeit, sich länger aus dem Gespräch herauszuhalten.

Erst jetzt sah Inkia ihn an, als hätte sie vorher nicht registriert, dass er ebenfalls da war.

»Bewegungstherapie, damit die Muskeln nicht steif werden.«

»Bei einer Rückenverletzung?« Guter Einwand von Gor.

»Ja. Sie machen es im Schwimmbad, um das Körpergewicht zu kompensieren.«

Im Schwimmbad? Und damit war Ara einverstanden? Das konnte er sich nicht vorstellen.

Wie, um diesen Gedanken zu bestätigen, zerschnitt panisches Kreischen die ansonsten eher ruhige Atmosphäre des Krankenhauses. Ara. Völlig ohne Zweifel. Irrtum oder Hörfehler ausgeschlossen.

Er fuhr zur Tür herum und war draußen, ehe sie noch richtig offen war. Seine Schulter schrammte am Türrahmen entlang, aber das war ihm egal. Das bisschen blauer Fleck verblasste schneller, als er sich bildete. Morgen würde er sich nicht mehr daran erinnern, falls er überhaupt einen Gedanken daran verschwendete. So schnell ihn seine Beine trugen, rannte er durch die Flure und nahm das Treppenhaus in den untersten Stock, wo sich das krankenhauseigene Schwimmbad befand, anstatt auf den Aufzug zu warten. Das dauerte zu lange.

Die Schwingtür zur Badehalle flog beinahe aus ihren Scharnieren, als er hindurchrannte. Dass Ryst am Beckenrand kniete und auf seine Tochter einredete, nahm er nur am Rande wahr, er hörte auch nicht, was Ryst sagte. Alles, was er sah, war Ara, die im Arm eines Pflegers hing und sich wehrte, so gut sie es vermochte. Ihre Beine hingen zwar schlaff im Wasser, mit den Armen jedoch schlug sie wild um sich. Die Therapeutin vor ihr hatte nicht die geringste Chance, an sie heranzukommen. Und Ara schrie derart schrill, dass es Gläser zum Zerspringen bringen würde, wären welche im Raum.

Er zögerte keine Nanosekunde, sondern sprang einfach, ohne darüber nachzudenken.

~*~

Durchtrainiert und fit wie Gor war, konnte er dennoch nicht mit Krus mithalten. Der Spurt hinter seinem Jäger her hatte ihn doch außer Atem kommen lassen. Die Schwingtür zum Schwimmbad knallte ihm beinahe vor den Latz, als er um die Ecke bog, weil sie nach Krus' Durchstürmen noch nicht zum Stillstand gekommen war. Als er selbst hindurchtrat, raubte ihm das, was er sah, das letzte bisschen Atem, das er nach dem Lauf noch übrig hatte.

Krus in der Luft war schon mehr, als er sich ausgemalt hatte. Dann der Aufprall. Einer Fontäne gleich stob das Wasser in alle Richtungen davon, als Krus' massiger Körper die Oberfläche durchstieß. Es spritzte jeden im Umkreis von drei Metern nass, inklusive Gor. Dem Platschen nach zu urteilen, hätte es eine Arschbombe sein können, aber Krus kam im Stehen auf. Trotzdem war er durchnässt, als wäre er untergegangen.

Doch diese Überraschung war nur die erste und nichts im Vergleich zu dem was folgte.

~ * ~

Ein langer Schritt durch das Wasser und Krus stand direkt neben dem Pfleger. Ara schrie, als würde der junge Mann sie misshandeln. Der Typ war hoffnungslos überfordert. Und dass sich ein Riesenjäger neben ihm aufpflanzte, trug nicht dazu bei, dass er die Situation besser unter Kontrolle bekam. Es wurde Zeit, ihm das abzunehmen. Vor allem, ihm Ara abzunehmen. Wogegen der Pfleger nichts einzuwenden hatte. Er schien froh zu sein, die völlig hysterische und wild um sich schlagende Ara loszuwerden. Vielleicht sollte er über einen Berufswechsel nachdenken.

Als Ara vom Arm des Pflegers in seinen wechselte, traf Krus mancher Schlag von ihr. Sie war so außer sich, dass sie nicht mitbekam, was um sie herum passierte. Sie hatte ihn noch nicht bemerkt. Klatsch. Die nächste Hand, die ihn am Kopf traf. Keiner ihrer Schläge schmerzte, oder er spürte es bloß nicht. Aber so wurde das hier nichts. Er musste sie beruhigen. Dafür würde er sie ein bisschen fester anpacken müssen. Hoffentlich tat er ihr nicht weh. War gar nicht leicht, ihre Arme gebändigt zu bekommen. Nur mühevoll gelang es ihm, seine eigenen um ihren Oberkörper zu schlingen und sie an sich zu drücken.

»Schschsch. Ist ja gut«, sagte er in ihr Haar und wünschte sich, das würde reichen, um die Panik zu durchdringen. »Dir passiert nichts. Ich bin hier. Du bist in Sicherheit.«

Die Schreie verstummten, als wären sie mit einer Schere abgeschnitten worden. Aras Kopf sank gegen seine Brust. Sie kämpfte ihre Arme frei, was er zuließ, weil sie nicht mehr schlagen würde, schlang sie um seinen Hals und klammerte sich an ihm fest. Es war fast wie damals, vor über zwanzig Jahren.

Über Aras Kopf hinweg sah er, dass sich Gor und Inkia, die ihm nicht überraschend gefolgt waren, zu Aras Vater gesellten.

»Ich hab dem Arzt gleich gesagt, dass diese Art Therapie eine schlechte Idee ist, aber er wollte nicht auf mich hören. Wieso auch, ich bin ja nur ihr Vater.« Seine beiden Freunde sahen Ryst fragend an. »Ara steigt nicht mal in eine Badewanne, bricht beim Gedanken daran in Angstschweiß aus. Und dann wollen die sie in ein Schwimmbad stecken. Sie hat angefangen zu schreien, als sie das Wasser bloß sah. Niemand, außer Krus, hätte sie beruhigen können, solange sie noch im Wasser ist, und sie war zu panisch, um sie problemlos rauszubekommen. Dessmon sei Dank, ist er hier.«

Das sah er genauso. Und es war gut, dass Gor und Inkia mit Ryst beschäftigt waren, der ihnen jetzt vermutlich die Geschichte um Aras Wasserphobie erzählen würde, weil ihnen nach wie vor ein riesiges Fragezeichen über dem Kopf stand. Das gab Krus die Gelegenheit, sich voll und ganz auf Ara zu konzentrieren.

Er schob einen Arm unter ihre Knie und hob sie hoch. Sie ließ alles mit sich machen, hielt sich einfach nur an ihm fest. Das war schön, der Anlass dafür weniger. Sobald er sie richtig hielt, setzte er sich in Richtung Beckenrand in Bewegung, um sie endlich aus dem ihr verhassten Nass zu bringen. Über die Einstiegstreppe verließ er das Becken und trug Ara zu den Ruhestühlen, die an der Stirnseite standen. Die ganze Zeit über presste sie sich an ihn, und das war mehr als schön. Als er sie auf einem der Stühle absetzen wollte, klammerte sie sich noch entschlossener an ihn als vorher. Okay. Er setzte sich also selbst und behielt Ara auf dem Schoß. Der Arm unter ihren Knien wanderte zurück um ihren Oberkörper und er zog sie fester an sich. Als ob es bei ihrer Umklammerung noch ein fester hätte geben können.

Ja, genauso war es damals gewesen. Exakt so hatte er mit ihr im Gras gesessen, nachdem er sie aus dem Wasser gezogen hatte, eine Stunde lang oder länger, ohne dass sie ein Wort miteinander gewechselt hätten.

Er erinnerte sich an jenen Tag, als wäre es erst gestern gewesen. Ein wunderschöner Sommertag und einer seiner Besuchstage. Ara und ihre Familie waren an den See gefahren, wo er zu ihnen stoßen sollte. Schon von weitem hatte er gesehen, dass irgendwas nicht stimmte. Ara fuchtelte mit den Armen und schien nach ihrer Familie zu rufen. Die machte allerdings nicht den Eindruck, als würde sie sich sorgen. Ara war eine gute Schwimmerin, wahrscheinlich machte sie nur Spaß. Dennoch versetzte ihn der Anblick in Angst und er beschleunigte seine Schritte. Just in dem Moment, als er bei den anderen ankam, ging Ara unter. Da gab's für ihn kein Halten mehr. Er spurtete über den Steg und sprang ins Wasser, vollbekleidet inklusive Schuhe, wie er es gerade vor ein paar Minuten ebenfalls getan hatte. Hinterher stellte sich heraus, dass sie einen Krampf bekommen hatte und ohne ihn wohl ertrunken wäre.

Dort im Gras sitzend hatte er ihr schweigend geschworen, sie immer zu beschützen, immer für sie da zu sein, sie immer zu halten. Ihr alles zu geben, was sie sich wünschte und brauchte. Keiner dieser Schwüre war wahr geworden. Dort im Gras hatte er anfangen, sich eine Zukunft mit ihr auszumalen, und in dieser Vision waren sie glücklich gewesen. Doch so war es nicht gekommen. Er hatte es falsch interpretiert. Sie hatte seine Nähe an jenem Tag nicht zugelassen, weil es ihr gefiel, sondern weil sie unter Schock stand.

Damals wie heute war diese Umarmung lediglich der Trost, den sie brauchte, und sie bekam gar nicht wirklich mit, wer sie hielt und ihn damit spendete. Wahrscheinlich war es ihr sogar egal. Hauptsache sie hatte das Gefühl, in Sicherheit zu sein. Sobald der Schock überstanden war und sie sich beruhigt hatte, würde sie sich in seinen Armen mit Sicherheit alles andere als wohlfühlen. Vielleicht war es besser, sie sofort jemand anderem zu überantworten. Am besten ihrem Vater, aber der war gerade in ein Gespräch mit der Therapeutin verstrickt. Und Himmel, es fühlte sich zu gut an, sie zu halten, als dass er es schon beenden wollte.

~ * ~

Der wasserundurchlässige Verband unterm Badeanzug juckte und Krus' nasses Shirt fühlte sich kalt an, trotzdem hätte Ara stundenlang, tagelang, ein Leben lang sitzen bleiben mögen. Hier bei Krus, in seinem Arm, an ihn gekuschelt, das war exakt der Platz, an den sie gehörte. Nirgendwo fühlte sie sich so gut, geborgen und vollständig wie in seiner Nähe. Wenn er es wie jetzt zuließ, anstatt sie zurückzustoßen.

Leider wusste die Therapeutin das nicht. »Ara, du brauchst diese Therapie.«

Einen Scheiß brauchte sie. Wenn das Gefühl in ihren Beinen erst zurückkehrte, nachdem die Muskeln erschlafft waren, konnte sie sie immer noch trainieren und aufbauen.

»Kein Wasser.«

»Und wenn Krus dabei ist?«

Auf was für Ideen ihr Vater kam. Als ob Krus da mitmachen würde. Er hätte nicht zusammenzucken müssen, damit ihr klar war, dass er das ganz sicher nicht wollte. Dabei war es tatsächlich die einzige Option. Nur Krus konnte ihr die Sicherheit geben, die sie brauchte, um sie ins Wasser zu kriegen.

»Gibt's ne Badehose in meiner Größe? So steige ich nicht nochmal ins Becken.«

Er war einverstanden? Ihr Herz stolperte in ihrer Brust bei dem Gedanken, dass er bereit war, ihr zu helfen, obwohl sie keine Ahnung hatte, woher seine Anwandlung kam. Sie hob den Kopf und sah ihn an. So gut das eben ging, wenn jemand versuchte, einem Blick auszuweichen.

»Du ... musst ... das nicht tun.«

»Ich will es tun.« Krus seufzte. »Du hast Inkia das Leben gerettet.«

Ach so. Ein Dankeschön wegen der Tasha seines Anführers. Wieso versetzte ihr das eigentlich einen Stich? Sie hätte sich etwas in der Art doch denken können, nein, sie hätte es wissen müssen.

»In der Umkleide gibt's Badehosen en masse. Da ist bestimmt eine für dich dabei«, meinte der Pfleger.

Krus nickte. »Also, Ara, wie sieht's aus? Soll ich mich umziehen?«

Sie wollte keine Opfergaben. Grundsätzlich nicht und schon gar nicht von ihm. Ihr Stolz forderte sie auf, ihn zum Teufel zu jagen, ihr Herz sagte etwas anderes. Und gewann.

»Wir können es versuchen, aber ich weiß nicht, ob es geht.«

»Wenn es nicht geht, bist du schneller aus dem Wasser draußen als drin. Ich versprech's dir.«

Nach diesen Worten stand er auf. Vorsichtig setzte er sie in den Stuhl und ging dann, um sich umzuziehen.

»Du wirst mit Gor klären müssen, wie lange ich bleiben kann, wenn es klappt«, sagte er im Vorbeigehen zu Ryst.

Als er zurückkam, verschlug es ihr den Atem, wie es vor über zehn Jahren im Tempel passiert war. Es war das erste Mal außerhalb ihrer Fruchtbarkeit, dass sie ihn derart dürftig bekleidet sah, und wenn er deswegen zu ihr kam, hatte sie keinen rechten Blick dafür. Gott, er war wunderschön. Jeder noch so kleine Muskel ausdefiniert, die Proportionen ideal aufeinander abgestimmt und eine Haut, die aussah wie Samt. Mit anderen Worten, ein Körper, geschaffen, um ihn anzubeten. Der Anblick trieb ihr Tränen in die Augen, die Ryst prompt falsch interpretierte.

»Du musst keine Angst haben, Kleines.«

Angst? Mit Krus an ihrer Seite würde sie sich sogar einer wildgewordenen Horde Lykomorphe entgegenstellen. Bei Vollmond.

~ * ~

Krus fühlte, wie sich Aras Oberkörpermuskulatur versteifte, als er mit ihr zum Becken ging. Er wünschte, er würde dasselbe an ihren Beinen spüren, weil es bedeutete, sie waren in Ordnung. Andererseits. Wären sie in Ordnung, wäre er jetzt nicht hier und trüge sie nicht auf seinem Arm. Ihr Unglück, sein Glück, wenn auch teuer erkauft.

Ihr Atem beschleunigte, als sie in das Wasser stiegen. Himmel, es reichte ihm gerade bis an die Untergrenze seiner Hüftknochen. Sie berührte es noch nicht einmal. Trotzdem spürte er den stetigen Anstieg ihrer Angst, während er auf die Therapeutin zuwatete, die schon drinnen war und auf sie wartete. Dort angekommen war es Zeit, Ara tatsächlich mit dem Wasser in Berührung zu bringen. Jetzt würde sich zeigen, wie beruhigend seine Gegenwart wirklich auf sie wirkte.

Langsam beugte er die Knie und senkte die Arme. Prompt verstärkte sich der Griff ihrer Hand an seiner Schulter und ihr zweiter Arm, bisher scheinbar locker auf ihrem Bauch ruhend, schnellte um seinen Hals. Und das war die Reaktion auf Wasser an ihrem Hintern.

»Hab keine Angst. Ich bin hier. Ich halte dich und werde keine Sekunde loslassen.«

Sie nickte, als würde sie ihm glauben, den Griff lockerte sie nicht.

Weiter ins Wasser. Langsam. Ganz langsam.

Als nur noch ihr Kopf über der Oberfläche war und sie nicht schrie, zappelte oder um sich schlug, hielt die Therapeutin die Zeit für gekommen, mit der Wassergymnastik anzufangen und griff nach Aras Beinen. Zu früh. Krus sah es in Aras Augen und er fühlte die Panik, die noch viel zu dicht unter ihrer Haut saß.

»Noch nicht.«

Erst als er die Therapeutin zucken sah, wurde ihm klar, dass er sie angeknurrt hatte. So ein Beschützerinstinkt war eine komische Sache. Er kreierte die sonderbarsten Reaktionen. Und was Ara anging, war Beschützerinstinkt längst nicht alles, womit er sich herumschlug.

Vorsichtig drehte er sich um die eigene Achse, damit sich Ara daran gewöhnen konnte, dass sich das Wasser um sie herum bewegte, sanfte Wellen schlug, die sie mal höher, mal niedriger umspielten.

Die Therapeutin schien in Eile. Sie blickte immer wieder zu der Uhr, die an der Wand hing. Vermutlich hatte sie bald den nächsten Patienten und wollte das hier schnell hinter sich bringen. Sie würde warten müssen, bis Ara so weit war. Und er würde Ara nicht drängen. Es dauerte eben so lange, wie es dauerte.

Und es dauerte zehn Minuten, bis sich der Griff um Hals und Schulter lockerte.

»Ich werde deine Beine jetzt loslassen und hinter dich treten. Okay?« Ara nickte schweigend, er merkte jedoch, dass sie sich erneut verspannte. »Du musst keine Angst haben. Ich gehe nicht weg. Bereit?«

Wieder ein Nicken, und er zog seinen Arm unter ihren Kniekehlen weg. Gleichzeitig trat er hinter sie und platzierte den frei gewordenen Arm unter ihrer Achsel. Ihre Beine sanken ab, als wäre überhaupt kein Leben in ihnen. Der Anblick schnürte ihm die Kehle zu. Scheiße.

Das Arschloch, das ihr das angetan hatte, konnte schon mal sein Testament aufsetzen, denn sobald er den Saukerl in die Finger bekam, hatte dessen letztes Stündlein geschlagen.

Die Therapeutin tauchte nach Aras Beinen und hob sie an. Dann winkte sie dem Pfleger, ebenfalls ins Wasser zu kommen. Er sollte Aras Becken halten, während sie die Übungen durchführte. Der Pfleger zögerte nicht. Dummerweise dachte er auch nicht. Denn anstatt über die Treppe hereinzukommen und sich langsam auf sie zuzubewegen, sprang er vom Rand hinein und kreierte damit eine aus Aras Sicht Riesenwelle, die über ihrem Kopf zusammenschlug. Herrgott, sogar Krus schloss reflexartig die Augen, als ihm das Wasser ins Gesicht klatschte.

Das war's für keine Panik.

»Ich ertrinke!«

Mit den Armen fuchtelte Ara um sich, wand den Oberkörper in alle Richtungen, um sich aus der Umarmung zu befreien, die sie an einem Ort hielt, an dem sie nicht sein wollte.

»Idiot«, formte Krus lautlos mit den Lippen in Richtung Pfleger. Am liebsten hätte er ihn lernen lassen, wie eine Faust schmeckte, nur hätte er Ara dazu loslassen müssen.

Stattdessen führte er den linken Arm unter ihrer Brust entlang um ihren Oberkörper, um sie auf diese Weise fester zu umschlingen. Die rechte Hand legte er unter ihr Kinn und bog vorsichtig ihren Kopf nach hinten. Ihre Lider waren fest zugekniffen.

»Sieh mich an, Ara.« Keine Reaktion. »Komm schon, sieh mich an.«

Sie gehorchte, öffnete die Augen und hob den Blick zu ihm. Ein Blick voller Angst, der ihn kälter erwischte als das Wasser, das, um ehrlich zu sein, nicht kalt sondern wohltemperiert war.

»Du wirst nicht ertrinken, weil ich das nicht zulassen werde. Glaubst du mir?«

»Du gehst nicht weg?«

Wenn es nach ihm ginge, niemals.

»Du lässt mich nicht los?«

Nie wieder.

»Sieh mir einfach in die Augen, dann weißt du, dass ich da bin.«

Und das tat sie. Mit diesen herrlichen Knopfaugen, aus denen langsam die Angst wich. Braun. Mehr nahm Krus nicht mehr wahr. Das schönste Braun, das er je gesehen hatte. Und er versank darin. Gerade noch, dass er bemerkte, wie sich das Grün um ihre Iris vertiefte, als ihre Angst verflog und einem anderen Ausdruck Platz machte. War das wirklich Vertrauen, das ihm entgegenblickte, oder bildete er sich das nur ein, weil er es sich so sehr wünschte?

Vom Verlauf der Bewegungstherapie bekam er nichts mit. Auch nicht, wie die Zeit verflog. Was sie natürlich viel zu schnell tat. Es kam ihm vor, als hätte er sich gerade eben erst in Aras Augen verloren, als die Therapeutin die Sitzung für beendet erklärte.

Ebenso langsam, wie er sie in das Becken getragen hatte, trug er sie jetzt hinaus. Nicht, weil es nötig wäre, sondern weil er den Moment, an dem er sich von ihr lösen musste, möglichst lange hinauszögern wollte. Doch wie jeder Weg war auch dieser irgendwann zu Ende und er kam an dem Rollstuhl an, der für Ara bereitstand. Wie er das Scheißding hasste. Allein sein Anblick verursachte Magenkrämpfe. Aber es half ja nichts. Obwohl er sie am liebsten bis in ihr Zimmer getragen hätte oder bis zu sich nach Hause oder, noch besser, bis ans Ende der Welt, musste er sie doch darin absetzen.

Den Moment des Loslassens zog er nicht unnötig in die Länge. Kurz und schmerzlos, sagte der Volksmund, und irrte gewaltig. Es fühlte sich an, als wäre jemand für ihn Wichtiges gestorben, nachdem er sie abgesetzt hatte und einen Schritt von dem Rolli weg getreten war. Deshalb drehte er sich schnell um und hastete zu den Umkleidekabinen.

Als er wieder rauskam, war Ara natürlich schon weg. Zum Glück. Er hätte sie jetzt nicht nochmal sehen wollen. Naja, wollen schon, aber ob er es auch ertragen hätte?

»Ich hab Ryst gesagt, du kannst so lange hierbleiben, wie es nötig ist«, sprach Gor ihn von der Seite an.

Er brummte nur, weil ihm keine neutrale Antwort einfallen wollte und ihm ›Super!‹ nicht angemessen erschien.

Gor und Inkia liefen hinter ihm, als sie das Schwimmbad verließen, um auch dem Krankenhaus den Rücken zu kehren. Gor und Inkia langfristig, er nur bis morgen früh, wenn die nächste Sitzung anfing. Drei pro Tag, hatte die Therapeutin gesagt.

Seine nassen Haare hingen schlaff herunter und tropften auf sein noch feuchtes Shirt. Die Lederhose war mittlerweile trocken, aber die Stiefel gaben bei jedem Schritt ein schmatzendes Geräusch von sich. Würde eine Weile dauern, bis die Innensohlen durchgetrocknet waren. Was ein Glück war Skall nicht hier, sonst dürfte er sich wiedermal einen dieser saudämlichen Sprüche reinziehen. Und auf die hatte er gerade nicht die geringste Lust.

An der Rezeption, die nach dem Lykomorphangriff mit kugelsicherem Panzerglas ausgestattet worden war, stand ein Arzt, der sich exakt in dem Moment zu ihnen umdrehte, als sie ihn passierten.

»Du meine Güte.« Der Arzt stellte sich ihm in den Weg und zwang ihn, anzuhalten. »Wie lange läufst du damit schon rum?«

Er meinte die entstellte Gesichtshälfte, die jetzt nicht von seinen Haaren bedeckt und daher weithin zu sehen war. Krus versteifte sich, sagte jedoch nichts.

»Das muss nicht sein«, fuhr der Doc unbeirrt fort. »So was lässt sich heutzutage leicht korrigieren. Wird vielleicht nicht ganz so schön wie vor dem Unfall, aber deutlich hübscher als jetzt. Ich kann's machen, wenn du willst. Kostet nicht die Welt.«

Als ob Geld eine Rolle spielen würde. Trotzdem zögerte er. Der Arzt bot ihm eine schier unglaubliche Möglichkeit, und er hätte während des Aufenthalts, um Ara zu helfen, sogar die Gelegenheit, diese Chance ohne großen Aufwand wahrzunehmen, dennoch sprang er nicht darauf an.

Wenn er will, dass ich sie nicht nur höre, sondern auch erhöre, muss er sich für einen seiner Wünsche entscheiden. Er kann nicht beides haben. Die Erfüllung des einen wird durch den Verlust des anderen bedingt. Entweder oder.

Der Arzt lächelte, zog eine Visitenkarte aus der Kitteltasche und drückte sie Krus in die Hand.

»Denk darüber nach und ruf mich an, wenn du dich entschieden hast.«

Krus nickte und ging weiter.

»Wer war das denn?«, raunte Gor hinter ihm Inkia zu.

»Keine Ahnung. Den hab ich hier noch nie gesehen, aber mit der Plastischen hab ich üblicherweise auch nichts zu tun.«

13

Skall fragte sich, warum der König ihnen kein kleineres Grundstück zur Verfügung gestellt hatte. Musste es unbedingt dieses riesige Areal mit dem noch riesigeren Wald drumrum sein? Und wieso musste ausgerechnet er ihn zum dritten Mal in Folge durchkämmen? Weil er sein Maul nicht halten konnte. Darum. Scheiße.

Mann, Temm führte in Gors Abwesenheit echt ein verflucht strenges Regiment. Der kleinste Pieps, der Temm nicht passte, und schwupps, schon hatte man nächtlichen Wachdienst im Wald. Dessmon sei Dank, sein Cousin kam morgen zurück. Und allen Göttern sei Dank, war Temm nicht ständig der Boss. Skall würde durchdrehen. Oder raus fliegen. Oder beides.

Klar, der Zaun ums Grundstück herum war nicht gerade das, was einen Sicherheitsfanatiker in Entzücken versetzte und für ein königliches Anwesen immens mickrig. Von daher gesehen, war das Wacheschieben absolut notwendig. Es könnte nur zur Abwechslung mal ein anderer drankommen. Aber die hielten alle die Schnauze. Kein Wunder. Er würde jetzt auch lieber in seinem Bett liegen und friedlich vor sich hin schnarchen.

Doch stattdessen ...

War ja nicht so, dass der Wachdienst ein fröhlicher nächtlicher Spaziergang war. Aufpassen musste man selbst innerhalb des Zauns. Der Wald war gespickt mit Lykofallen. Nette kleine Art von Tellereisen, speziell für Lykomorphe entwickelt, wobei klein die Untertreibung des Tages darstellte und nett nur galt, wenn man darauf abfuhr, den Opfern hübsche Verletzungen und Schmerzen zuzufügen. Das Schöne oder Praktische an einer Lykofalle war, dass sie sich der Gestalt anpasste. Erst mal darin gefangen, konnte sich ein Lykomorph nicht ohne Hilfe befreien, auch durch Verwandlung nicht.

Für jeden anderen Zeitgenossen war es aber ebenso unangenehm, hineinzugeraten, deshalb galt es, die Augen offen zu halten und achtzugeben, wo man hintrat. In den vergangenen zwei Nächten hatte er einen Fuchs, zwei streunende Hunde, einen menschlichen Witzbold, der das No Trespassing-Schild unbedingt als Einladung missverstehen wollte, und einen Hasen, den sie demnächst essen würden, aus den Fallen gezogen. Er war gespannt, was er heute erbeutete.

Keine fünf Minuten später erklang ganz in der Nähe das typische, metallische Klacken, gefolgt von einem langgezogenen Heulen. Tja, die Frage würde sich schneller beantworten als gedacht.

Zielstrebig folgte er den Schmerzenslauten, die eindeutig von einem größeren Tier stammten. Wahrscheinlich wieder ein Fuchs oder ein Hund. Verflucht. Die waren immer so bissig, obwohl er ihnen doch half. Naja, erklär das einem verwundeten Tier. Schon in normalem Zustand logischer Argumentation unzugänglich, reagierte es unter Schmerzen noch vernunftwidriger, wehrte sich, anstatt stillzuhalten.

Als er die Zweige auseinanderzog, die ihm die Sicht auf den Fallenplatz verwehrten, erkannte er auf den ersten Blick, dass es sich weder um einen Fuchs noch einen Hund handelte. Allerdings um was Ähnliches, wenn es in tierischer Gestalt auftrat, was gerade nicht der Fall war. Na, sieh mal einer an, was da zwischen die Eisen geraten war. Heute Nacht wurde der Name der Falle gerecht.

»Sieht so aus, als hättest du Schwierigkeiten. Richtig ernste Schwierigkeiten.«

~ * ~

Wenn Orquadia Christin wäre, würde sie sich darüber ärgern, den Weihnachtsabend mutterseelenallein im Freien verbringen zu müssen, aber sie war ja nicht mal ein Mensch, obwohl sie die meiste Zeit wie einer aussah. Darum ärgerte sie sich lediglich darüber, dass ihr Bruder sie zum Spitzel degradiert hatte.

Seit Vargilio ihren Onkel entthront und die Führung des Rudels an sich gerissen hatte, führte er sich auf, als gehörte ihm die Welt. Dabei hatte er sich bisher als Anführer noch gar nicht groß hervorgetan, noch nicht bewiesen, dass er überhaupt dazu taugte. Dummerweise hatte er den Onkel im Kampf besiegt, wenn auch durch einen ganz miesen Trick, und das sicherte ihm die Position, zumindest, bis ein Stärkerer kam. Alle hatten ihm Gefolgschaft gelobt, wie es üblich war.

Von ihr erwartete man, ihn zu unterstützen und die Frauen des Rudels bei der Stange zu halten, wie es seit Generationen die Aufgabe der Schwester des Anführers war. Gefragt worden war sie nicht. Es interessierte weder Vargilio noch sonst jemanden, dass ihr der bevorstehende Krieg nichts bedeutete. Die Dessla gingen sie nichts an, die Angerol noch viel weniger. Obwohl sie nicht von sich behaupten wollte, Dessla zu mögen, sie waren ihr nicht egal, im Grunde verabscheute sie die Dessla ebenso wie jeder andere Lyk, mit einem Krieg wollte sie allerdings nichts zu schaffen haben. Dabei kamen viel zu viele Unschuldige um. Trotzdem wurde sie hineingezogen, einfach, weil sie Vargilios Schwester war.

Wenigstens verlangte ihr Bruder nicht, dass sie töten musste, obwohl ihm das am Anfang bestimmt vorgeschwebt war. Doch bereits den ersten Auftrag, einen führenden Desslakrieger in einen Hinterhalt zu locken, damit ihr Bruder ihn ausquetschen konnte, hatte sie versemmelt. Der Krieger hatte den Plan durchschaut und war ihr nicht in die Falle gegangen. Vargilio war ausgerastet. Grün und blau hatte er sie geprügelt. Tja, und seither verdonnerte er sie zu niederen Tätigkeiten, wie jetzt das Ausspionieren eines der Landsitze des Desslakönigs.

Noch unbestätigten Gerüchten zufolge tat sich bei den Dessla was. Eine Gruppe Jäger sollte in das Haus eingezogen sein. Vargilio wollte wissen, ob das stimmte und, falls ja, möglichst viele Informationen über sie. Diesen Auftrag durfte sie unter keinen Umständen vergeigen.

Über den Zaun auf das Grundstück zu klettern, war erschreckend leicht. Herrje, der stand nicht mal unter Strom. Nicht, dass Elektrizität sie abgehalten hätte, aber das wäre das Mindestmaß an zu erwartender Sicherheit gewesen.

Laut der Pläne, die sich aus ihr unbekannter Quelle im Besitz ihres Bruders befanden, lagen an dieser Stelle vier Kilometer Wald zwischen dem Zaun und dem Haus, die sie in ihrer Wolfsgestalt zurückzulegen gedachte, weil sie auf vier Pfoten schneller vorankam als auf zwei Beinen.

Sie kam bis auf anderthalb Kilometer an das Haus heran.

Zuerst hörte sie das Rascheln von Laub, was ungewöhnlich war, weil es zu nass sein sollte um zu rascheln, und sie zu leicht, um es derartig aufzuwirbeln. Dem folgten ein metallisches Klicken und das leise Quietschen von Scharnieren. Erst danach kam der Schmerz.

Verflixt.

Sie war in eine der Lykofallen der Dessla getreten. Glück im Unglück, die Zähne gruben sich bloß in das Fleisch zwischen Knöchel und Knie und hatten weder Knochen gebrochen noch Sehnen durchtrennt. Es tat trotzdem höllisch weh. Unglück im Unglück, aus dieser Falle kam sie ohne Hilfe nicht raus, nicht mal in Menschengestalt. Ohne die Hilfe eines Dessla wohlgemerkt, weil nur die den Mechanismus lösen konnten.

Nichtsdestotrotz verwandelte sie sich zurück.

Welch ein Glück, die Vorstellungen der Menschen, Gestaltwandler würden bei der Verwandlung ihre Kleidung ruinieren, weil in tierischer Gestalt keine zu sehen war, und wären nach der Rückverwandlung nackt, waren reine Fantasie.

»Sieht so aus, als hättest du Schwierigkeiten. Richtig ernste Schwierigkeiten.«

Mist, Mist, Mist. Sie war derart von ihrer misslichen Lage abgelenkt gewesen, dass sie den Kerl, der jetzt auf sie herunterstarrte, nicht hatte kommen hören. Ein Dessla, kein Zweifel. Ein Jäger? Eventuell. Die Lederklamotten deuteten darauf hin, allerdings war er für einen Jäger zu klein. Die maßen alle über zwei Meter, und der da war zwar knapp dran, lag aber eindeutig drunter. Vielleicht ein Bediensteter. Einen großen Unterschied machte das jedoch nicht.

»Willst du mich nur anstarren oder auch was unternehmen? Mich abmurksen zum Beispiel.«

Der Mund des Mannes verzog sich zu einem Grinsen und das belustigte Funkeln in seinen Augen war sogar in der Dunkelheit zu erkennen. Das verlieh seinem ansonsten eher unscheinbar-durchschnittlich aussehenden Gesicht auf gewisse Weise Attraktivität und wirkte beinahe sympathisch, aber nur fast, denn Dessla waren nicht sympathisch.

»Wieso sollte ich dich abmurksen wollen? Wo ich mir doch schon immer ein pflegeleichtes Haustier gewünscht hab. Und eins, mit dem ich nicht dreimal am Tag Gassi gehen muss, ist ideal. Scheint heute meine Glücksnacht zu sein.«

Auf diese Provokation zu reagieren, war komplett verschwendete Zeit, dennoch stieg das Knurren aus ihrer Kehle, bevor sie es verhindern konnte. Der Kerl lachte und, verdammich, die gutturalen Laute, die er dabei von sich gab, wirkten wie eine Liebkosung auf ihr Trommelfell.

»Wenn du mich überreden willst, dir da rauszuhelfen, solltest du es auf ne andere Art versuchen. Mich anzuknurren, ist nicht hilfreich. Aber wenn du ganz lieb bitte-

bitte sagst, lass ich mich vielleicht erweichen. Und falls lieb und bitte Fremdwörter für dich sind, zur Not nehm ich auch ein Wauwau.«

»Hältst du mich für nen Hund? Und wenn du meinst, ich krieche zu Kreuze, vergiss es. Darauf kannst du lange warten.«

»Schön.« Der Dessla zuckte mit den Achseln. »Ich sitz ja nicht in der Falle fest.«

Er drehte sich von ihr weg und ging in die Richtung, aus der er gekommen sein musste. Drei Schritte weit.

»Warte!«

Das Schmunzeln, das in seinem Gesicht stand, als er sich ihr wieder zuwandte, weckte in ihr das Verlangen, ihm in den Magen zu treten. Nun, das würde warten müssen, bis er sie in die Lage dazu versetzt hatte. Im Moment brauchte sie ihn, also schluckte sie ihren Stolz hinunter.

»Bitte hilf mir.«

»Na, geht doch.«

Er kehrte zurück und blieb zwei Schritte von ihr entfernt stehen.

»Zuerst wirfst du deine Waffen weg. Alle.«

»Die einzigen Waffen, die ich bei mir hab, kann ich nicht wegwerfen, es sei denn, du schneidest mir die Fingerkuppen ab und schlägst mir die Zähne aus.«

»Ich schlage Frauen nicht, nicht mal Lykomorphinnen, oder höchstens in Notwehr, und momentan wirkst du auf mich nicht sonderlich bedrohlich.«

»Ach ja?«

Brauchen hin oder her, der Typ legte es darauf an, sie zur Weißglut zu treiben, dann sollte er bekommen, was er wollte. Sie fuhr Krallen und Reißzähne aus und knurrte ihn erneut an.

»Ah, ah, ah. Das versteh ich nicht unter lieb. Hör auf damit, oder ich lass dich hier, und das willst du doch nicht. Oder?«

Sie atmete tief durch und schloss kurz die Augen, um sich zu beruhigen.

»Viel besser. Okay, und jetzt sollten wir uns noch darüber einigen, was ich zur Belohnung bekomme, wenn ich dir helfe.«

War die Genugtuung, dass ein Lykomorph einem Dessla auf Gedeih und Verderb ausgeliefert war, nicht Belohnung genug?

»Ich hab kein Geld bei mir.«

»Geld? Davon hab ich reichlich.«

Erneut dieses Grinsen, das diesmal herausfordernd aussah und ihn wirklich attraktiv machte.

»Wie wär's mit einem Kuss?«

»Einem ... was? Spinnst du? Lykomorphe küssen keine Dessla. Da würde ich eher eine Kobra küssen.«

»Na, da haben wir doch ausnahmsweise was gemeinsam. Dessla küssen nämlich auch keine Lykomorphe. Zumindest normalerweise. Zufällig liebe ich alles Unnormale. Deshalb ist das mein Preis. Schlag ein oder lass es.«

Was blieb ihr anderes übrig? Sie nickte ihre Zustimmung. Sollte er ruhig glauben, er hätte gewonnen. Bei der Einlösung würde er eine Überraschung erleben.

»Und wie war das gleich mit den Waffen? Du hast keine?« Jetzt schüttelte sie den Kopf. »Gut, dann hol ich dich aus der Falle. Mach keine Dummheiten. Verstanden? Und dich zu verwandeln, sobald du frei bist, kannst du knicken.«

»Verwandelt heilt es schneller.«

»Es wird auch so gehen. Die Fallen sind dafür konzipiert worden, Lykomorphe zu fangen, nicht, sie umzubringen.«

Er kniete sich neben sie und verdeckte ihr die Sicht mit dem Rücken, als er sich über die Falle beugte. Es klickte zwei Mal, dann ließ der Biss des Eisens nach.

Vorsichtig zog sie den Fuß zurück, sobald sie merkte, dass er frei war. Jetzt brauchte sie sich nur zu verwandeln und ihm die Kehle aufzureißen, und das Problem Dessla wäre gelöst. Obwohl es ihr irgendwie falsch vorkam. Das Gefühl einer sich in ihren Bauch bohrenden Stange verdrängte die Idee.

»Ich weiß genau, was du vorhast. Sei gewarnt. Aus dieser Entfernung macht meine SIG verdammt hässliche Löcher. Also, denk nicht mal dran.«

Die Stange war ein Pistolenlauf. Das hätte sie eigentlich wissen können.

»Und jetzt?«

»Jetzt geleite ich dich zum Ausgang, um sicherzustellen, dass du ihn benutzt.«

Er wollte sie nicht gefangen nehmen, damit einer der Jäger sie verhören konnte? Er wollte sie gehen lassen? Wenn sie mit allem gerechnet hatte, damit nicht.

Zweieinhalb Kilometer waren furchtbar lang, wenn man sie humpelnd zurücklegte, und sie wurden noch länger, wenn sich die Begleitung in eisiges Schweigen hüllte. Nicht, dass sich Lyks und Dessla wahnsinnig viel zu sagen hätten.

Sie schielte zu ihm hinüber. Immer öfter, je länger sie nebeneinander hergingen. Nach den Maßstäben der durchschnittlichen Lykfrau war er ein hässlicher Kerl, und das hatte ausnahmsweise nichts damit zu tun, dass er Desslaner war. Lykfrauen bevorzugten markante Gesichtszüge. Hakennase, schmale Lippen und stechende Augen. Als Mindestanforderung an markant. Und dunkles, langes Haar war beinahe ein Must-have für einen Mann, der eine Lykfrau beeindrucken wollte. Der Dessla neben ihr verfügte über nichts davon.

Ein praktischer Kurzhaarschnitt zierte seinen Kopf. Soweit sie es bei diesen dürftigen, nächtlichen Lichtverhältnissen beurteilen konnte, in Hellblau. Die Nase gerade und, wie das gesamte Gesicht, unscheinbar. Kleine Fältchen um Augen und Mund verrieten, dass er gern und oft lachte. Die Lippen weder schmal noch voll, sondern geradezu langweilig normal. Dennoch. In ihren Augen sah er im Profil richtig gut aus. Naja, sie hatte noch nie zu den durchschnittlichen Lykfrauen gehört.

»Worüber denkst du nach?«

Das würde sie ihm bestimmt nicht auf die Nase binden.

»Ich hab mich gefragt, zu welcher Sorte Dessla du gehörst. Bist du ein Jäger?«

»Seit dreihundertfünf Jahren.«

»Hast du schon viele Lyks eingefangen?«

»Zum Glück hatte ich bisher nicht viel mit Angehörigen dieser Spezies zu tun. Lykomorphe einzufangen, ist ein Scheißjob.«

»Wieso?«

»Weil die Scheißv... Weil sich Lykomorphe grundsätzlich der Verhaftung widersetzen, und es dann schrecklich gewalttätig wird.«

Wie nett, dass er das Scheißviecher nicht ausgesprochen hatte. Als wäre ihr nicht bekannt, dass die Dessla diese Bezeichnung ungemein gern für Lyks verwendeten. Ob die Dessla wussten, dass sie bei den Lyks AAKs genannt wurden? AAK für Angerol-Arschkriecher.

»Ihr wollt die Feindschaft zwischen unseren beiden Rassen also zu einem echten Krieg ausweiten?«

Woher wusste er das? Kein Wunder, dass er bereit war, sie gehen zu lassen. Anscheinend hatten die Dessla bereits sämtliche Informationen, die sie benötigten.

»Zu viele Lyks sind durch Desslahand draufgegangen.«

»Vice versa.«

»Es wird Zeit, dem Abschlachten Einhalt zu gebieten.«

»Da sind wir einer Meinung. Nur denke ich, dass es der falsche Weg ist, das Töten durch noch mehr Blutvergießen beenden zu wollen.«

Das sah sie ebenso. Doch was war die Alternative? Frieden schließen? Sicher das Vernünftigste, nach all den Toten aber kaum machbar. Und was war mit den Angerol? Weiterhin zu Kreuze kriechen und sich von ihnen unterdrücken lassen? Undenkbar.

»Wir sind da«, wechselte er abrupt das Thema. »Schaffst du's allein über den Zaun, oder muss ich dir dabei auch helfen?«

Das kriegte sie ohne ihn hin. Definitiv. Und wenn es Stunden dauerte.

»Wieso hast du mir geholfen?«

Er zuckte mit den Achseln. »Weiß nicht. Vielleicht, weil ich hoffe, dass du dich daran erinnerst, wenn du das nächste Mal darüber nachdenkst, einen unschuldigen Dessla umzubringen, und es lässt.«

»Es gibt keine unschuldigen Dessla.«

Das Lächeln, das er aufsetzte, sah bitter aus. »Ja, ebenso wenig wie unschuldige Lykomorphe.«

X zu null für ihn. Keine sonderlich glorreiche Bilanz für sie.

»Du hast mich nicht mal gefragt, was ich hier will.«

»Weil's auf der Hand liegt. Schnüffeln. Was sonst? Ich nehme an, du wurdest hergeschickt um herauszufinden, wieso ein bis dato selten genutzter Landsitz plötzlich bewohnt wird und von wem.« Ein verhaltenes Lachen entstieg seiner Kehle. »Ich bin ein Jäger, schon vergessen? Investigieren gehört bei uns zum Tagesgeschäft. So, und jetzt will ich meine Belohnung.«

»Du glaubst doch nicht allen Ernstes, dass ich ...«

Er ließ sie nicht ausreden. Schneller, als sie es kommen sah, legte er seine Hände auf ihre Wangen und zog ihren Kopf zu sich.

»Abgemacht ist abgemacht.«

Schon presste er den Mund auf ihre Lippen.

~*~

Ein Fehler. In dem Moment, als sich ihre Lippen berührten, wusste Skall, er beging einen, und der hing nicht damit zusammen, dass er der Lykomorphin die Chance gab, ihre Krallen auszufahren und sie in ihn zu bohren. Woran sie nicht zu denken schien. Ihre Hände waren zu Fäusten geballt, mit denen sie gegen seine Brust trommelte. So drei-, viermal, bevor sie ruhig liegen blieben. Nein. Das Problem lag darin, dass sich dieser Kuss, verflucht noch eins, gut anfühlte, verdammt gut. Und nach mehr.

Noch bevor ihm richtig klar war, was er da tat, tastete seine Zunge über ihre Lippen. Ein überraschtes Geräusch stieg aus ihrer Brust. Sie zuckte zusammen und, scheiße, gab nach.

Besser als gut und kein Fehler mehr, sondern eine mittelschwere Katastrophe. Die Berührung ihrer Zungenspitzen durchschlug ihn wie ein tennisballgroßes, mit einer Schleuder beschleunigtes Hagelkorn eine Fensterscheibe. Der Aufprall zweier ICEs, und er klemmte dazwischen.

Seine Hände wanderten von ihren Wangen zu ihren Oberarmen und von dort auf ihren Rücken, und auch sie schlang die Arme um ihn, während sich ihre Zungen umkreisten. Vorsichtig und langsam am Anfang, als würden sie austesten wollen, ob das, was sie da taten, göttlichen Zorn auf sie herabbeschwor. Da kein Blitz aus dem Himmel fuhr, um sie zu erschlagen, obwohl es sich durchaus anfühlte, als hätte ihn einer getroffen, ging er immer forscher vor.

Sie war, weiß Gott, nicht die erste Frau außer Poki, die er küsste, auch nicht die erste Nicht-Desslanerin, aber das hatte ein Kuss noch nie ausgelöst.

Diese Lykomorphin schmeckte besser, als alles, was ihm jemals die Kehle hinabgeflossen war, und er wollte nicht aufhören, in ihrem Geschmack zu schwelgen. Und erst ihr Geruch. Jeder wusste, dass Lykomorphe zum Steine erweichen stanken, und auch seine Nase war bereits mehr als einmal Amok gelaufen, wenn sie diesen Geruch einsaugen musste. Diese Lykomorphin stank nicht. Sie roch erdig wie ein frisch umgepflügtes Feld und ein bisschen wie Asphalt, wenn nach langer Trockenheit Regen einsetzte. Herrlich, und er wünschte sich, in ihrem Duft zu baden, sich darin zu wälzen, bis er überall genauso roch.

Huch. Wie waren seine Hände denn auf ihren Hintern gelangt? Und seit wann knetete er ihre Pobacken? Egal. Weniger egal war der Prügel in seiner Hose, der danach verlangte, sie zu berühren und von ihr berührt zu werden. Er presste sie an sich, drückte seinen Unterleib gegen ihren. Scheiße. Auf der auf 6,5 Magnituden begrenzten Skala lag das Erdbeben, das ihn erschütterte, bei ungefähr dreißig, und er wollte nur noch eins: in ihr versinken, in sie hineinkriechen.

Aufkeuchend entzog sie sich seinem Kuss, legte ihre Hände gegen seine Brust, stieß ihn mit unerwarteter Vehemenz von sich und machte einen Satz nach hinten. Sie starrte ihn an, als wäre er ein Kinderfresser, dabei verriet ihr stoßweiser Atem, dass sie ebenso erregt war wie er.

»Mein Bruder bringt mich um, wenn er das erfährt«, quetschte sie atemlos hervor.

»Dann erzähl's ihm nicht.« Mann, er hatte schon mal souveräner geklungen.

»Er wird dich an mir riechen.«

»Du kannst ja duschen und dich umziehen, bevor du ihm gegenübertrittst.« Sollte er auch unbedingt, bevor er einem der anderen Jäger begegnete, vor allem Temm.

»Und anschließend wird er dich umbringen.«

»Das schafft er nur, wenn er schneller ist als Gor.« Und das wagte Skall, ernsthaft zu bezweifeln.

»Wer ist Gor?«

»Mein Cousin und Boss.«

Oh Gott, wenn Gor erfuhr, was gerade passiert war, war er erledigt, und das so sicher, dass er sich schon mal Gedanken über seine Grabinschrift machen konnte.

»Wie ist dein Name?«

»Wieso interessiert dich das?«

»Vielleicht, weil du gerade deine Zunge in meinen Mund gesteckt hast?«

Oh ja, und er hätte liebend gern noch etwas ganz anderes in sie hineingesteckt. Verflucht, daran durfte er nicht denken, sonst würde er sie noch anspringen.

»Nenn mich, wie du willst.«

Ihre Lippen verkniffen sich zu einem schmalen Strich. »Wie wär's mit Arschloch?«

Gute Idee. Traf den Nagel doch glatt auf den Kopf.

Statt zu antworten, zuckte er mit den Schultern. Sie sagte ebenfalls nichts mehr, zog sich stattdessen zum Zaun zurück. Rückwärts, ohne ihn aus den Augen zu lassen, als befürchtete sie, er würde sie im letzten Moment noch aufhalten wollen. Worüber er tatsächlich nachdachte. Während er sie dabei beobachtete, wie sie über den Zaun kletterte, verkrampfte sich sein Magen.

Auf der anderen Seite angekommen, mit schützendem Maschendraht zwischen ihnen, warf sie ihm einen letzten herausfordernden Blick zu, der ihn traf wie eine Kugel zwischen die Augen, dann verwandelte sie sich in ihre tierische Gestalt. Sie war der mit Abstand schönste und eleganteste Wolf, der ihm je vor die Augen gekommen war. Größer als jeder echte, doch das war bei Lykomorphen nicht unnormal. Aber auch größer als der durchschnittliche Wolf-Gestaltwandler, was Skall verriet, dass sie aus einem alten Geschlecht stammte, eine Angehörige aus einer der führenden Familien oder, besser gesagt, Rudel sein musste. Und erst die Farbe ihres dichten Felles. Total ungewöhnlich. Karamell, das ihn an „Werthers Echte“ erinnerte. War es nicht typisch für ihn, dass die einzige Lykomorphin, die er sich zu vernaschen vorstellen konnte, die Farbe eines Bonbons hatte? Lange konnte er sich an dem Anblick nicht erfreuen, denn allzu schnell drehte sie sich von ihm fort und rannte davon.

Jetzt lief seine Nase wirklich Amok, wie sie es viel früher hätte tun sollen, weil der Geruch verblasste, an dem er sich noch nicht sattgerochen hatte. Sein ohnehin verkrampfter Magen drehte sich mehrfach um die eigene Achse. Und sein Schwanz? Fühlte sich an, als würde er abfaulen wollen.

Wegen einer Lykomorphin. Echt krank. Nein, mehr noch. Vor Verlangen zu zittern, keine Luft mehr zu bekommen, weil man sich völlig verzehrte, war für einen Dessla in Bezug auf einen Lykomorph nicht bloß krank, es war abartig.

Oh Mann, er war voll im Arsch. Aber so was von.

14

Als Orquadia Vargilios Zimmer betrat, fläzte ihr Bruder in einem Sessel, ein Bein über die Armlehne geschwungen, die Hände auf den Schenkeln liegend. Diese scheinbar lässige Körperhaltung täuschte sie nicht darüber hinweg, dass hier ein aufs Äußerste angespannter Mann saß, der auf einen Anlass wartete zu explodieren. Ein gefährlicher Mann, wenn auch nicht ganz so gefährlich wie der Mann im anderen Sessel. Welfredo, ihr Cousin.

»Ah, meine liebste Schwester ist endlich mit der Körperpflege fertig und bereit, mir zu erzählen, was sie herausgefunden hat.«

Dass nicht alle Dessla Mörder waren. Dass es sogar welche gab, die Lyks halfen – zumindest einen. Und dass Desslaner viel besser küssten als Lykomorphe. Aber das wollte Vargilio todsicher nicht hören.

»Nicht viel. Ich bin nicht nah genug ans Haus herangekommen.«

»Wieso nicht?«

»Die Dessla laufen Patrouille.«

Okay, ein Mann, aber das brauchte ihr Bruder ja nicht zu wissen.

»Und der Wald ist mit Lykofallen gespickt.«

Dass sie in eine reingeraten war, durfte Vargilio nicht wissen. Wenn er das erführe, müsste sie erklären, wie sie rausgekommen war. Nicht machbar ohne die Hilfe eines Dessla, und das hätte unweigerlich die Frage zur Folge, warum sie ihren Helfer nicht überwältigt und mitgebracht hatte, damit er verhört werden konnte.

Vargilio brummte. Um seine Laune stand es nicht zum Besten. Schon vor ihrem Aufbruch im Keller, befand sie sich jetzt noch ein paar Stockwerke tiefer.

»Zu was bist du eigentlich zu gebrauchen, Orquadia?«

»Ich bin sicher, Yagojordis fällt dazu mehr als eine Sache ein.« Welfredo verzog keine Miene, was nicht zu seiner Aussage passte.

Mann, sogar für Lykomorphverhältnisse war ihr Cousin ein kalter Typ. Nein, gerade für Lykomorphverhältnisse. In seiner Nähe gefror alles, und sie fragte sich, wie Vargilio das aushielt. Wahrscheinlich, weil er keine Wahl hatte.

Welfredo hatte ihrem Bruder geholfen, den Onkel, seinen eigenen Vater, zu stürzen und Vargilio an die Spitze des Rudels zu setzen. Insgeheim, da zweifelte sie nicht eine Sekunde, war es Welfredo, der an den Strippen zog. Nicht Vargilio duldete Welfredo, sondern umgekehrt. Und er gab sich nur deshalb mit der offiziell erhaltenen Position als Vargilios rechte Hand zufrieden, weil er als Anführer nicht akzeptiert worden wäre. Söhne folgten ihren Vätern auf den Chefsessel, wenn die Väter der Führerschaft überdrüssig wurden und abdankten, und selbst dann war es fraglich. Ein Sohn, der seinem Vater den Sessel unterm Arsch wegzog, konnte nicht mit der Gefolgschaft des Rudels rechnen. Im Gegenteil. Bei einem Neffen war das was anderes. Der durfte seinen Onkel entmachten oder es zumindest versuchen. Ein Sohn? Niemals.

»Die alle auf dasselbe hinauslaufen.« Vargilios Grinsen war unverhohlen anzüglich. »Deiner Schwester würde es guttun, mal ordentlich durchgevögelt zu werden. Vielleicht besinnt sie sich dann darauf, was sie ist.«

Jedenfalls keine von denen, die bereitwillig mit runtergelassenem Höschen vor Welfredo auf die Knie gingen. Davon gab's schon mehr als genug. Sein Harem war größer als der ihres Bruders, und im Unterschied zu Vargilio hatte Welfredo noch keine Gespielin zu seiner Alphawölfin auserwählt. Er brauchte nur mit den Fingern zu schnippen, schon fand sich eine, die die Beine für ihn breitmachte, weil sie alle hofften, in die engere Wahl zu kommen.

»Stimmt. Allerdings wird Yagojordis da eher nicht zum Zug kommen.«

Hallo? Die beiden hatten wohl vergessen, dass sie noch im Raum war. Zeit, das Thema zu wechseln.

»Immerhin wissen wir jetzt mit Sicherheit, dass sich bei den Dessla was tut.«

Geschmeidig, als wären sämtliche Gelenke mit einer Extraportion Butter eingeschmiert worden, und schnell wie ein Blitz schoss Vargilio aus seinem Sessel. Er stand vor ihr, bevor sie blinzeln konnte.

»Das, meine liebste Schwester, wussten wir vorher schon«, zischte er ihr ins Ohr.

Sie hörte ihn einatmen und traute sich zu wetten, dass er die Nase kräuselte, obwohl sie es nicht sah.

»Du riechst komisch.«

Oh, Mist. Hatte die Dusche nicht ausgereicht, um den Desslageruch wegzuspülen? Das wäre verflucht übel.

»Nach Furcht.« Brennan stand in der Tür und musterte sie mit zusammengekniffenen Lidern. Der Wempyr war der dritte Mann in dem nahezu unzertrennlichen Dreiergespann, und sie hatte sich bereits gefragt, wo er steckte. Höchstwahrscheinlich in einer Lykomorphin, die bei Welfredo abgeblitzt war.

»Furcht?« Welfredo schnaubte verächtlich. »Wenn man so oft versagt, ist Furcht das Mindeste, was zu erwarten ist.«

Aha. Ihr Cousin hatte sie also auf seine Schwarze Liste gesetzt, und was das bedeutete, konnte sie sich an den Fingern einer Hand abzählen. Dazu brauchte man kein Hellseher zu sein. Na prost Mahlzeit.

»Aber, aber, Welfredo. Wer wird denn gleich so streng sein? Versagen ist ein furchtbar starkes Wort und ein schrecklicher Vorwurf. Sie ist immerhin die Schwester des Rudelführers. Nennen wir es lieber unzulänglich. Daran kann man was ändern. Sie ist ja noch jung. Wär schade um eine so hübsche Lykomorphin.«

Wenn sich Brennan gönnerhaft gab, wollte sie regelmäßig kotzen. Weil er es nie ohne Hintergedanken war. Brennan war der durchtriebenste, hinterfotzigste Wempyr, der ihr jemals begegnet war. Kein Wunder, dass seine eigenen Artgenossen ihn mieden. Üblicherweise pfefferte sie ihm eine wohldurchdachte Entgegnung ins Gesicht, heute schluckte sie ihre Widerworte hinunter. Partei für sie ergriffen hatte der Wempyr zwar nicht gerade, trotzdem wäre es nicht schlau, irgendetwas zu sagen. Besser den Mund halten und hoffen, dass sich Vargilios Stimmung bald besserte.

Über zwei Stunden hatte Orquadia in der Wanne gesessen, bis das Wasser kalt geworden war, und sich die Haut rotgeschrubbt. Gebracht hatte es nichts. Sie roch den Desslaner nach wie vor. Tonnen an stark parfümierter Rosenseife, die sie üblicherweise nicht benutzte, waren nicht fähig, seinen Geruch zu überdecken, als hätte er sich in ihre Haut gefressen. Sie roch sogar an Stellen nach ihm, die nicht in direkten Kontakt mit ihm gekommen waren.

Alles Einbildung, dessen war sie sich bewusst. Vargilio hatte nichts wahrgenommen, und da hatte sie nur kurz unter der Dusche gestanden. Der Dessla hatte mit seinem Geruch ihre Nasenschleimhäute verätzt. Darum roch sie ihn noch. Dieses Arschloch. Und was für ein Arschloch. Was für ein Scheißkerl. Was für ein Kerl.

Sie hörte sich knurren. Nicht das kehlige Knurren, das Lyks als Warnung von sich gaben. Nicht das raue Knurren, das jeden in Kenntnis setzte, hier steht ein wütender Lyk, hau besser ab. Das zu hören, hätte sie beruhigt, weil es ihr gesagt hätte, dass sie normal reagierte. Wie es sich für einen Lykomorph gehörte, wenn er an einen Dessla dachte. So klang ihr Knurren aber nicht. Was sie von sich gab, war das rollende Knurren, das als Zeichen von Wohlgefallen galt. Das Lykomorphpendant zum felidaeischen Schnurren.

Heiliger Hundehaufen.

Schlimmer als der Geruch war der Geschmack, den sie auch mit einem doppelten Bourbon nicht wegbekommen hatte. Der hatte sie nur zum Husten gebracht, geholfen hatte er nicht. Sie hatte den Desslaner hinterher immer noch auf der Zunge geschmeckt, und kaum weniger intensiv als zu dem Zeitpunkt, da sie von ihm gekostet hatte.

Von ihm gekostet? Lieber Himmel. Der Arsch hatte ihr einen Kuss aufgezwungen. Und dann hatte er auch noch seine Zunge in ihren Mund gesteckt. Wie man das bei einem Zungenkuss eben machte. Und wie sie sich gewehrt hatte. Mit Händen und Füßen, Klauen und Zähnen. Etliche blaue Flecke hatte er davongetragen und würde so was ganz bestimmt nicht nochmal versuchen.

Schön wär's.

Fakt war, es hatte ihr gefallen, und „gefallen" traf es bei Weitem noch nicht. War ja nicht so, dass sie vorher ein ungeküsstes Aschenputtel gewesen wäre. Aber, Mannomann, der Typ konnte mit seiner Zunge umgehen. Wenn er mit dem Rest genauso versiert war ...

Schluss jetzt!

Sie schnappte sich die Plastiktüte, in die sie nach dem Duschen ihre Klamotten gestopft hatte, und stieg in den Keller. Ihr Ziel: Die neue, supermoderne Pellets-Heizung, die heute mal anderes Futter bekam.

Erst öffnete sie die Befüll-Luke, anschließend die Tüte. Der Geruch, der entströmte und sie wie eine Wolke einhüllte, katapultierte sie ohne Umwege zum Zaun zurück. Sie spürte wieder, wie er ihren Hintern knetete, und was er gegen ihren Unterbauch drückte. Das eindeutige Anzeichen, dass er nichts gegen eine Intensivierung ihrer

Aktivitäten einzuwenden fand. Und ihr Körper reagierte auf die Erinnerung im Keller nicht anders als auf die Realität am Zaun.

Eine Hitzewelle durchströmte sie, die sie gleichzeitig erschreckte und anmachte. Verstörend nachdrücklich anmachte, um nicht zu sagen, erregte. Sie spürte, dass sie feucht wurde, genauso, wie es am Zaun geschehen war. Ihre Hand glitt zwischen ihre Beine und sie begann, sich zu streicheln. Oh gut. Noch besser, wäre es seine Hand.

Das durfte doch einfach nicht wahr sein.

»Scheiße«, fluchte sie leise vor sich hin und warf ihre Kleidung durch die Luke ins Feuer.

Auf dem Weg zurück in ihr Zimmer, bemühte sie sich, ihr in Wallung geratenes Blut abzukühlen, indem sie abwechselnd an Brennan und Welfredo dachte. Üblicherweise half das. Heute mischte sich allerdings ein Kopf dazwischen, der von hellblauem Haar gekrönt war und in dessen Gesicht die Augen belustigt funkelten. Das half nicht.

Auf halber Strecke kapitulierte sie. Anscheinend hatte sie ihrem eigenen Innenleben nichts entgegenzusetzen, also hörte sie auf, es zu versuchen. Sie plante, in ihrem Zimmer das spezielle Spielzeug aus der Kiste unter dem Bett zu holen, für eine Runde handgemachtes Vergnügen. Danach ginge es ihr bestimmt besser. Hoffte sie. Doch so heiß, wie sie war, bezweifelte sie stark, dass eine Runde ausreichte.

Genau in dieser Stimmung lief ihr Yagojordis über den Weg.

Dieser Lykomorph bekundete seit Jahren sein Interesse an ihr. Als Partner kam er freilich nicht infrage, dazu stand er in der Rangordnung viel zu weit unten, weil er kein reinrassiger Lykomorph war. Seine Mutter war eine normale Wolf-Gestaltwandlerin, ohne Bestie, die sie in den Vollmondnächten unter Kontrolle halten musste. Als gelegentlichen Bettgefährten für sie war Vargilio jedoch durchaus bereit, ihn zu akzeptieren. Nur war sie nicht scharf auf Yagojordis. Nie gewesen. In ihrer momentanen Verfassung allerdings kam er ihr gerade recht.

Noch ehe er etwas sagen konnte, nutzte sie das Überraschungsmoment und drückte ihn gegen die Wand.

»Orquadia, was ist denn in dich gefahren?«

Ein scheißverfluchter Desslaner. Nein, der war eben nicht in sie gefahren, das war ja das Problem.

»So kenn ich dich gar nicht.«

Krallen schossen aus ihren Fingerspitzen, mit denen sie seinen Pulli zerfetzte. Sein Körper - wer hätte das gedacht? - reagierte. Yagojordis keuchte.

»Wieso hast du deine Meinung geändert?«

»Ich will ficken«, knurrte sie und trat von ihm zurück, »wenn du lieber quatschen willst, such ich mir nen anderen.«

Das Argument überzeugte. Fest umklammerte Yagojordis ihr Handgelenk und zog sie zu sich zurück.

»Nicht so hastig.«

Eine Drehung und sie fand sich an die Wand gedrückt wieder. Sollte ihr recht sein. Seine Zähne gruben sich in ihren Hals, nicht zu fest, er brachte ihr keine Wunde bei, aber fest genug, den Deal zu besiegeln.

Zwei Schritte bis zur nächstgelegenen Zimmertür, hinter der sich was nochmal verbarg? Egal.

»Hey!«

Das Quietschen gehörte zu einer jungen Lykomorphin, die erschrocken zur Tür herumfuhr, als Yagojordis Orquadia hindurchschob.

»Raus«, quetschte er mühsam durch die Zähne, und der Teenager nahm die Beine in die Hand. Mit einem Fußtritt kickte Yagojordis die Tür zu, die das Mädchen offen gelassen hatte.

Na, toll. In fünf Minuten wusste das gesamte Rudel Bescheid.

Was für eine Rolle spielte das? Darum konnte sie sich

später kümmern, falls es sich als erforderlich entpuppte.

Yagojordis schüttelte sich von den Armen, was von seinem Pulli noch übrig war. Sie riss sich die Kleider vom Leib. Er verschlang sie mit den Augen, deren heißer Blick auf ihrer Haut brannte. Als er einen Arm ausstreckte, war sie bereit, sich von ihm niederzwingen zu lassen. Doch das tat er nicht. Vorsichtig glitten seine Finger über ihre Brust, während er die andere Hand auf ihre Wange legte.

»Du bist wunderschön«, flüsterte er.

Nein, nein, nein und nochmals nein.

»Ficken, nicht schmusen.«

Ein kurzer Augenblick des Zögerns, dann packte er sie am Arm und wirbelte sie herum. Sie bekam derart viel Schwung, dass sie nicht auf die Knie gehen musste, der Aufprall an der Sofakante erledigte das. Yagojordis war hinter ihr, bevor sie bis drei gezählt hatte. Das Geräusch eines Reißverschlusses, der hastig aufgezogen wurde, drang an ihr Ohr. Okay, jetzt hatte er es begriffen.

»Wie du willst«, zischte er und drückte ihren Kopf mit flacher Hand auf die Sitzfläche.

Keine Sekunde später spürte sie, wie er in sie eindrang. Hart, fest, schnell. Oh ja, genau so. Stöhnend stieß er in sie, es war dennoch nicht genug.

»Fester.«

Er sollte ihr den Desslaner austreiben, und Yagojordis tat sein Möglichstes. Dumm nur, dass es nicht gelang. Sie spürte die Reibung, den Druck. Sie wusste, es war Yagojordis, in ihren Gedanken war es ein anderer, der seinen Schwanz immer wieder in sie trieb. Sie hörte ihn stöhnen, in ihren Gedanken kamen diese Laute aus einem anderen Mund. Verfluchter Mist. Je intensiver sie sich von Yagojordis bearbeiten ließ, damit sie den Desslaner endlich aus dem Schädel bekam, umso mehr hämmerte er ihn in sie hinein.

Als Yagojordis wimmernd über ihr zusammenbrach,

setzte der schale Geschmack im Mund ein. Wenigstens war er auf seine Kosten gekommen, wenn sie schon so unfair gewesen war, ihn zu benutzen. Sie selbst war von auf die Kosten kommen recht weit entfernt. Sicher, körperlich war sie durchaus befriedigt. Daran, dass sie beim Vögeln keinen Orgasmus bekam, hatte sie sich vor Jahren gewöhnt. Sie hatte sich danach jedoch noch nie derart leer gefühlt.

15

Krus fand es an der Zeit, dem Fahnder, der drei Straßen von seinem Haus entfernt wohnte, einen kleinen morgendlichen Besuch abzustatten, bevor er ins Krankenhaus fuhr.

Zwei Tage war er jetzt hier und hatte noch nichts über etwaige Ermittlungsergebnisse gehört. Das gedachte er, heute zu ändern.

Jyro staunte nicht schlecht, als er die Tür öffnete.

»Krus? Guten Morgen. Was verschafft mir die Ehre deines Besuchs?«

»Ich hätte gerne gewusst, wie der Ermittlungsstand ist.«

»Der …?« Jyro fiel alles aus dem Gesicht. »Tut mir leid, darüber kann ich dir nichts sagen.«

Sah eher nach nicht wollen aus. Er war jedoch geneigt, Jyro eine Chance zu geben, bevor er beschloss, sauer zu werden.

»Ihr habt noch nichts rausgefunden?«

Wie der Fahnder seinem Blick auswich und sichtlich nach Worten suchte, hatten sie das durchaus.

»Nun?« Allmählich wurde er ungeduldig. Kein für ein Gegenüber gesunder Gemütszustand bei einem Jäger.

»Tut mir leid.«

»Das sagtest du bereits.« Jetzt war ihm die Ungeduld anzuhören und er machte auch keinen Hehl daraus.

»Als Außenstehendem geht dich der Ermittlungsstand nichts an.«

Okay, gerade hatte Jyro das Streichholz an die Zündschnur gehalten.

»Meine Partnerin liegt im Krankenhaus und spürt ihre Beine nicht«, zischte er durch Zähne, die er zusammenbiss, um die Beherrschung nicht sofort zu verlieren. »Also erzähl mir nicht, ich wäre ein Außenstehender und es ginge mich nichts an. Das sehe ich nämlich völlig anders.«

Jyro erbleichte. Gut so. Dann zog er die Tür auf und trat beiseite.

»Komm rein.«

Na also. Ging doch.

Er folgte Jyro in die Küche, wo auf einem kleinen Tischchen noch das Frühstück stand.

»Kaffee?«

»Danke, hatte ich schon. Ich will Informationen, nichts weiter.«

»Hör zu, Krus. Ich kann dir wirklich nichts sagen. Nicht, weil es nichts zu sagen gibt, sondern weil ich strikte Order habe, die Ermittlungsergebnisse zuerst dem Rat der Jäger mitzuteilen. Wenn ich dir jetzt ...«

Die Hand, die er hob, unterbrach Jyro.

»Mach dir um den Rat keine Sorgen. Zufällig ist das neue Oberhaupt Obbs ein alter Freund meines verstorbenen Vaters und für mich wie ein Zweitvater. Ich kenne ihn schon mein Leben lang. Er wird kein Problem damit haben, die Informationen von dir über mich zu erhalten, und dir bestimmt keine Schwierigkeiten machen, wenn du sie mir gibst.«

Er zog sein Handy aus der Tasche und zeigte es Jyro.

»Aber wir können Obbs auch anrufen und ihn fragen, wenn dir das lieber ist. Um die Uhrzeit ist er üblicherweise schon wach.«

Jyro betrachtete das Handy, während er überlegte. Schließlich schüttelte er den Kopf.

»Das wird nicht nötig sein. Na schön. Zunächst einmal, der Anschlag hat nicht Ara sondern Inkia gegolten.«

Ach. Und wann wollte Jyro ihm erzählen, was er noch nicht wusste?

»Die Spurensicherung hat die Flugbahnen rekonstruiert und es besteht kein Zweifel daran, dass sie das Ziel war. Um genau zu sein, ihr Baby.«

Was? Wer war denn bitte so krank? Das konnte nicht sein.

»Irgendjemand hat etwas dagegen, dass Inkia Gors Baby zur Welt bringt.«

Okay, verhört hatte er sich demnach nicht. Trotzdem konnte und wollte er es nicht glauben.

»Schon eine Idee, wer dieser Jemand sein könnte?«

»Leider nein. Wie wir es auch drehen und wenden, wir finden kein Motiv.«

Das grenzte den Kreis der Verdächtigen nicht gerade ein, brachte ihn nicht mal auf ein überschaubares Maß. Im Grunde kam jeder infrage. Oder niemand.

»Und der Lieferwagen?«

»Wurde gestern gefunden. Ausgebrannt. Keine verwertbaren Spuren. Die Fahrgestellnummer hat nur ergeben, dass er kurz zuvor als gestohlen gemeldet worden ist.«

»Scheiße.« Und das war noch untertrieben. »Davon darf Gor auf keinen Fall erfahren.«

»Wieso nicht?«

Weil Gor durchdrehen würde. Er brachte es fertig und zog eine Zehn-Meter-Mauer mit Selbstschussanlage ums Haus, um seine Tasha in Sicherheit zu wissen. Zudem war er bereits sauer genug. Wenn er davon wüsste, könnte er sich nicht auf seine neue Aufgabe konzentrieren. Was echt übel wäre. Außerdem durfte Inkia nicht davon erfahren, und Gor konnte doch nichts vor ihr verbergen.

»Weil ich es sage. Du wirst niemandem außer mir berichten und ihm kein Sterbenswörtchen sagen. Verstanden?«

»Und was wird er machen, wenn er mitbekommt, dass ich ihm etwas verschweige?«

So, wie er seinen Boss kannte, würde Gor dem Fahnder die Fresse polieren.

»Sag ihm, was du mir gesagt hast. Dass du nichts sagen darfst, weil du zuerst dem Rat berichten musst. Aber ersetze das zuerst durch ausschließlich.«

Was Jyro nicht vor einer Tracht Prügel bewahren würde, wenn Gor die für angebracht hielt, aber das musste er ihm ja nicht auf die Nase binden.

»Wir haben Gor geraten, Inkia durch Kriegerinnen im Haus beschützen zu lassen, sobald er nach England zurückfliegt.«

»Gute Idee.«

»Außerdem wird das Haus seit dem Anschlag observiert. Dabei ist aber noch nichts rausgekommen. Das einzig Auffällige ist ein alter Polo mit Münchner Kennzeichen, der häufiger in der Gegend parkt und den die Nachbarn vorher nicht bemerkt haben.«

Alter Polo mit Münchner Kennzeichen? Erinnerte ihn an die SMS, die er von Inkia erhalten hatte. Was er Jyro umgehend erzählte, der ihm versprach, der Sache nachzugehen. Die einzige Spur, die es momentan gab.

Nachdem das geklärt war, verabschiedete er sich. Die Sache bereitete ihm Magenschmerzen, und die hatte er noch, als er auf dem Krankenhausparkplatz ankam. Doch jetzt musste er seine Besorgnis in Sachen Inkia und deren Baby beiseiteschieben, was nicht sonderlich schwierig war, denn jetzt stand etwas auf dem Plan, das viel wichtiger war: Ara.

~ * ~

Für Ara waren die Therapiesitzungen am schönsten, bevor sie anfingen. Weil sie da mit Krus noch allein im Schwimmbad war. Sie gingen immer eine Viertelstunde vor Therapiebeginn hinunter, damit die Wassergewöhnprozedur der Therapeutin nicht unnötig Zeit stahl. Naja, sie waren fast allein. Der Pfleger war anwesend, aber den konnte man leicht ignorieren.

Mittlerweile brauchte es die Gewöhnungszeit nicht

mehr, das war ihr ebenso klar wie Krus, trotzdem vollzogen sie sie. Ob der Grund darin lag, dass er es als genauso schön empfand wie sie? Unwahrscheinlich. Viel eher lag die Begründung darin, dass er auf Nummer sicher gehen wollte.

Nichtsdestotrotz genoss sie es. Und wie. Unter anderen Umständen würde sie unentwegt lachen und singen. Möglicherweise sogar mit ihm rumalbern. Halt. Stopp. Da würde er nie mitmachen. Ein Jäger alberte vielleicht herum, außerhalb der Öffentlichkeit und wenn er sich unbeobachtet fühlte. Ein Krus tat das mit Sicherheit nicht.

Während der Sitzungen war das Schönste der Blickkontakt, den Krus annähernd ununterbrochen hielt, was für ihn mehr als außergewöhnlich war. Er hatte wunderschöne Augen. Und dieses unglaubliche Grün. Dunkel und intensiv. Es gab nichts auf der ganzen, weiten Welt, das sie lieber betrachtete als diese Augen, dieses Gesicht, das trotz der Vernarbung schön war, diesen perfekten Körper. Diesen Mann, der in ihren Augen makellos war, wenn man die Tatsache, dass er sie nicht wollte, nicht als Makel betrachtete. Nur ab und zu unterbrach er den Blickkontakt. Zum Beispiel, wenn die Therapeutin eine Anweisung erteilte oder ihn direkt ansprach.

Wie jetzt. »Mach das nochmal.«

Hm? Krus hatte gar nichts gemacht. Sein fragender Blick drückte dasselbe aus.

»Du hast gerade mit den Zehen gewackelt, Ara.«

Nein, hatte sie nicht. Ganz bestimmt nicht. Das hätte sie doch gemerkt.

»Komm schon, versuch es«, forderte Krus sie auf. Die Intensität seines Blicks galt jetzt ihren Beinen beziehungsweise Füßen.

Klar. Sobald sie wieder Kontrolle über ihre Gliedmaßen hatte, brauchte sie die Therapie nicht mehr, was bedeutete, er musste nicht mehr herkommen, sich nicht mehr mit ihrer Gegenwart belasten. Schien, als könne er es kaum erwarten.

Aber es ging nicht. Definitiv nicht. Obwohl sie sich redlich bemühte. Ganz echt und ehrlich. Nichts tat sich. Weder brachte sie ihre Zehen dazu, sich zu bewegen, noch fühlte sie etwas. Auch als die Therapeutin sie kniff, während Krus ihr die Augen zuhielt, spürte sie es nicht.

»Vielleicht hab ich mich getäuscht«, meinte die Therapeutin, doch ihre Stimme klang nicht danach. »Okay, Schluss für heute. Wir machen morgen weiter.«

Nein, noch nicht. Die Stunde war noch nicht vorbei. Und wieso morgen? Was war mit den beiden anderen Sitzungen von heute?

Doch Krus war schon auf dem Weg aus dem Becken. Wie erleichtert er aussah. Ja, er konnte es wirklich nicht erwarten - von ihr wegzukommen.

16

Während Krus auf dem Weg zu Aras Zimmer war, um sie für die Wassertherapie abzuholen, wusste er nicht, was er empfinden sollte.

Gestern, als die Therapeutin gesagt hatte, Ara hätte mit den Zehen gewackelt, hatte er sich ehrlich gefreut. Weil das Zehenwackeln bedeutete, dass Ara auf dem Weg der Besserung war. Er war so erleichtert gewesen. Bis er gemerkt hatte, was das hieß.

Obwohl erst Inkia ihn mit der Nase darauf hatte stoßen müssen, nachdem er es ihr und Gor erzählt hatte. Mit den einfachen Worten ›Dann werdet ihr also bald nach England zurückfliegen.‹

Erst in diesem Moment war ihm klargeworden, dass Zehenwackeln bedeutete, das Gefühl kehrte in Aras Beine zurück. Und sobald es wieder da war, brauchte sie die Therapie nicht mehr. Brauchte sie ihn nicht mehr.

Nein, er wusste wirklich nicht, was er empfinden sollte. Natürlich wünschte er es sich für sie. Auf der anderen Seite jedoch ...

Er hatte gehofft, ein bisschen länger mit ihr zusammen sein zu können. Es war wundervoll gewesen, sie im Arm zu halten und dabei so zu tun als ob. Sich vorzumachen, es wäre nicht bloß zu therapeutischen Zwecken. Sich einzubilden, dass sie es ebenso schön fand wie er und es nicht nur geschehen ließ, weil sie die Therapie brauchte. Sich vorzustellen, dass er sie hielt und sie sich von ihm halten ließ, weil sie seine Partnerin war, und dass sie weitergehen würden, wenn niemand sonst anwesend wäre. Hirngespinste, das wusste er, hatte es die ganze Zeit gewusst. Dennoch hatte er ihnen nachgegeben, weil die Illusion einfach zu verlockend gewesen war.

Vor dem Zimmer atmete er tief durch, um sich für das Zusammensein mit ihr zu rüsten, machte sich durch ein kurzes Klopfen bemerkbar und trat ein.

Himmel. Was war denn hier los? Eine Armada an Ärzten nebst der Therapeutin und Aras Mutter standen um das Bett herum, auf dessen Kante Ara saß. Sie saß.

»Du kommst genau richtig. Da Ryst nicht hier sein kann, können wir deine Hilfe gut gebrauchen«, begrüßte ihn der Chefarzt mit einem Lächeln. »Keiner von uns ist groß und kräftig genug, Ara zu halten, wenn wir sie jetzt auf ihre Füße stellen.«

Auf ihre ... Füße stellen? Heiliger. Scheißdreck.

Dass es so schnell gehen würde, hatte er nicht erwartet. Das machte alles zunichte, was er sich für heute vorgenommen hatte. Nämlich, Ara zu sagen, dass er ihr nicht geholfen hatte, weil er sich dazu verpflichtet fühlte, sondern, weil er es gern getan hatte. Das hatte er ihr allerdings sagen wollen, wenn sie allein waren. Vor solch großem Publikum? In eine derart peinliche Situation würde er sie nicht bringen. Eher biss er sich die Zunge ab.

Als der Arzt ihn ans Bett winkte, gehorchte er, als wäre er eine Marionette, an deren Strippen gezogen worden war. Er sah, wie sich die Lippen des Arztes bewegten, während ihm Erläuterungen zuteilwurden, und merkte, wie er nickte, obwohl er nicht das Gefühl hatte, auch nur ein Wort mitbekommen zu haben. Schon hob er Ara von der Bettkante hoch.

Komisch. Die letzten paar Mal, als er sie auf dem Arm gehabt hatte, waren sie beide weit weniger bekleidet gewesen. Trotzdem berührte es ihn jetzt tiefer. Weil es das letzte Mal war? Nein, damit hatte das nichts zu tun. Was er gerade empfand, gehörte in eine ganz andere Kategorie von Gefühl. Das war nichts Emotionales, sondern, verflucht noch eins, körperlich.

Er hatte die Frau auf dem Arm, die er liebte und, nebenbei bemerkt, seit beinahe elf Jahren begehrte. Sie standen neben einem Bett, und während ihr Erdbeerduft, den er hier drin nicht länger verdrängen konnte, wie er das im gechlorten Schwimmbad schaffte, ihn betörte, war das Letzte, was er wollte, sie auf ihre Füße zu stellen.

Für einen Augenblick blieb die Zeit stehen, um dann in Lichtgeschwindigkeit rückwärts zu laufen. Zehn Jahre und zehn Monate in die Vergangenheit. In den Tempel, den Zeremoniensaal, der nur von Kerzen beleuchtet war, und zu einem Altar, auf den er Ara bettete.

Die Erinnerung fuhr ihm so lebendig und gewaltig in die Lenden, dass er ein Stöhnen nur mühsam unterdrücken konnte. Diese Anstrengung brachte ihn in das Krankenzimmer zurück. Und zu der Aufgabe, die er zu erledigen hatte. Was seinen Schwanz, der ihm gerade verdeutlichte, wie knapp es in einer Jeans werden konnte, kein bisschen interessierte oder irritierte. Hoffentlich merkte es niemand.

Wie im Wasser zog er vorsichtig den Arm unter ihren Kniekehlen weg. Erst mal bei einem Bein. Es fiel nicht herab wie ein Stein, was bedeutete, die Muskeln funktionierten und hielten es. Also auch das zweite. Langsam senkten sich Aras Beine. Ihre Fußsohlen berührten den Boden, doch noch war es sein anderer Arm, der ihr Gewicht hielt. Was es nun zu ändern galt, wie der Arzt ihm erklärt hatte. Mehr und mehr lockerte er den Griff. Als er den Arm ganz wegnahm, knickten ihre Knie ein, sie vollführte eine Vierteldrehung und fiel gegen ihn. Er bekam sie gerade noch zu halten, bevor sie ganz umfallen konnte. Dabei wurde ihr Unterleib gegen seinen gedrückt.

Oh verdammt.

Die Arme, die sich an ihn klammerten, verhinderten den Rückwärtssalto, zu dem er schon ansetzte, um seinen Körper aus der Gefahrenzone zu bringen. Und als ein neuer Geruch in seine Nase stieg, vergaß er jeglichen Gedanken an Flucht.

Zartbitterschokolade?

Jetzt erst sah er ihr ins Gesicht, und was er sah, verschlug ihm den Atem. Besser gesagt, was er nicht sah. Keine Abscheu, kein Ekel, keine Zurückweisung. Sie wandte die Augen nicht ab, sondern erwiderte seinen Blick, offen und direkt. Der Drang, sie zu küssen, wurde übermächtig. Er wusste, dass er ihm nicht standhalten konnte. Und das auch gar nicht wollte.

Aus weiter, sehr weiter Ferne rief jemand seinen Namen. Es interessierte ihn nicht. Wer immer es war, sollte er doch heiser werden. Dann eine Hand auf seiner Schulter.

~*~

Ara war nicht sicher, ob das, was sie spürte, real war oder Einbildung. War das wirklich eine Erektion, die sich da gerade gegen ihren Unterbauch drückte? Das konnte nicht sein. Absolut unmöglich. Und doch, es war so. Krus reagierte auf den unverhofften und unbeabsichtigten Körperkontakt, und er reagierte nicht mit Unbehagen und Widerwillen, sondern dem Gegenteil. Er reagierte körperlich, mit Erregung.

Die Erkenntnis ließ ihre Beine unbedeutend werden. Ob sie ein Gefühl darin hatte oder nicht, ob sie darauf stehen konnte oder nicht. Was spielte das für eine Rolle? Im Moment war das alles andere als wichtig. Das einzige Gefühl, das jetzt noch zählte, war das der Wärme, die sich in ihr ausdehnte. Das Kribbeln, das sich, ausgehend von ihrem Unterleib, über die gesamte Oberfläche ihrer Haut ausbreitete. Die deutlich spürbare Reaktion seines Körpers brachte ihren eigenen auf Touren, verwandelte ihn in eine Stimmgabel.

Sie suchte den Augenkontakt mit ihm im gleichen Moment, als er dasselbe tat. Als sich ihre Blicke trafen, durchfuhr es sie wie ein Peitschenhieb – einem der nicht schmerzhaften Sorte. Für einen Augenblick stand Erstaunen in seinem Gesicht, als hätte er anderes zu sehen erwartet. Doch nicht lang, bis er bereit schien zu akzeptieren, dass der für ihn überraschende Anblick echt war. Der Ausdruck verschwand und änderte sich in ... Wenn sie es nicht besser wüsste, sie würde es für Liebe halten. In Wahrheit war es vermutlich nur die mimische Entsprechung zu dem, was sich ein paar Etagen tiefer bei ihm tat.

Aber es war ein Anfang. Und sie wollte verdammt sein, wenn sie die Gelegenheit nicht beim Schopfe packte. Zumal er nicht den Eindruck vermittelte, als würde er sich mit Händen und Füßen wehren. So, wie sich sein Griff um sie gerade verstärkte.

Als sich seine Lippen öffneten, nicht, als würde er etwas sagen wollen, sondern nur leicht, als hätte er vor, sie zu küssen, blieb die Welt um sie herum stehen. Nichts wünschte sie sich sehnlicher als einen Kuss. Einen ersten Kuss, dem hoffentlich noch viele weitere folgten.

Eine Hand, die sich auf seine Schulter legte, brach den Bann. Er schüttelte den Kopf, als würde er unsinnige Gedanken vertreiben wollen, und drehte ihn zu dem Besitzer der Hand, dem sie selbige am liebsten abgehackt hätte. Gut, dass kein Beil in der Nähe lag.

»Um zu erfahren, ob sie selbstständig stehen kann, musst du sie loslassen«, meinte der Chefarzt.

Nein, nicht loslassen.

Doch Krus nickte und schon spürte sie, wie sich seine Umarmung lockerte. Sie konnte es nicht aufhalten. Schließlich hielt nur noch sie sich an ihm fest. Seine Arme hingen seitlich an seinem Körper herunter. Exakt so lange, bis er sie anhob, um sich von ihren Händen zu befreien. Als er diesen letzten Kontakt abbrach, war sie versucht, ein neuerliches Straucheln vorzutäuschen, um wieder von ihm gehalten zu werden. Aber das wäre nicht fair, denn im Grunde wollte er sie ja gar nicht halten. Ungeachtet dessen, welche Signale sein Körper ausgesendet hatte, in Wirklichkeit hatten sie nicht ihr gegolten. Es war die rein biologische Reaktion eines Mannes auf den Körper einer Frau gewesen. Nicht die Reaktion von Krus auf Ara. Und sie würde ihn nicht zwingen zu erdulden, was er nicht wollte.

Er blieb wachsam, auch als er einen Schritt zurücktrat. Jederzeit bereit, sie aufzufangen, sollte sie fallen. Sie fiel nicht. Sie stand.

Ihre Mutter seufzte erleichtert, die versammelte Ärztemannschaft klatschte Beifall. Krus machte noch einen weiteren Schritt rückwärts. Und noch einen und noch einen. Der Chefarzt und einer seiner Assistenten füllten die Lücke, die Krus auf diese Weise schuf. Die anderen Ärzte folgten. Sie drängten Krus immer weiter von ihr weg. Als sie von plappernden Ärzten umringt war, die auf sie einschwatzten, ohne dass sie ihnen zuhörte, und an ihr zupften und zogen, war alles, was Ara sah, wie Krus sich entfernte. Wie seine Schultern herabfielen, bevor er sich umdrehte und aus dem Zimmer ging.

»Krus.«

Doch es war zu spät. Er war weg.

Unendliche Schwere überfiel sie. Sie konnte die aufgeregten Ärzte und ihr Gegacker kaum noch ertragen.

»Du siehst müde aus.« Ihre Mutter war ebenfalls hinzugetreten. Mit nachdenklichem Blick, der Ara forschend musterte. Sie wandte sich an die Ärzteschaft. »Ich glaube, das war für den Moment genug Aufregung für meine Tochter. Wir sollten sie jetzt ausruhen lassen.«

Mama war die Beste. Sie hatte sofort gespottet, was Ara jetzt am dringendsten brauchte.

Nachdem sich das Zimmer geleert hatte und sie auf ihrem Bett saß, trat ihre Mutter nochmal an sie heran und legte ihr den Arm um die Schultern.

»Ich hab mitbekommen, was sich da am Entwickeln war, und noch versucht, die Ärzte rauszulotsen, damit ihr allein und ungestört seid. Aber sie waren so aufgeregt, dass sie es nicht verstanden haben. Tut mir leid, Kleines.«

So nah dran, und dann hatten Leute, die ihr doch eigentlich helfen sollten, alles zunichtegemacht.

»Aber, hey, wenn es einmal passiert ist, kann es wieder passieren.« Mutter drückte ihr die Lippen auf die Stirn. »Gib die Hoffnung nicht auf.«

Hoffnung? Auf was?

Krus hat seine Tasha zu sehr geliebt, er kann sie einfach nicht loslassen. Er würde Aras Liebe nicht mal dann wahrnehmen, wenn sie mit roten Fahnen vor seinen Augen herumwedeln, ihn direkt anspringen oder ihm in den Arsch beißen würde. Weil er sie nicht will. Weder Ara noch ihre Liebe.

Mera hatte so was von Recht. Krus wollte ihre Liebe nicht und er würde sie nie erwidern. Auf was also sollte sie hoffen? Auf Sex? Das war nur ein kleiner Teil dessen, was sie sich von ihm wünschte. Doch, um ehrlich zu sein, sie wäre damit zufrieden. Für den Anfang und eine Weile zumindest.

Wenn es einmal passiert ist, kann es wieder passieren.

Klar. Mit ihm in England und ihr in Deutschland? Wohl kaum.

17

Krus war echt mies drauf. Die Zeit mit Ara hatte ihn völlig fertiggemacht, dabei war es bloß dreimal pro Tag je eine Stunde gewesen, und das lediglich an den ersten zwei von drei Tagen. Am vierten Morgen war das Gefühl in Aras Beine zurückgekehrt und seine Dienste waren nicht mehr gebraucht worden.

Gor und er waren noch am selben Abend nach London zurückgeflogen, was sein Boss sowieso vorgehabt hatte.

Scheiße, er vermisste Ara, was genau der Grund war, warum er sich vehement gegen ein Zusammenleben mit ihr sträubte. Er wollte, er durfte sich nicht an ihre Gesellschaft gewöhnen, weil er sie dann ständig um sich haben wollte - und sie damit quälen würde. Von diesen drei Tagen musste er bis an sein Lebensende zehren, was für einen Unsterblichen ein verdammt langer Zeitraum sein konnte, der, wenn er Glück hatte, durch den Krieg immens abgekürzt wurde.

Aber das war nichts im Vergleich zu Gors Laune. Schon in Deutschland war die seines Bosses nur in Inkias Gegenwart als einigermaßen erträglich zu bezeichnen gewesen, beim Abflug hatte sie sich als ernsthaft eingetrübt gezeigt. Nicht weiter verwunderlich. Und dann, während des Fluges, hatte er Gor von dem Polo erzählt.

Jyro hatte ihm berichtet, dass zwei Desslaner, unter der Vorspiegelung einer Marktforschungsumfrage, bei der Adresse aufgeschlagen waren, die zu dem Kennzeichen gehörte. Fehlanzeige. Die junge Menschenfrau, Melissa Gordon, die ihnen geöffnet hatte, stand in keinerlei Verbindungen zu den Dessla und schien unbescholten zu sein. Mann, dass Gor ihm nicht den Kopf abgebissen oder ihn aus dem Flieger geworfen hatte, weil er es ihm nicht gleich erzählt hatte, war alles.

Eine Viertelstunde nach ihrer Ankunft auf dem Landsitz war Gors Laune dann endgültig verpufft. Temms Bericht hatte auch nicht viel Spielraum für positive Gedanken gelassen.

Die Anführer der UK-Jägergruppen waren auf Konfrontationskurs und ließen daran keinen Zweifel aufkommen. Die Tatsache, einen bisher unscheinbaren Anführer, noch dazu aus Deutschland stammend, vor die Nase gesetzt zu bekommen, wäre schon schlimm genug, sich von diesem Möchtegern dann aber dadurch demütigen lassen zu müssen, dass er ihnen einen Vertreter schickte, wäre nicht hinnehmbar. Sie hatten das zweite Treffen verlassen, bevor es richtig losgegangen war und Temm ein einziges Wort hatte sagen können.

Das hatte dann auch seine eigene Laune von mies auf den Nullpunkt sinken lassen.

Was dachten diese hirnlosen Idioten eigentlich, worum es hier ging? Irgendein dämliches Kompetenzgerangel in Ermangelung besserer Zeitvertreibe?

Gor war stinksauer, was Krus ihm nicht im Geringsten verdenken konnte. Apropos miese Laune. Die waberte durchs Haus, als hätte man eine Käseglocke über das Anwesen gestülpt, die Negatives ein- und Positives ausschloss.

Dass sich Jill von dem Seitenhieb beim ersten Treffen in Sachen Degradierung noch nicht erholt hatte, war keine große Überraschung. Sein Fell war noch nicht dick genug gewachsen, um Sticheleien ohne Weiteres wegzustecken. Zegg machte ebenfalls ein Gesicht wie fünf Wochen Regenwetter, und Krus wollte sich gar nicht ausmalen, warum. Hatte vermutlich mit dem Gerücht um Xirte zu tun, das während seiner Abwesenheit sicherlich nicht verstummt war. Sogar Skalls ansonsten unerschütterlicher Frohsinn hatte sich eine Auszeit genommen und war in

Urlaub gefahren, und der Jäger hing rum wie ein Schluck Wasser in der Kurve. Krus konnte sich nicht erinnern, Skall jemals derart nachdenklich erlebt zu haben wie jetzt, und er ließ nicht raus, was los war. Die einzigen beiden, die nicht betroffen waren und sich normal verhielten, waren Manus und Temm. Wobei, für Temm galt das nur, weil miese Laune bei ihm zur Grundausstattung gehörte.

Keine guten Voraussetzungen für den nächsten Versuch, mit den Anführern einen Strang zu finden, an dem sie gemeinsam ziehen konnten. Der startete, sobald die Jäger eintrafen. Falls sie kamen. Zu spät waren sie schon. Wenn das mal nicht in die Hose ging. Man ließ Gor nicht ohne Begründung warten, darauf reagierte er ziemlich empfindlich.

Wie aufs Stichwort kündete ein Lärmen aus der Eingangshalle von der Ankunft mehrerer Personen. Klang wie Springerstiefel auf Stein, also mussten es die Anführer sein, die hoffentlich vollzählig waren, sonst war für nichts zu garantieren.

Gor starrte jetzt schon auf die Tür, als wäre er in eine Abschussvorrichtung gespannt und würde darauf warten, einen Auslöser zu bekommen. Es kam ihm vor, als könne er die Spannfedern an Gors Hintern regelrecht sehen.

Als Erster betrat Chyk den Ballsaal, in dem das Treffen stattfand, und bestätigte damit den Eindruck des ersten Treffens, dass er zum Anführer der Anführer ernannt worden war. Nach ihm kamen alle anderen, bis auf einen. Arschloch war nicht gekommen.

Das entging auch Gor nicht. »Fehlt da nicht einer?«

Chyk lächelte. »Ich grüße dich auch, Gor. Ja, du hast richtig gezählt. Kurz nach dem ersten Treffen wurde einer von uns vom Rat abberufen und bisher noch nicht ersetzt.«

Aha. Obbs, der beste Freund seines verstorbenen

Vaters und für ihn zeit seines Lebens ein Zweitvater, hatte seine neue Position als Ratsoberhaupt also genutzt und hart durchgegriffen, um den Provokateur aus dem Weg zu räumen. Das ließ hoffen, dass sie sich heute aufs Wesentliche konzentrieren konnten. Obwohl die verbissenen Gesichter und die abwehrend vor der Brust verschränkten Arme ihrer Gäste eher das Gegenteil vermuten ließen.

»Kommen wir gleich zur Sache«, meinte Gor, »und verschwenden nicht noch mehr Zeit, als ihr es mit eurer Weigerung, mit Temm zu sprechen, schon getan habt.«

Autsch. So zog Gor die Anführer wahrlich nicht auf seine Seite. Impolite nannten die Briten solch ein Verhalten, und in ihrer Abneigung gegen die Missachtung jeglicher Höflichkeitsfloskeln unterschieden sich die britischen Dessla kein bisschen von den Menschen.

»Wir haben Zeit verschwendet?«, rief einer aus der Menge. »Wer war beim letzten Treffen denn nicht anwesend? Wem war es denn wichtiger, Matratzensport mit seiner Tasha zu betreiben und die Liebesbeweis-Tätowierung ums Auge um einen weiteren Schnörkel zu ergänzen, anstatt an einer angeblich wichtigen Besprechung teilzunehmen?«

»Und so einer will uns führen«, schnaubte ein anderer.

Na, das fing ja gut an. Hoffentlich ging Gor nicht darauf ein.

Er bekam keine Chance dazu. Als wäre der Startschuss zu einem Wettrennen gefallen, meldete sich der nächste ungefragt zu Wort.

»Er ist dessen nicht würdig. Es gibt nur einen Jäger, der diese Position verdient hat. Braa. Und das ist auch der Einzige, dem ich folgen werde.«

Zustimmendes Gemurmel und ›Genau‹- sowie ›Richtig‹-Rufe quittierten diese Bemerkung. Fuck. Das hier würde nicht gut ausgehen. Auf keinen Fall.

»Was heißt hier will?«, polterte Gor los und brachte die Jäger damit zum Schweigen. »Seh ich vielleicht so aus, als würde ich nichts lieber tun, als Krieg gegen die Lykomorphe zu führen? Meint ihr, ich bin scharf darauf, mich mit einem Haufen Deppen rumzuschlagen, denen Rangfolgen wichtiger sind als alles andere? Glaubt ihr, ich hab mich um den Job gerissen? Dann seid ihr noch bescheuerter, als ich bisher dachte.«

Nicht gut ausgehen war die Untertreibung des Jahrhunderts. Momentan sah es aus, als wäre ein Krieg gegen die Lykomorphe ein Spaziergang im Vergleich zu dem Krieg, der sich gerade anbahnte. Und Gor hatte noch nicht mal etwas zu dem angeblichen Matratzensport gesagt. Möglicherweise oder, besser gesagt, hoffentlich hatte er es im Eifer des Gefechts nicht mitbekommen.

»Ein Haufen Deppen und bescheuert, dafür hältst du uns also.«

Man merkte Chyk die knapp siebenhundert Jahre an, die er auf dem Buckel hatte, denn Gors Explosion brachte ihn kein Stück aus der Ruhe. Und das war genau das, was sie alle jetzt brauchten. Einen ruhenden Pol.

»Schade. Ich, für meinen Teil, war bereit, die Möglichkeit für ein partnerschaftliches Miteinander zu finden. Zumal an dir ja kein Weg vorbeiführt, da du von Dessmon selbst zum Anführer auserkoren wurdest.«

»Behauptet er.«

Diesen Zwischenrufer konnte Krus in der Menge nicht identifizieren.

»Zufällig entspricht das der Wahrheit.«

Wie ein Mann drehten sich alle zu der Stimme um. Im Türrahmen stand der Erste Wächter. Verdammt nochmal, wo war der denn so plötzlich hergekommen? Und wie?

»Ihr könnt an Gors Worten zweifeln. Oder an denen des Königs und des Zirkels. Aber wagt ihr es auch, mich der Lüge zu bezichtigen?«

Natürlich meldete sich niemand. Der Erste Wächter nickte lächelnd.

»Gut. Das ist die Botschaft, die Dessmon mir auftrug, euch zu überbringen. Gor ist derjenige, den das Schicksal ausgewählt hat, die Gesamtheit der Dessla in den Krieg zu führen. Ihr könnt ihm folgen oder nicht, denn ihr habt einen freien Willen und es ist eure Wahl. Ihr könnt ein Teil des Ganzen sein oder unter der Führung eines anderen eine eigene kleine Gruppe bilden. Entscheidet euch. Jetzt. Und dann steht zu und hinter dieser Entscheidung.«

Betretenes Schweigen folgte den Worten des göttlichen Sprachrohrs. Die Nachricht war unmissverständlich. Die Jäger konnten Gor durchaus ablehnen, nur würden sie dadurch an seiner Führerschaft nichts ändern, wie sie es wohl insgeheim geplant hatten.

»Meine Entscheidung steht.«

Chyk war der Erste, der sich äußerte, und wie er sich entschieden hatte war klar, bevor er es aussprach. Er trat vor Gor und streckte ihm die Hand hin.

»Wenn du einen bescheuerten Deppen wie mich haben willst.«

»Wenn alle bescheuerten Deppen sind wie du, nehme ich jeden einzelnen mit Kusshand.«

Gor schlug ein und die Sache zwischen den beiden war besiegelt. Blieben noch die restlichen Jäger.

Einer nach dem anderen traf seine Entscheidung, ohne ein Wort darüber zu verlieren. Sie spalteten sich in zwei Lager. Diejenigen, die zu Chyk traten, und die, die sich zu Braa gesellten.

»Jetzt liegt es an dir«, meinte der Erste Wächter und blickte der lebenden Legende, die sich bisher nicht geäußert hatte, in die Augen. Braa nickte stumm und betrachtete seinerseits Gor. Lange und eingehend.

»Denkst du wirklich darüber nach, einem Mann zu folgen, der aus deinem einzigen Sohn ein Nichts gemacht hat?«, fragte einer seiner Anhänger leise, jedoch nicht leise genug, dass es in dem um ihn herrschenden Schweigen nicht deutlich zu verstehen war.

»Ich bin kein Nichts«, widersprach Jill heftig, dann wandte er sich direkt an seinen Vater. »Ich weiß, dass ich eine riesen Enttäuschung für dich bin. Du bist der beste Jäger aller Dessla, und natürlich hast du von deinem einzigen Sohn erwartet, in deine Fußstapfen zu treten und ebenfalls ein erfolgreicher Jäger zu sein. Aber, Vater, das bin ich nicht. Ich tauge nicht zum Jäger, und soll ich dir sagen, warum?«

Braa antwortete nicht, aber zumindest sah er Jill an, was bisher nicht der Fall gewesen war.

»Ich habe keinen Geruchssinn.«

»Was?«

Genau dasselbe hatte er auch gerade gedacht. Ebenso wie Gor, Temm und all die anderen. Es stand jedem deutlich im Gesicht geschrieben. Nur der Erste Wächter schien nicht überrascht.

»Ich würde einen Misthaufen nicht mal riechen, wenn ich mittendrin sitze. Und was für eine Art Jäger ist das, der nichts riechen kann? Ich sag es dir, Vater. Ein unzuverlässiger, nein, ein für seine eigenen Mitstreiter gefährlicher Jäger. Mein Anführer wäre beinahe draufgegangen, weil ich den Feind nicht gerochen habe. Hast du eine Vorstellung, wie ich mich danach gefühlt habe?«

Deshalb also hatte sich Estobar von hinten an Jill heranschleichen und ihn niederknüppeln können. Verdammt, und sie alle hatten gedacht, das wäre geschehen, weil Jill mit den Gedanken woanders war. Sie alle hatten ihm Vorwürfe gemacht, manche heimlich und für sich, andere ganz offen. Scheiße.

»Das wusste ich nicht«, sagte Braa leise.

»Bis heute wusste niemand davon. Mutter dachte, es wäre besser, es geheim zu halten, auch und vor allem vor dir. Ein Irrtum, der Gor fast das Leben gekostet hätte.«

»Du hättest es mir sagen müssen.« Gor trat zu Jill, der dessen Blick auswich, und umgriff seinen Oberarm.

»Wenn ich es gewusst hätte, hätte ich dich gleich deinen Fähigkeiten entsprechend eingesetzt, anstatt dich in eine Rolle hineinzupressen, die dir nicht liegt.«

Jill hob den Kopf und sah Gor an, als hätte der ein drittes Auge auf der Stirn. »Du hättest mich trotzdem genommen?«

Gor zuckte mit den Achseln. »Ich hab dich nach dem Vorfall mit Estobar behalten, oder nicht? Warum, denkst du, hab ich das? Wieso hab ich nicht gleich einen erfahreneren Jäger als dich ausgewählt? Optionen gab es genügend. Weil du Braas Sohn bist? Nein. Weil von Anfang an dein technischer Sachverstand der ausschlaggebende Grund war, aus dem ich dich in meiner Truppe haben wollte. Ich wünschte wirklich, du hättest mit mir gesprochen.«

»Ich auch, und ich danke dir.«

»Nein, Jill, ich danke dir. Für die Bereicherung, die du für meine Truppe bist.«

Ob sich Gor bewusst war, dass er damit eine volle Breitseite auf Braa abschoss? Eher nicht, und es war unwahrscheinlich, dass er das beabsichtigte. Nichtsdestotrotz verhielt es sich so.

»Du irrst dich, Jill.«

Alle Augen richteten sich auf Braa, nicht nur die seines Sohnes.

»Du bist keine Enttäuschung und warst es nie. Ich war wütend auf Gor, weil ich dachte, er führt über dich den Konkurrenzkampf mit mir fort, den sein Vater angefangen hat und nicht zu Ende führen konnte. Ich hab mich getäuscht. Er hat etwas in dir gesehen, das ich nicht sehen konnte, und gefördert, was ich nicht wahrnahm. Ich liebe dich, Sohn, und nichts, was du tust, kann mich enttäuschen, solange es dich glücklich macht.«

Mit einer derartigen Erklärung hatte wohl niemand

gerechnet, am allerwenigsten Jill. Tränen traten in seine Augen, und nicht nur in seine, als Braa zu ihm ging und ihn umarmte.

Auch Krus schluckte an einem imaginären Kloß, der sich in seinem Hals gebildet hatte. Emotionale Situationen gingen ihm näher, als er jemals zugeben würde, vor allem jetzt nach der Zeit, die er mit Ara hatte verbringen müssen, können, dürfen.

Die beiden Männer, Vater und Sohn, die aussahen wie Brüder, umarmten sich schweigend für eine Minute oder zwei, bis Braa sich löste, ohne seinen Sohn freizugeben. Fest blickte er Jill in die Augen.

»Vertraust du deinem Anführer?«

»Bedingungslos. Ich würde ihm mein Leben anvertrauen.«

Wow. Jetzt blinzelte sogar Gor. Wenn das kein Miese-Laune-Killer für ihren Chef war, wusste er nicht, was einer sein könnte. Außer Inkia natürlich.

Braa nickte. »Dann tu ich es auch.«

Damit war es entschieden. Tja, wer hätte das vor einer halben Stunde gedacht? Von den im Saal Anwesenden sicher keiner.

»Wir haben gewonnen«, flüsterte Skall sichtlich beeindruckt.

Temm schüttelte jedoch mit dem Kopf. »Nicht wir, Skall. Diesen Sieg hat Jill für uns eingefahren.«

Das waren ja ganz neue Töne. Sollte Temm seine Meinung über Jill am Ende geändert haben? Hörte sich fast so an und wäre zu schön, um wahr zu sein. Als hätte Temm seine Gedanken gehört, sah er Krus an.

»Wenn ich gewusst hätte, dass seine Schnuffel nicht funktioniert, hätte ich die Situation mit Estobar anders beurteilt. Aber wer konnte ahnen, dass so was dahintersteckt.«

Machte Sinn.

Ein Klatschen zog die Aufmerksamkeit der Jäger von

Braa, Jill und Gor ab. Der Erste Wächter verlangte Gehör.

»Gut, da die Führerschaft nun geklärt ist, könnt ihr vielleicht endlich dazu übergehen zu tun, wozu ihr hier seid, und anfangen, Pläne zu schmieden. Die Lykomorphe schlafen nicht.«

Da hatte er allerdings Recht. Wurde Zeit, dass sie sich mit Sinnvollem beschäftigten.

18

Im eigenen Bett schlief es sich besser als im Krankenhaus, obwohl die frische Narbe der verheilten Schusswunde auch darin noch leicht wehtat, wenn Ara auf dem Rücken lag. Heute Nacht spürte sie davon nicht viel. Der Sekt, den sie ab Mitternacht getrunken hatte, bescherte ihr einen schmerzfreien Schlaf. Die gute Seite an Silvester, neben der Tatsache, dass ein weiteres, trostloses Jahr vorüber war. Als sie geschüttelt wurde, glaubte sie zunächst, das wäre Teil ihres Traumes, bis Ryst ihren Namen flüsterte.

»Was denn?«, nuschelte sie, war aber schlagartig wach, als ein Rumpeln an ihr Ohr drang.

Zwei Finger legten sich auf ihre Lippen.

»Pscht. Lykomorphe sind im Haus.«

Ryst hatte ganz schön was weggebechert und deutliche Schlagseite gehabt, als sie ins Bett gegangen waren, aber das war kein Trunkenheitsscherz. Über Angriffe der Lykomorphe wurden keine Witze gemacht, nicht mal im größten Suff. Außerdem wirkte ihr Vater stocknüchtern, was ein klassisches Anzeichen war, dass es stimmte. Jäger und Krieger wurden blitzartig nüchtern, wenn Gefahr oder ein Einsatz ins Haus standen, als hätten sie vorher keinen einzigen Tropfen angerührt.

»Die Krieger sind unterwegs. Schnell, zieh dich an. Wir müssen raus hier.«

Während sie in die erstbesten Klamotten schlüpfte, die sie zu fassen bekam, öffnete Ryst zwei Türen des dreiflügeligen Schlafzimmerschranks und schob die Kleiderbügel zur Seite. Ein leises Klicken verriet, dass er den Mechanismus betätigte, der die Hinterwand des Schranks öffnete, hinter der eine geheime Kammer zum Vorschein kam, die gerade groß genug war, um vier Erwachsenen Platz zu bieten, wenn sie sich aneinanderdrängten.

Ihre Mutter, die eine Taschenlampe hielt, schlüpfte als erstes durch den Durchgang, Ara folgte, zum Schluss kam Ryst. Hinter sich zog er die Kleider wieder zurecht und verschloss die Schrankrückwand. Niemand, der nicht eingeweiht war, würde vermuten, was sich hinter dem Schrank befand: Der Zugang zu einer Wendeltreppe, die unter den Keller in einen Geheimgang führte. Wenn man es nicht wusste, bemerkte man anhand der Raumaufteilung nicht, wo die Treppe entlanglief, weil sie sich an den Kaminverlauf schmiegte. Für voluminöse Personen oder Klaustrophobiker war sie nicht geeignet. Zum Glück gehörte niemand aus der Familie zur einen oder anderen Sorte.

Im Gänsemarsch und auf Zehenspitzen schlichen sie das Stahlgebilde hinunter, das in regelmäßigen Abständen gewartet und geölt wurde, damit es beim Benutzen keine Geräusche verursachte. Sie sprachen kein Wort, flüsterten nicht mal miteinander, weil die Wände, um Platz dafür zu schaffen, nicht sonderlich dick waren. Erst als sie unten angekommen waren, erkundigte sie sich nach den Dienern.

»Ich hoffe, sie kommen raus. Momentan decken sie unsere Flucht.«

So war das eben für Angehörige der niederen Stände. Die mussten den Kopf immer zuerst hinhalten. Doch Lukas und seine Frau erlebten einen Lykomorphüberfall nicht zum ersten Mal, sodass sie hoffte, sie würden es schaffen. Ob ihr Bruder, der seit einigen Jahrzehnten sein eigenes Leben lebte, Bescheid wusste? Wahrscheinlich würde er es erst erfahren, wenn sie in Sicherheit waren, damit er sich keine unnötigen Sorgen machte.

Der Geheimgang verlief unterirdisch über drei Kilometer und führte in eine Scheune, wo sie, so Dessmon wollte, mit den anderen Dessla aus dieser Wohngegend zusammentrafen. Jedes Haus, in dem Dessla wohnten, verfügte über einen geheimen Fluchtweg, der in oder an einem Sammelort endete.

Nur die Häuser in dem Dorf, in dem Krus lebte, brauchten Derartiges nicht. Dort wurden die Dessla von einem uralten Zauber geschützt, der sie den Wahrnehmungen der Lykomorphe entzog. Wenn ein Werwolf mitten hindurchfuhr, konnte er trotzdem nicht erkennen, dass es ein Dessladorf war. In neun von zehn Fällen kam ein solcher Lykomorph jedoch nicht bis zum anderen Ortsschild, sodass er es, selbst wenn er es wahrnähme, nicht weitersagen könnte.

Früher war jede Desslasiedlung und jedes Wohngebiet mit einem solchen Schutzzauber versehen worden, aber das war viele Jahrhunderte her und heutzutage nicht mehr machbar.

Nicht zum ersten Mal, wenn sie daran dachte, bedauerte sie, dass sie die alten Verbündeten - Magier und Hexen, die allesamt der menschlichen Rasse angehörten - verloren hatten. Von ihresgleichen annähernd ausgelöscht, hatten die letzten, die es angeblich noch geben sollte, die Ausübung ihrer Gaben aufgegeben und hielten sich irgendwo versteckt, wo sie weder von Menschen noch von Dessla noch von sonst wem gefunden werden konnten.

Die drei Kilometer zogen sich furchtbar und ließen Ara spüren, dass sie körperlich noch nicht auf voller Höhe war. Ihr Rücken schmerzte, wo die Kugel eingedrungen war, und ihre Beine kribbelten. Untrügerisches Anzeichen dafür, dass sie sie überanstrengte. Die Therapeutin hatte ihr geraten, sich und ihr Fahrgestell noch zu schonen. Das interessierte die Lykomorphe allerdings nicht.

Als sie in der Scheune ankamen, waren die meisten ihrer Nachbarn auch schon dort. Dessmon sei Dank. Mal sehen, ob einer von ihnen daran gedacht hatte, einen

Fahrdienst zu organisieren. Wenn nicht, musste es eben jetzt gemacht werden.

Ryst zog sein Handy aus der Tasche und klappte es auf.

»Wen rufst du an?«

»Deinen Partner, um ihn darüber zu informieren, dass du in sein Haus einziehen wirst, bis ich eine neue, sichere Bleibe für uns gefunden habe.«

»Und ihr zwei?«

»Wir schlüpfen derweil bei deinen Großeltern unter.«

Ihre Mutter grinste verhalten. »Erinnert mich an die guten, alten Zeiten.«

Rysts Grinsen war deutlicher und eindeutig zweideutig. Sie fragte lieber nicht, was es mit den guten, alten Zeiten auf sich hatte, sondern dachte sich ihren Teil. Mit dem sie, gemessen daran, wie häufig sich ihre Eltern auch heute noch liebten, bestimmt goldrichtig lag. Beneidenswert.

~*~

Allmählich langweilten Krus die ständigen Besprechungen zu Tode. Er war Jäger, verdammt nochmal, kein Diplomat. Er wollte jagen, nicht, sich den Arsch in den Stühlen von Besprechungsräumen plattdrücken. Dass es Gor, Temm, Skall und Zegg nicht anders ging als ihm, war da kein Trost. Wieder und immer wieder dieselbe Kacke und endlose Diskussionen.

Heute mit einer Auswahl führender Krieger und Jäger, die sich Gor zur Aufgabe gemacht hatte, an einen Tisch zu bekommen. Im wörtlichen Sinne war ihm das gelungen, sie scharten sich alle um den ovalen Besprechungstisch herum, am übertragenen musste er noch arbeiten. Mit Gor tauschen wollte Krus nicht. Es fiel den englischen Jägern sichtlich schwer, die Krieger, die der Schicht unter ihnen angehörten, als gleichberechtigt anzuerkennen. Andersherum stellte das Verhalten der Jäger für die

Krieger eine ziemliche Herausforderung an die Selbstbeherrschung dar. Bisher waren die Sticheleien im Sande verlaufen, sollten sich die Jäger aber nicht bald zusammenreißen und auf ihre guten Manieren besinnen, sah er für ein Beibehalten schwarz.

Manus war ebenfalls anwesend. Er saß abseits auf einem Chesterfield Ledersessel - ob original aus dem achtzehnten Jahrhundert oder originalgetreu nachgebaut, wusste Krus nicht - und wurde von den Gästen für jemanden gehalten, der zwar still in der Ecke sitzen und zuschauen durfte, dem es allerdings nicht erlaubt war, sich einzumischen. Damit hatten sie nur bedingt Recht. Gor, wie alle anderen inklusive ihm, legte auf Manus' Meinung großen Wert, und er konnte jederzeit beitragen, wenn es angebracht war. Momentan verhielt er sich schweigend, weil es nichts zu sagen gab. Das konnte sich jederzeit ändern. Seine Rolle bei der Besprechung war für Gor nämlich von immenser Bedeutung. Manus fiel es zu, die Raster der Jäger und Krieger im Auge zu behalten, und Gor durch diskrete, vorher vereinbarte Gesten darüber auf dem Laufenden zu halten, wie es um die Gemüter bestellt war.

Momentan gab es nichts Aufregendes zu entdecken, das sah selbst Krus. Die eine oder andere Ungeduld, der eine oder andere, der sich persönlich auf den Schlips getreten und/oder angepisst fühlte. Hie und da ein bisschen Geringschätzung. Nichts Besonderes.

Blieb abzuwarten, wie sich das Verhalten der einzelnen Besprechungsteilnehmer veränderte, wenn sich die Diskussion über Temm als Trainingsleiter noch weiter hinzog. Krus verstand nicht, was es da zu diskutieren gab. Gor hatte seinen Standpunkt deutlich gemacht und verdammt Recht mit dem, was er sagte. Temm war kriegserfahren und konnte mit allem kämpfen, was ihm in die Finger fiel. Herrje, gegen Temm wirkte MacGyver wie ein Stümper. War es da nicht nachvollziehbar, wenn Gor wollte, dass sich Temm um die Einschätzung und das Training der späteren Ausbilder kümmerte? Das sah sogar Urion ein, der Krieger, den der Kriegerrat als Gors Partner ausgewählt hatte.

Nur die Jäger sahen das anders. Einer Einschätzung bedürfe es nicht, jeder von ihnen wisse, was er draufhabe, und weiteres Training wäre ebenfalls überflüssig. Sie wären bereits voll ausgebildet. Mann, wie arrogant konnte man eigentlich sein?

Mitten in ein Wortgefecht, dem er nicht wirklich folgte, klingelte sein Handy. Beethovens Fünfte? Der nächste planmäßige Anruf von Aras Vater stand erst in ungefähr elf Monaten an. Was, zum Kuckuck, wollte Ryst? Neugierig genug um es herauszufinden, war er nicht. Er ließ das Handy klingeln.

»Geh ran, Krus«, forderte Gor, als das Läuten nicht abreißen wollte.

Na schön. Er gehorchte und meldete sich. Was er von Ryst zu hören bekam, schlug alles, was er sich hätte ausmalen können, und ließ ihm das Blut in den Adern gefrieren.

»Da du gerade nicht in Deutschland bist, halte ich es für angebracht, Ara bei dir im Haus unterzubringen. Nur für ein paar Tage, bis ich was sicheres Neues für uns gefunden habe«, beschloss Ryst seinen Vortrag.

»Ja, klar«, antwortete er. Was sonst hätte er sagen sollen? Immerhin war Ara seine offizielle Partnerin. »Ich gebe Theo Bescheid.«

Sein Kinn fiel auf seine Brust, nachdem er aufgelegt hatte, und er kämpfte um seine Beherrschung. Diese verdammten Lykomorphe. Denen musste endlich Einhalt geboten werden. Doch anstatt sich Gedanken darüber zu machen, wie sie die Lykomorphe bekämpfen konnten, zogen es die Männer um ihn herum vor, sich gegenseitig mit Worten zu bekämpfen.

»Schlechte Neuigkeiten?«, fragte Chyk.

Klappernd landete das Handy auf dem Tisch. Mit den zu Fäusten geballten Händen stützte sich Krus an der Tischkante auf und hievte sich in die Senkrechte.

»Ich hab die Schnauze gestrichen voll.« Er sah niemanden an, stierte auf die Tischplatte, als könne er sie mit seinem Blick vaporisieren. »Von den immer dreister werdenden Übergriffen der Lykomorphe, aber vor allem von dem Affenzirkus, den ihr hier veranstaltet.« Er hob den Kopf und starrte Gor an. »Wie lange willst du dir von denen eigentlich noch auf der Nase herumtanzen lassen, bevor du die Führerschaft endlich annimmst und durchsetzt? Wie lange dauert es noch, bis du mit der Faust auf den Tisch haust und ihnen klarmachst, dass du hier keine Vorschläge unterbreitest, die sie ausdiskutieren können, sondern bestimmst, wo's langgeht?«

Er wartete eine Erwiderung gar nicht erst ab, sondern drehte sich um und stapfte zum Ausgang.

»Wenn ihr euch dazu entschlossen habt, den Lykomorphen endlich ernsthaft entgegenzutreten, anstatt weiterhin kostbare Zeit zu verschwenden, sagt mir Bescheid.«

Gor betrat die Suite exakt in dem Moment, als Krus seine Nase in die Badehose steckte, die er aus Deutschland mitgebracht hatte, um die letzten Spurenelemente an Erdbeergeruch daraus herauszuschnüffeln, die sich noch darin befanden. Erwischt. Doch Gor verlor kein Wort darüber.

»Tut mir leid. Ich hätte dich nicht anschnauzen dürfen. Nicht vor diesen Witzfiguren.«

Sein Boss schnaubte belustigt. »Nein, hättest du nicht. War aber gut so und genau die Prise Pfeffer, die in meinem Arsch gefehlt hat.«

Als Gewürzstreuer hatte er sich bisher noch nicht betrachtet.

»Willst du mir sagen, was los ist?«

Er seufzte und erzählte Gor, was Ryst ihm mitgeteilt hatte.

»Scheiße, Ara trifft's in letzter Zeit echt knüppeldick.«

So konnte man es auch ausdrücken.

»Ich ruf Inkia an, damit sie nach ihr sieht. Die beiden verstehen sich ziemlich gut, und Ara kann Aufmunterung bestimmt gebrauchen.«

Könnte er ebenfalls.

»Okay. Danke.«

»Dafür nicht. Kann ich noch was für dich tun?«

Mach, dass es aufhört. Was auch immer es war. In letzter Zeit kam dafür mehreres in Betracht. Aber er sprach den Gedanken nicht aus, schüttelte stattdessen den Kopf.

»Na gut, dann geh ich wieder runter. Mal sehen, ob es nötig ist, nochmal auf den Tisch zu hauen.« Gor rieb sich über die Außenkante seiner rechten Hand. »Dann aber mit links.«

Bevor er ging, hob Gor die Lederjacke auf, die Krus auf der Suche nach der Badehose auf den Boden geworfen hatte. Dabei fiel ein kleines Stück Papier aus der Tasche. Die Visitenkarte des plastischen Chirurgs. Gor blickte kurz darauf, anschließend auf ihn.

»Hast du schon mit diesem Doktor Mondess gesprochen?«

»Nein.«

»Wieso nicht? Mann, Krus. Er bietet dir die Möglichkeit, dein Gesicht wiederherzustellen, und du greifst nicht zu? Das versteh ich nicht. Ich dachte, das gehört zu den Wünschen, die du gern erfüllt sehen würdest.«

Richtig. Um genau zu sein, war es eins von den beiden Dingen, die er sich am meisten wünschte. Sein altes Gesicht zurückzubekommen, oder wenigstens nicht mehr ganz so entstellt zu sein wie jetzt.

Gor kam zu ihm herüber und drückte ihm die Visitenkarte in die Hand.

»Ruf ihn an und hör dir an, was er für dich tun kann. Wäge die Chancen und Risiken gegeneinander ab. Danach kannst du immer noch entscheiden, ob du es machen willst oder nicht.«

Er nickte und steckte die Karte in seine Gesäßtasche. Nicht aus Überstimmung, sondern um das Gespräch über den Chirurgen mit dieser einfachen Geste zu beenden. Er wollte sich ein weiteres Nachbohren seitens Gor ersparen, das unweigerlich kommen würde, erführe sein Boss, dass er auf absehbare Zeit nicht vorhatte, den Arzt anzurufen. Noch vor einem Monat hätte er nicht gezögert, hätte schon lang einen Termin mit dem Arzt vereinbart. Doch die Botschaft, die Dessmon Gor mitgegeben hatte, machte ihm einen Strich durch die Rechnung. Nur einer seiner beiden sehnlichsten Wünsche konnte erfüllt werden. Es hieß entweder oder. Sein Gesicht oder ...

Zu verlangen, dass er zwischen seinen beiden Träumen wählen musste, war grausam, und er sah sich außerstande, eine Entscheidung zu treffen. Wozu also darüber nachdenken?

19

Das Haus von Krus machte von außen einen ordentlichen Eindruck und war größer, als Ara es sich vorgestellt hatte. Wozu brauchte ein einzelner Jäger derart viel Platz? In diesem Gemäuer könnte locker eine mehrköpfige Familie von den Ausmaßen einer Fußballmannschaft unterkommen, ohne sich gegenseitig auf die Füße zu treten. Allerdings galt das für ihr Elternhaus ebenso, und da hatten sie auch nur zu dritt gelebt. Plus Dienerschaft, über die Krus ja auch verfügte.

Eigentlich sollte dieses Haus seit guten elf Jahren ihr Zuhause sein, trotzdem würde sie es heute zum ersten Mal betreten. Flöhe tanzten Samba in ihrem Magen, obwohl dazu kein Grund bestand. Krus war nicht da.

»Willst du hier Wurzeln schlagen oder endlich klingeln?« Ihr Vater hatte es eilig, das Gepäck loszuwerden und weiterzukommen. Auf seiner To-do-Liste standen noch ein paar nicht abgehakte Positionen.

»Schon gut.«

Der Mann, der die Tür öffnete, schenkte ihr ein warmes Lächeln. »Ihr müsst Madame Ara sein. Willkommen.«

Ein deutlich herzlicherer Empfang, als Lukas ihren Gästen zuteilwerden ließ.

»Und du bist bestimmt Theo.«

Er nickte. »Zu Euren Diensten.«

Anschließend wandte er sich Ryst zu und nahm ihm den Koffer aus der Hand. »Ist das alles?«

»Meine Tochter schlüpft für ein paar Tage hier unter, dafür reicht der Inhalt eines Koffers. Es wäre was anderes, wenn sie einziehen würde, aber den Tag erlebt wohl keiner von uns.«

Kein Grund, pampig zu dem Diener zu sein. Der konnte nichts für die Entscheidungen seines Herrn. Und war Profi genug, auf Rysts überflüssigen Kommentar nicht einzugehen.

Sie verabschiedete sich noch vor der Tür von ihrem Vater und betrat das Haus. Wow. Der Eingangsbereich war nach oben offen, sodass die Flure der oberen Stockwerke wie Galerien wirkten. Da kam man sich richtig klein vor. Schade, dass alles nackt war, es keinerlei Wohnaccessoires gab. Dadurch wirkte der Bereich unfreundlich und kalt, wo er einladend sein könnte.

»Ara? Mann, und ich hab gedacht, Theo verkohlt mich, als er es mir gesagt hat.«

Simon stand in einem Türrahmen im Erdgeschoss. Seit ihrer ersten Begegnung bei Inkia, die gleichzeitig die bisher letzte gewesen war, hatte er an Gewicht zugelegt, und sie meinte, er wäre gewachsen. Auf jeden Fall sah er glücklicher aus als damals. Wobei er bei dem Mädelsabend keinen unglücklichen Eindruck gemacht hatte. Sie hatten viel Spaß miteinander gehabt, sich beim Skip-Bo Spielen nach dem Film beinahe krummgelacht. Noch mehr als während des Films. Simon war ein sympathischer Junge, den man einfach gernhaben musste.

»Hallo, Simon. Schön, dich wiederzusehen. Wie geht es dir?«

»Im Moment besser als dir. Obwohl. Du musst keine Hausaufgaben machen.«

Inkia hatte ihre Drohung, einen Privatlehrer für ihn aufzutreiben, bis er Pflegeeltern bekam und man wusste, wo er zur Schule gehen würde, also wahrgemacht.

»Dafür habe ich andere Verpflichtungen.«

Fellflecken lugten durch Simons Beine hindurch, die sie neugierig machten. »Wer ist das denn?«

»Das?«

Simon bückte sich und schob einen Hund, der ihr geschätzt nicht ganz bis zu den Knien reichte, neben sich.

»Er heißt Wuff und ist am Anfang bei Fremden ein bisschen schüchtern.«

Sie ging in die Hocke und streckte eine Hand aus.

»Na, Wuff, dann komm doch mal her und lass mich dir Hallo sagen.«

Vorsichtig, zögerlich humpelte das Tier auf sie zu. Er hatte nur drei Beine, die er geschickt zu benutzen verstand. Seine Schnauze sah aus, als wäre der Unterkiefer ausgehängt und eine Scharnierschraube verlorengegangen, sodass man den Kiefer auf einer Seite nicht mehr hatte befestigen können.

»Was ist ihm denn zugestoßen?«

»Er wurde angefahren«, antwortete Theo.

»Oh, du Armer. Da hast du ja Glück gehabt, dass du mit dem Leben davongekommen bist.«

Sie kraulte Wuff erst hinter dem Ohr, anschließend unter dem Kinn. In Ermangelung eines Schwanzes wackelte er mit dem Hinterteil.

»Ich glaube, er mag dich«, meinte Simon. »Bin gespannt, wie der Rest der Meute auf dich reagiert.«

Davon, dass Krus ein ganzes Hunderudel beherbergte, hatte sie gehört.

»Ich mag Hunde, also könnt ihr sie gerne rauslassen, falls ihr sie wegen mir eingesperrt habt.«

»Ich möchte Euch vorher Euer Zimmer zeigen, wenn's recht ist.«

Klar, Theo wollte den Koffer loswerden. Verständlich. Sie nickte ihr Einverständnis.

»Hast du nachher schon was vor?«, fragte Simon.

»Noch nicht.«

»Gut. Ich könnte ein bisschen Hilfe bei den Hausaufgaben gebrauchen.«

Oha. Ob sie da der richtige Ansprechpartner war?

»Kommt auf das Fach an.«

»Desslanisch.«

Hatte sie Inkias Andeutungen über die Herkunft potenzieller Pflegeeltern für Simon doch richtig interpretiert. Keine Menschen, sondern Dessla. Die Frage, die sich stellte, war, warum es bisher noch keine gab. An Simon konnte es nicht liegen. Gemessen an dem, was er durchgemacht hatte, war er ein anständiger kleiner Kerl. Da hatte sie schon mit unangenehmeren Zeitgenossen seines Alters zu tun gehabt. Möglicherweise war der Grund darin zu suchen, dass seine Herkunft verschleiert werden musste, damit die Familie seines Vaters ihn nicht ausfindig machen konnte.

Wenn es um ihre Sprache ging, konnte sie behilflich sein. Kein Problem. Und so, wie sie Simon kennengelernt hatte, würde es Spaß machen.

»Ich nehme an, ich finde dich da drin?«

Simon strahlte übers ganze Gesicht. »Ja. Ich freu mich. Bis später. Komm, Wuff.«

Schon war er in dem Zimmer verschwunden und der kleine Dreibeiner beeilte sich, ihm zu folgen. Wuff war wirklich süß, irgendwie.

Sie drehte sich Theo zu und lächelte. »Na, dann. Zeit, meinen Unterschlupf kennenzulernen.«

20

Krus sah auf, als Gor klatschend einen Stapel Akten auf den Tisch warf.

»Der Rat hat mir ein Ultimatum gestellt. Bis Ende der Woche muss ich die Lücke in unseren Reihen gestopft haben, sonst wird uns ein Jäger nach Wahl des Rats aufs Auge gedrückt. Unter den Kandidaten der letzten Monate war niemand, um den ich mich reißen würde. Das hier sind die, die ich davon in die engere Wahl ziehe, weil ich es muss. Seht sie euch an und sagt mir, was ihr von ihnen haltet.«

Krus griff nach keiner Akte. Für ihn war einer so gut wie der andere. Himmel, er musste sich mit Zegg arrangieren. Schlimmer konnte es mit einem von denen auch nicht kommen, da war es ihm egal, wer sich ihnen jetzt noch anschloss.

»Ich hätte einen Vorschlag.«

Gor sah Skall ebenso neugierig an wie alle anderen. »Raus damit.«

»Wie wär's mit Mera?«

»Mera? Du meinst meine, ähm, Ex?«

»Fällt dir noch ne andere Mera ein? Sie kennt dich in- und auswendig, sie kennt uns, und wir kennen sie. Ist doch perfekt, oder nicht?«

»Ich weiß nicht.«

»Jetzt komm mir bloß nicht mit dem Schmarrn von wegen Frau und so.« Skall sah ihn an und grinste. »Nimm Xirte als Beispiel. Wie man so hört, hat sie die besten Statistiken innerhalb ihrer Gruppe. Seit sie für die Festnahmen des weiblichen Klientels zuständig ist, sind die Beschwerden wegen sexueller Belästigung während der Verhaftung auf null runtergegangen.«

Gor schürzte die Lippen, wie er es stets zu tun pflegte, wenn er nachdachte. Mera war ein guter Vorschlag, das konnte niemand bestreiten. Im Moment sah Gor aus, als würde er sich fragen, warum er nicht selbst darauf gekommen war.

»Ich werde mit ihr darüber reden, ob sie das überhaupt will. Einen Versuch ist es wert.«

»Wieso macht der Rat jetzt eigentlich solch einen Druck?« Jills Frage entbehrte nicht einer gewissen Berechtigung. »Wenn der Krieg losbricht, können wir die Aufträge der Angerol sowieso nicht mehr ausführen.«

»M-hm. Aber der Rat oder, besser gesagt, der Zirkel hat noch nicht entschieden, ob die Angerol jetzt schon eingeweiht werden sollen und inwieweit. Und bis es eine Entscheidung gibt, soll nach außen hin alles normal aussehen und weitestgehend normal weiterlaufen.«

»Mir persönlich sind die Angerol scheißegal.« Dass Temm so dachte, war keine Überraschung und ebenso wenig ein Geheimnis. Gors Antwort wurde durch das Eintreten eines Livreeträgers verzögert.

»Entschuldigt die Störung, Sires. Das Oberhaupt des Jägerrats ist hier und wünscht Sire Krus zu sprechen.« Wieso das denn? Musste was Privates sein.

»Na, geh schon«, erteilte Gor ihm die Erlaubnis, die Besprechung zu verlassen.

Obbs, der alte Freund seines Vaters, wartete in der überdimensionalen Eingangshalle. Scheiße, der Gesichtsausdruck, mit dem der Mann ihn empfing, gefiel ihm überhaupt nicht. Das roch mindestens nach unangenehmen Nachrichten, wenn nicht gar nach furchtbaren.

»Du wolltest mich sprechen?«, sagte er, nachdem sie sich begrüßt hatten.

»Ich hab unlängst mit Filena telefoniert und soll dich herzlich grüßen.«

»Du willst mir jetzt aber nicht erzählen, dass du den Weg von London hierher gemacht hast, um mir zu sagen, dass sich meine Mutter bei dir beschwert hat, weil ich sie noch nicht besucht habe.«

»Nein. Ich habe versucht, das Gespräch auf neutrale Weise zu beginnen, weil ich nicht weiß, wie ich in das eigentliche Thema einsteigen soll.«

Das bestätigte die Annahme in Sachen Gesichtsausdruck und klang eher nach furchtbar als nach unangenehm.

»Lass uns in mein Zimmer gehen. Dort sind wir ungestört.« Er führte Obbs in den zweiten Stock, wo sich seine Suite befand. Nachdem sie eingetreten waren und er die Tür verschlossen hatte, sah sich Obbs eingehend um. Viel zu eingehend.

»Nett hast du's hier.« Mann, wenn dieser Jäger versuchte, Zeit zu schinden, traf furchtbar die Wahrheit vermutlich nicht mal im Ansatz.

»Obbs, wir kennen uns, seit ich auf der Welt bin, und um dieser Zeit willen, rede bitte nicht um den heißen Brei herum.«

»Ich bin in offizieller Mission hier, Krus.« Obbs seufzte tief. »In zwei Monaten sind elf Jahre vergangen, seit du mit Ara zusammengeführt wurdest.«

»Du wirst es nicht glauben, aber das weiß ich. Hat der Zirkel ein Desslapendant zum menschlichen Hochzeitstag beschlossen, und ich bin der Erste, den's trifft?«

Kein originelles Ablenkungsmanöver, dessen war er sich bewusst, Ara war jedoch so ziemlich das letzte Thema, über das er sprechen wollte.

Sein Zweitvater verzog keine Miene und ging nicht darauf ein.

»Ihr wurdet zusammengeführt, damit du deine Verpflichtung zur Nachkommenschaft erfüllen kannst. Bisher ist das nicht geschehen.«

»Das ist mir ebenfalls bekannt. Wann willst du mir sagen, was ich noch nicht weiß?«

Was hieß, noch nicht wissen? Er ahnte, worauf dieses

Gespräch hinauslief. Obbs musste es nicht aussprechen.

»Willst du dich nicht setzen, Krus?«

Das Ahnen nahm immer konkretere Formen an.

»Ich steh lieber.«

»Na, schön.«

Obbs atmete tief durch und setzte anschließend die geschäftsmäßige Mimik des Ratsoberhaupts auf.

»Durch den Vaterschaftstest, den du wegen Xirte gemacht hast, ist bewiesen, dass die Kinderlosigkeit deiner Partnerschaft nicht an dir liegt. Der Rat ist zu der Überzeugung gelangt, dass du deiner Verpflichtung nicht nachkommen kannst, solange Ara deine Partnerin ist.«

Vielleicht hätte er sich doch besser hingesetzt. Er hatte das Gefühl, unter ihm würde sich ein Loch auftun.

»Deshalb wurde beschlossen, eine neue Partnerin an deine Seite zu stellen. Die Wahl fiel auf Donks Tochter Zyde, und im Gegensatz zu deiner Partnerschaft mit Ara wirst du mit Zyde zusammenleben.«

»Das. Ist. Ein. Scherz.«

»Siehst du mich lachen, Krus?«

»Wann?«

»Wenn es nach dem Rat geht, sofort. Ich konnte eine kleine Galgenfrist für dich rausschinden, weil Zyde erst in drei Wochen in ihre Fruchtbarkeit kommt. Aber nur in Sachen Trennung von Ara und neue Zusammenführung. Das Zusammenleben beginnt morgen, damit ihr euch kennenlernen und aneinander gewöhnen könnt.«

Das unter ihm war kein Loch, sondern ein Abgrund. Der Himmel stürzte ihm auf den Kopf und alles um ihn herum brach zusammen. Er konnte Obbs nicht antworten, weil irgendein Idiot einen Felsbrocken in seine Kehle gestopft hatte. Sein Magen rebellierte derart stark, dass er meinte, er würde ihm jeden Augenblick aus dem Mund hüpfen. Apropos.

Er war schnell, trotzdem schaffte er es gerade eben so ins Bad. Um den Toilettendeckel hochzuklappen, blieb ihm keine Zeit mehr. Stattdessen musste das Waschbecken herhalten.

»Ich wusste nicht, dass du es so arg auffassen würdest. Sieh dir Zyde wenigstens an, bevor du beschließt, sie zum Kotzen zu finden. Sie ist ganz in Ordnung dafür, dass sie Donks Tochter ist. Okay, keine Schönheit wie Ara, aber das spielt eh keine Rolle.«

Richtig. Wie Zyde aussah, ging ihm rechts und links am Arsch vorbei.

»Ich wünschte, wir hätten einfach nur über deine Mutter sprechen können. Tut mir leid, mein Junge.«

Krus fühlte sich wie ein Zombie. Wie fremdgesteuert hatte er Obbs zur Tür gebracht und verabschiedet. Und wie fremdgesteuert schlug er jetzt den Weg zum Besprechungszimmer ein, wo die anderen bestimmt noch beisammensaßen. Recht gehabt. Sie drehten alle ihre Köpfe zur Tür, als er seinen wortlos hindurchsteckte.

»Wer ist gestorben?«, fragte Jill.

»Krus, wie's aussieht, nur hat's sein Körper noch nicht mitgekriegt.«

Er fühlte sich also nicht nur wie ein Zombie, sondern sah auch wie einer aus, denn Skall meinte das nicht witzig. Wobei Skall in letzter Zeit sowieso ungewöhnlich ernst war.

»Ich geh in den Salon und lass mich volllaufen.« Seine Stimme passte zu seinem Gefühl. »Wenn ihr's rumpeln hört, denkt euch nichts. Lasst mich einfach liegen.«

Rumms, fiel die Tür ins Schloss.

Fünf Minuten später betrat Manus den Salon, bestimmt von Gor hinter ihm hergeschickt, und starrte ihn fragend an. Vor allem die Hand, die er um eine Flasche Apfelkorn schloss, deren Siegel noch ungebrochen gewesen war, als er reingekommen war. Jetzt war sie halb leer und mit einem Glas hatte er sich nicht erst aufgehalten. Was glotzte Manus denn so dämlich? Hatte er geglaubt, das mit dem Volllaufenlassen wäre ein Scherz gewesen?

»Willst du dich ins Koma saufen?«

Gut erkannt, Flügelträger. »Genau das hab ich vor.«

»Dann bist du auf einem guten Weg. Magst du mir erzählen, was passiert ist, bevor deine Zunge den Geist aufgibt?«

»Warum nicht?« Erneut setzte er die Flasche an und nahm einen tiefen Schluck, vielleicht auch drei oder vier. Er ließ das Gesöff durch seine Kehle rinnen wie Wasser. »Der Rat in seiner endlosen Weisheit hat beschlossen, mir eine neue Partnerin zu geben. Zyde, die Tochter von Donk. Sie zieht morgen hier ein.«

»Und das nimmst du hin?«

Krus musste lachen. Was für eine selten bescheuerte Frage. Als ob er eine Wahl hätte. Zum dritten Mal griff er zur Flasche. Als er sie abstellte, war sie leer.

»Heute Ara, morgen Zyde, scheißegal, oder was?«

Nein. Es war nicht scheißegal. Ganz entschieden, nein. N-e-i-n. Doch gegen den Rat kam er nicht an. Er könnte Obbs sagen, was er für Ara empfand, aber das würde nicht helfen. Er könnte seinem Zweitvater sogar die Wahrheit über die bisherige Kinderlosigkeit anvertrauen, aber auch das würde nichts ändern. Es würde ihm Zyde vom Hals halten, Aras Liebe würde es ihm nicht schenken. Darum war es zwar nicht scheißegal, unterm Strich jedoch einerlei.

»So ist es. Außer, dass mir befohlen wurde, mit Zyde zusammenzuleben, macht es keinen Unterschied.«

Der Alkohol fing an zu wirken. Er hatte bereits deutlichen Zungenschlag, den nicht mal er selbst ignorieren konnte. Von dem Wattegefühl in seinem Kopf, das sich allmählich einstellte, nicht zu reden.

»Sag mal, Krus, wen willst du hier verarschen? Dich oder mich? Falls mich, sollte ich dir wohl mal wieder meine richtige Gestalt zeigen. Ich bin ein Angerol, schon vergessen? Du kannst mir über deine Gefühle nicht irgendeinen Mist erzählen, weil ich sie nämlich sehen kann.«

»Wie schön für dich.«

»Nein, momentan ist der Anblick alles andere als schön.«

Warum sah Manus dann nicht einfach irgendwo anders hin? Am besten auch gleich in einem anderen Raum.

»Verdammt nochmal, Krus. Warum kämpfst du nicht?«

»Gegen den Rat?«

»Um Ara, du Blödmann. Meinst du, ich weiß nicht, was du für sie empfindest?«

Um Ara kämpfen? Manus kam vielleicht auf Ideen. Diese Frage zu beantworten, war die Zeit nicht wert, die man dafür aufbringen musste. Stattdessen ging er um die Theke herum und pickte sich eine neue Flasche aus dem Regal. Chivas Regal. Und da hieß es immer, mit zunehmendem Alkoholpegel schrumpfte der Anspruch. Seiner wuchs, wie seine Wahl bewies. Er schraubte den Verschluss ab und wollte den Blended Whiskey gerade ansetzen, als Manus ihn aufhielt.

»Krieg ich was davon ab, oder willst du den auch allein kippen?«

Also nahm Krus ein Glas aus der Vitrine im Regal, schenkte es bis zum Rand voll - damit der Angerol auch genug hatte, solange er ihn mit seiner Anwesenheit beehrte - und schob es Manus hin. Der nahm es und roch am Inhalt. Nicht das, was er üblicherweise zu trinken pflegte, sagte die gekräuselte Nase. Er nippte auch nur daran.

»Sag mir, was an der Idee so abwegig ist.«

Manus bestand auf einer Antwort. Wieso konnte er ihn nicht in Frieden lassen? Wieso durfte er sich hier nicht einfach gepflegt einen hinter die Binde kippen, ohne dass eine Staatsaffäre daraus gemacht wurde?

»Ich kämpfe nur, wenn ich gewinnen kann. Ara wird froh sein, dass sie mich los ist, weil ich der Letzte bin, den sie haben will.«

»Hat sie das gesagt?«

Der Schluck Whiskey, den er gerade im Mund hatte, landete nicht in seinem Magen, sondern in feinen Tröpfchen auf der Theke.

»Das muss sie nicht sagen, das weiß ich auch so.«

»Sie hat es also nicht gesagt. Was macht dich dann so sicher?«

Wollte Manus jetzt ihn verarschen? Er hatte vielleicht schon seit langer Zeit nicht mehr in einen Spiegel gesehen, das hieß nicht, dass er vergessen hatte, wie er aussah. Manus war bestimmt nicht in der Lage, ihm auch nur ein einzige Frau zu nennen, der das egal war. Von seiner Mutter und seiner Tochter abgesehen. Und Inkia.

Der nächste Schwall Alk floss seine Kehle hinunter. Wenn er auf diese Weise weitermachte, war das Koma nicht mehr weit entfernt. Zum Glück. Koma hieß, nicht mehr denken können.

»Lass mich zufrieden, Manus.«

»Bitteschön, wenn du willst.«

»Ja, will ich.«

Wenn Manus glaubte, der Riesenseufzer, den er ausstieß, würde ihn beeindrucken, war er schiefgewickelt. Da musste sich der Flügelträger schon was Besseres einfallen lassen.

»Was dagegen, wenn ich den anderen sage, was los ist?«

»Tu, was du nicht lassen kannst. Ab morgen ist es eh amtlich und offiziell.«

Manus verschwand, und Krus konnte sich endlich dem Grund zuwenden, aus dem er hier war. Dem Chivas und was die Bar sonst noch hergab.

~ * ~

Die Bartheke war ein Ort, der sich für Krus in den letzten vierundzwanzig Stunden zu einem zweiten Zuhause gemausert hatte, und ihn beschlich ein Gefühl, dass sie das womöglich dauerhaft werden könnte. Im Gegensatz zum vergangenen Abend war er heute jedoch nicht allein im Salon.

Die komplette Truppe hatte sich darin versammelt, um dasselbe zu tun wie er. Nein, nicht sich zu betrinken, obwohl das keine schlechte Idee war und er sich auch schon ein paar Drinks gegönnt hatte, sondern um auf die Ankunft seiner zukünftigen Partnerin Zyde zu warten. Alle hatten sich auf die verschiedenen Sitzmöbel verteilt. Er war der Einzige, der stand und dem Raum den Rücken zukehrte.

Er merkte sofort, wann Zyde reinkam. Es fühlte sich wie eine Verschiebung der Atmosphäre an, wie eine undefinierbare Veränderung der Atemluft. Nicht, dass ein besonderer Geruch von ihr ausgegangen wäre, nicht mal ein unangenehmer, sondern es war, als hätte sich der Luftdruck des Zimmers verdichtet und das Gewicht würde sich auf seinen Nacken legen. Er drehte sich nicht zu ihr um. Er war noch nicht bereit dafür.

Ein Stuhl knarzte, als sich jemand erhob, gefolgt von Schritten.

»Ich bin Gor.«

»Zyde.«

»Freut mich, dich kennenzulernen.« Tat es nicht. Gors Stimme klang alles andere als erfreut, und Krus liebte seinen Boss für diese Solidarität. Nach der eher emotionslosen Begrüßung stellte Gor den Rest der Mannschaft vor. Keiner erhob sich, keiner sagte etwas. Wo blieb Zeggs obligatorischer Anmachspruch? Aus. Nicht nur der Chef zeigte sich solidarisch, die anderen taten es ebenfalls. Alle. Das fühlte sich gut an und war Balsam für seine Seele.

»Und das ist Krus.«

Die Schonfrist war abgelaufen und er musste sich den harten Fakten stellen. Langgezogen atmete er durch die Nase ein und blies die Luft vernehmlich durch den Mund aus. Dann drehte er sich um.

Hoffentlich hielt das Haarspray, was die Werbung versprach. Er hatte die Strähne, die seine linke Gesichtshälfte annähernd komplett bedeckte, mit dem Inhalt einer ganzen Spraydose vollgekleistert, damit auch ja nix verrutschte.

Zyde sah ihn an. Sie zuckte nicht zurück, das war ja schon mal was, trotzdem war ihr anzusehen, dass sie sich unwohl fühlte und lieber ganz woanders wäre. Sie machte ein Gesicht, als stünde sie mit einer Schlinge um den Hals auf einem Stuhl, und er wäre derjenige, der sich anschickte, ihn unter ihr wegzukicken. Komisch, er fühlte sich ähnlich.

Obbs hatte Recht gehabt. Im Vergleich mit Ara war Zydes Äußeres ziemlich unscheinbar, nichtssagend. Wie ein Huflattich neben einer Rose. Aber das würde er ebenso sehen, stünde Naomi Campbell, Linda Evangelista, Bar Refaeli oder irgendein anderes Victoria's Secret Topmodel vor ihm.

Er stieß sich von der Theke ab und setzte sich in ihre Richtung in Bewegung. Zum Glück hatte er nicht zu viel getrunken, sodass er nicht schwankte, sondern seine Schritte fest waren. Vor ihr blieb er stehen. Sollte er ihr die Hand reichen? Die Höflichkeit gebot es ihm, aber sein Arm gehorchte nicht.

»Ich zeig dir dein ...« Er schloss die Augen und schnaubte durch die Nase. Wortspielerei. Dein. Mein. Was sollte das? Sie würde seine Partnerin werden, ob er das wollte oder nicht. »Unser Zimmer.«

Während er an ihr vorbei und zur Tür ging, starrte er auf den Boden. Es war ihm egal, ob sie ihm folgte oder nicht. Er wollte nur nichts mehr sehen.

Natürlich folgte sie ihm, wie ihre Schritte ihm verrieten. Doch sie blieb noch einmal stehen.

»Ich kann doch nichts dafür«, hörte er sie hauchen.

Das galt offenbar seinen Freunden, nicht ihm. Er wusste nicht, was die anderen dachten, er glaubte ihr. Keine Frage konnte sie nichts dafür. Sie hatte sich das ganz bestimmt nicht ausgedacht. Welche halbwegs normale Frau würde schon freiwillig seine Partnerin werden wollen? Nein. Diese Scheiße war auf dem Mist ihres Vaters Donk gewachsen, der nicht mal genug Anstand und Mut besessen hatte, sie hierher zu begleiten. Arschloch. Aber früher oder später würde Donk die Quittung erhalten, und Krus höchstpersönlich würde dafür sorgen, dass sie nicht zu niedrig ausfiel. Er brauchte nur eine gute Gelegenheit.

21

Gor stand am Rand der Wiese, die sie für die heutige Einschätzung der UK-Anführer durch Temm zweckentfremdet hatten, und genoss die Show, die ihm geboten wurde. Als die Anführer am Morgen gekommen waren, hatten sie sich nochmal vehement gegen die Einschätzung verwehrt und erneut betont, dass sie das nicht für nötig hielten. Er hatte trotzdem darauf bestanden.

Als Erster war Zegg ins Rennen geschickt worden. Schusswaffen jeglicher Art. Schlechte Schützen waren die Briten nicht, im direkten Vergleich mit Zegg sahen sie dennoch eher blass aus. Dieser Jäger hatte die letzten zwanzig Jahrzehnte in Amerika verbracht, wo jeder Bürger mit einer Knarre in der Hand geboren wurde, acht davon in New York, dem machte am Schießeisen niemand was vor. Heute hatte Zegg bewiesen, dass er fähig war, einer Stubenfliege einen Flügel abzuschießen, im Flug und mit verbundenen Augen. Sogar Gor war beim Zusehen die Spucke weggeblieben, und ihn zu beeindrucken, war wahrlich nicht leicht.

Skalls Vorstellung war ebenfalls nicht von schlechten Eltern gewesen und hatte den Anführern gehörig die Flügel gestutzt. Bis jetzt verlief der Tag ganz in seinem Sinn, was bedeutete, zu Ungunsten der UK-Anführer.

Gerade war Krus mit dem zweiten Teil seiner Darbietung dran. Schon beim ersten hatte er seinen Landsmännern gezeigt, wo der Hammer hing, und im zweiten – dem Kampf mit dem Stock, wobei es sich eher um eine Holzstange handelte – sah es bisher genauso gut aus. Sieben Anführer saßen am Rand des Schauplatzes und heulten ob ihrer Blessuren, obwohl sich Krus zurückhielt, weil es keine ernsthaften Kämpfe waren.

Die Anführer waren als brüllende Löwen angetreten, wenn sie nicht aufpassten, wurden sie zu zahnlosen OpaSchmusekatern.

~ * ~

Den Stock, der genauso lang war wie er hoch, neben sich in den Boden gepflanzt und mit einer Hand umgriffen, blickte Krus in die Runde, um seinen nächsten Gegner auszuwählen, sofern sich niemand freiwillig meldete. Keiner hatte genug Schneid.

Sein Blick verharrte auf Donk. Erst vor ein paar Stunden hatte er gehofft, bald eine Gelegenheit zu erhalten, diesem Kerl die Leviten zu lesen. Ausnahmsweise schien Fortuna ihm hold, denn die Gelegenheit ergab sich viel früher als gedacht.

Er verzog den Mund zu einem Lächeln, das hoffentlich so verächtlich aussah, wie es aussehen sollte. Dann hob er die freie Hand und deutete mit ausgestrecktem Zeigefinger auf Donk. Er hatte lange kein derart begeistertes Gesicht mehr gesehen wie das dieses Scheißkerls. Donk machte den Eindruck, als suche er nach dem kürzesten Weg zum nächsten Mauseloch, das es in dem gepflegten Rasen natürlich nicht gab. Viel Glück. Nein, nicht wirklich.

Noch bevor Donk mit einem Stock ausgestattet werden konnte, warf Krus ihm seinen zu. Dass Donk ihn fing, war reiner Reflex. Lust gegen ihn zu kämpfen, hatte der Jäger sichtlich nicht. Verhaltenes Murmeln bei den Briten, eisiges Schweigen bei seinen Kollegen. Während Donk noch überlegte, wie er aus der Nummer wieder rauskam, ohne sein Gesicht zu verlieren, griff Krus in seine Hosentasche. Er ließ Donk dabei nicht aus den Augen, fixierte ihn herausfordernd, damit der die unausgesprochene Provokation nur ja nicht übersah.

Als er sich mit dem Haargummi, den er aus der Tasche zog, einen Pferdeschwanz band, womit er seine linke

Gesichtshälfte komplett entblößte, erstarb das Murmeln unter den englischen Jägern.

»Oh Scheiße«, hörte er Zegg zu Gor murmeln. »Wir sollten Donk fairerweise warnen, dass es Krus verdammt bitterernst ist, und er Glück hat, wenn er bloß mit ner gebrochenen Nase aus diesem Kampf rausgeht.«

Ja, fairerweise sollten sie das. Es würde Donk jedoch nicht vor der gehörigen Tracht Prügel retten, die Krus vorhatte, ihm zu verabreichen.

»Wenn Donk so gut ist, wie er sich einbildet, wird er das ziemlich schnell von allein merken, und wenn nicht ...« Gor beendete den Satz nicht, höchstwahrscheinlich absichtlich.

Dafür tat Zegg es. »Merkt er es noch schneller.«

Das Problem war, Donk hatte nicht vor, irgendwas zu merken. Er hielt den Stock zwar quer vor sich, machte aber keine Anstalten, seinen Platz unter den Zuschauern zu verlassen und sich dem Kampf zu stellen.

Krus legte den Kopf schief und zog eine Augenbraue in die Stirn. Er wusste, dass das seiner Mimik eine spöttische Note gab. Und er setzte noch einen drauf, als er Donk mit beiden Händen zu sich winkte.

Chyk, der ihm als Erster gegenübergetreten war, humpelte zu Gor hinüber, während sich Donk schweren Herzens und langsamen Schritts auf Krus zubewegte.

»So, wie mein alter Kumpel Donk aussieht, weiß er genau, dass er jetzt gleich die Quittung für Zyde bekommt.«

Und so, wie Chyk Kumpel gesagt hatte, hoffte er auf eine hoch ausgestellte Quittung. Die konnte er haben, weil das ganz in Krus' Sinne lag.

»Tja, wer handelt, muss eben auch bereit sein, die Konsequenzen zu tragen.«

Chyk zweifelte nicht daran, wer als Sieger aus diesem Kampf hervorgehen würde. Wie keiner der britischen Jäger. Kein Wunder, sie alle kannten seine Qualitäten am

Stock, hatten ihn oft damit kämpfen sehen, bevor er nach Deutschland gegangen war. Außerdem wussten sie, wer ihn ausgebildet hatte. Obbs, und der genoss seinen Ruf als bester Stockkämpfer weit und breit nicht ohne Grund. Obbs war bei seiner Ausbildung überaus gründlich gewesen, sodass bloß noch er selbst in der Lage war, Krus zu schlagen.

»Auf was wartest du, Donk?«, rief einer der Jäger, dem Donks Rumgezupfe allmählich zu dumm wurde. »Schöneres Wetter?«

»Vielleicht, dass Krus ihm den Rücken zukehrt, damit er ne kleine Chance hat«, ergänzte ein anderer.

Aua. Das musste wehtun. Wenn man Donk hieß. Tja, auf der Beliebtheitsskala lag Donk eindeutig weit hinter ihm. Die wurde ja auch nicht durch Schönheit bestimmt. Anscheinend erinnerten sich die meisten der anwesenden Engländer an seinen Vater, der ein äußerst beliebter Mann gewesen war. Nicht zu vergessen, er selbst. Bevor er Großbritannien vor etwa zweihundert Jahren verlassen hatte, um zumindest einen territorialen Schlussstrich unter die Tragödie seines Lebens zu ziehen, war er auf der Insel verflucht geachtet gewesen. Es war ein Brite gewesen, der den Attentäter zur Strecke gebracht hatte, der sein Gesicht zerstört hatte. Er war dafür extra über den Kanal gekommen.

Endlich erinnerte sich Donk daran, ein Mann zu sein, und trat in den Kampf ein. Zunächst wagte er noch nicht, Krus zu nah zu kommen. Bei der Länge des Stocks nicht unbedingt nötig, sofern man ihn zu schwingen wusste. Erst schwang Donk ihn oben herum. Krus duckte sich einfach weg. Anschließend versuchte der Jäger, ihm die Beine wegzuschlagen. Sonderlich elegant sah der Sprung, mit dem er über die Waffe setzte, wahrscheinlich nicht aus, dafür war er effektiv.

Als Nächstes wollte Donk ihm ein Ende in den Magen rammen. Krus packte die Stange mit beiden Händen und hielt sie fest. Ein kräftiger Ruck und Donk prallte gegen ihn. Sein rechter Arm schnellte nach oben und der Stock landete mitten in Donks Gesicht. Ein kurzes Krrk, schon floss Blut aus Donks Nase und lief ihm über Mund und Kinn.

Gebrochen, wie Zegg es angekündigt hatte. Und das nach geschätzten neunzig Sekunden.

Krus ließ den Stock los und trat einen Schritt zurück. Donk wischte sich mit dem Ärmel das Blut aus dem Gesicht. Er umfasste die Stange jetzt mittiger und mit deutlich mehr Abstand zwischen den Händen. Krus lächelte leicht. Er wusste genau, was sein Gegner plante.

»Böser Fehler«, meinte Zegg. »Ich wette hundert Euro, dass Donk das mindestens einen Zahn kostet.«

Aus dem Augenwinkel heraus nahm er wahr, dass Skall einschlug. Selbst schuld.

Donk nahm Anlauf, als wolle er Krus mit der quer vor seinen Körper gehaltenen Stange umwerfen. Ein Vorhaben, das grundsätzlich nicht verkehrt war. Er würde etwas Ähnliches versuchen. Bei einem anderen Gegner. Er ließ Donk auch gar nicht nah genug herankommen. Der Stock berührte ihn noch nicht, als er ihn mit beiden Händen zwischen Donks Händen umgriff und ruckartig nach oben zog. Das Geräusch, als Donks Kiefer aufeinanderschlugen, verursachte bei so manchem der Zuschauer todsicher eine Gänsehaut.

Dann zog er die Stange erst zu sich, um sie sofort nach vorn zu stoßen. Sie traf frontal auf Donks Lippen. Donk spuckte aus, und Skall zückte seinen Geldbeutel.

Sorry, mein Freund. Auch wenn er es hasste, Zegg zu einem Sieg verholfen zu haben.

Wie beim ersten Mal ließ Krus die Stange los und trat zurück. Der Ausdruck, der in Donks Blick trat, gefiel ihm nicht und gemahnte zur Vorsicht. Er hatte so eine Idee, dass Donk zu einem unfairen und eigentlich nicht erlaubten Mittel greifen wollte und würde. Und behielt

Recht. Donk versuchte tatsächlich, ihm die Stange in seine Kronjuwelen zu stoßen. Damit überschritt er eine Grenze, und jetzt machte Krus ernst.

Im Wegdrehen, um dem Schlag zu entgehen, hob er das Bein und verpasste Donk einen deftigen Tritt gegen die Brust, der den Jäger erheblich ins Schwanken brachte. Sofort sprang er in geduckter Haltung zu ihm und griff erneut nach der Stange, mit beiden Händen an einem Ende. Er nutzte Donks verminderte Standfestigkeit, als er das Ende erst nach oben zog und dann um sich wirbelte. Und Donk, dieser Depp, vergaß loszulassen, bis er in der Luft war.

Hübscher Flug, wirklich, in der B-Note ein klares „ausgezeichnet“ wert. Nur an der Landung musste Donk noch arbeiten. Er lag auf dem Rücken wie eine umgedrehte Schildkröte.

Mit einem Satz war Krus über ihm. Den Stock immer noch mit beiden Händen umgriffen, allerdings hielt er ihn jetzt senkrecht. Und er holte aus. Als sich seine Arme mit einem Affenzahn senkten, sog alles um ihn herum zischend Luft ein.

Zwei Millimeter über Donks Nasenwurzel bremste er den Stock. Donk schielte darauf, traute sich aber noch nicht, erleichtert aufzuatmen.

Der Blick, mit dem Krus ihn von oben herab betrachtete, war bewusst niederschmetternd gewählt. Dann gab er ein verächtliches Geräusch von sich, ein kurzes, abgehacktes Bellen, warf den Stock zur Seite, spuckte direkt neben Donks Kopf und ging. Er drehte Donk den Rücken zu in dem Wissen, dass der nicht nachsetzen würde.

~ * ~

Gor ließ die Reaktionen der Engländer auf sich wirken. Keiner sagte ein Wort. Niemand half Donk auf. Die Jäger schienen wie auf ihren Plätzen festgewachsen.

»Nun, meine Herren«, durchbrach er das Schweigen,

»ich denke, wir machen nach dem Mittagessen weiter.«

Kein Widerspruch. Langsam trotteten die Männer vom Kampfplatz Richtung Haus, wo eine Mahlzeit auf sie wartete.

»Du kennst Krus' Art zu kämpfen verdammt gut«, sprach er Zegg an, während sie sich von dem Ort entfernten, auf dem Donk immer noch am Boden saß.

»Kunststück«, erwiderte Zegg. »Krus hat mir mit dem Stock oft genug den Arsch versohlt, als wir noch ... Und es gibt Dinge, die ändern sich nicht.«

»Was wohl passiert, wenn ich euch beide gegeneinander antreten lasse?«

»Dann wirst du eine Weile ohne mich auskommen oder die Besprechungen ins Krankenhaus verlegen müssen.«

»Was ist zwischen euch vorgefallen?«

»Ehrlich?«

»Ich bitte darum.«

Zegg zuckte mit den Schultern. »Ich hab nicht die leiseste Ahnung. Im einen Moment war noch alles in Ordnung, und Krus war noch mein bester Freund. Im nächsten hat er mich behandelt wie seinen größten Feind, als hätte ich ein Schwerverbrechen begangen. Und ich weiß wirklich nicht, welches. Er hat's mir nie gesagt.«

»Bist du deshalb nach Amerika gegangen?«

Zeitlich würde es passen.

»Auch.«

»Vielleicht solltet ihr versuchen, euer Zerwürfnis beizulegen und den Streit zu begraben.«

»Hab ich schon versucht. Kurz, nachdem ich zu euch gestoßen bin. Er weigert sich, mit mir zu reden. Wäre schön, wenn es zwischen Krus und mir wieder sein könnte wie früher, oder wenigstens ähnlich. Gott, ich vermisse ihn.«

Das kam aus den tiefsten Tiefen von Zeggs Seele, insbesondere der letzte Satz, und Gor musste keine psychologischen Kenntnisse haben, um herauszuhören, dass es wahr war. Das von wegen keine Ahnung kaufte er seinem Jäger nicht ab. Dafür waren die Gerüchte um ihn und Krus' toter Tasha zu weitläufig bekannt.

22

Skall fand, Temm beim waffenlosen Zweikampf zu beobachten, war ein echter Augenschmaus, und wenn er britische Arrogantlinge vermöbelte, war es noch besser. Das Urgestein musste sich nicht mal anstrengen, vergoss nicht einen Tropfen Schweiß, während er in Rekordzeit einen Jäger nach dem anderen in die Waagrechte schickte.

Ein schwarzer Tag für das übersteigerte Selbstwertgefühl der Anführer, weil die Tracht Prügel, die sie gerade bezogen, nur der krönende Abschluss einer Reihe Niederlagen war. Angefangen hatte es am Morgen, gleich nach dem Frühstück, als Zegg sie auf dem Schießstand fertiggemacht hatte. Skall selbst hatte ihnen mit Schwert und Degen die Leviten gelesen. Die Degen mit verpfropfter Spitze, die Schwerter ungeschärft. Schließlich sollte niemand ernsthaft verletzt werden, und ein angekratztes Ego zählte nicht als jemand. Hatte irre Spaß gemacht, ihnen die Hintern zu versohlen, wozu er durch die harte Ausbildung von Qleck bestens in der Lage war. Danke, Papa.

Da das Schießen bereits von Zegg abgedeckt war, blieben für Krus, der ein ähnlich guter Schütze war, die sonstigen Schusswaffen - Armbrust und Bogen. Eigentlich sollten Briten darin besser sein als jeder andere, und anfangs hatten sie das auch geglaubt, Krus hatte ihnen das Gegenteil bewiesen. Naja, wenn man's genau nahm, war Krus Brite. Anschließend hatte er noch eine Kostprobe davon abgegeben, wie gut er mit verschieden langen Stöcken umgehen konnte. Wer die Herausforderung angenommen hatte, hatte es bitter bereut.

Dabei war Krus nicht mal nüchtern. Ein Zustand, an dessen Verhinderung er seit drei Tagen konsequent und erfolgreich arbeitete. Schade, weil ihm so entging, dass

Zyde echt nett war. Im Vergleich zu ihrem Vater Donk war sie geradezu überwältigend sympathisch. Verglichen mit Ara war sie natürlich längst nicht so umwerfend schön. Nicht, dass sie hässlich wäre, nein, Zyde war von angenehmer Erscheinung, aber ihr fehlte das gewisse Etwas, über das Ara verfügte. Was Zyde auszeichnete, war, dass sie sich wirklich bemühte, das Beste aus den Gegebenheiten zu machen. Im Gegensatz zu Ara, die sich für Krus ebenso wenig interessierte, wie er sich für sie, versuchte Zyde zumindest, ein gewisses Maß an zwischendesslanischer Beziehung zu ihrem Bald-Partner aufzubauen. Obwohl es ihr sichtlich schwerfiel, und das lag nicht daran, dass Krus sie auflaufen ließ, was Skall absolut nicht verstand. Und er war da nicht der Einzige. Die anderen fanden ebenfalls, dass Krus es mit Zyde weit besser getroffen hatte als mit Ara. Der Einzige, der es anders sah, war Gor. Wusste der Himmel, wieso.

Krus verhielt sich Zyde gegenüber nicht abweisend, zumindest nicht übermäßig, nicht abweisender als bei anderen Frauen, sondern erschreckend gleichgültig. Nur sein gleichbleibend hoher Alkoholspiegel gab Auskunft darüber, wie es in ihm aussehen mochte.

Seinem neuen Schwiegervater in spe hatte Krus allerdings recht deutlich zu verstehen gegeben, was er von der ganzen Sache hielt. Mit dem Stock. Seitdem zierte Donk ein schöner Striemen mitten durchs Gesicht, zusätzlich zur geplatzten Oberlippe, was beides am Abend schon nicht mehr zu sehen sein würde. Bedauerlicherweise.

Gor beteiligte sich nicht am Einschätzungswettkampf. Seine Königsdisziplin war das Ringen, der Kampf Mann gegen Mann, und den überließ er Temm, seinem langjährigen Sparringspartner, der darin noch besser war. Wie er gerade wieder eindrucksvoll unter Beweis stellte.

Verdammt, Temm war schnell. Wie er um seine Gegner herumtänzelte. Leichtfüßig traf es noch nicht. Temm war hier und im nächsten Moment ganz woanders. Man hatte Mühe, Temms Bewegungen zu folgen. Seine Gegner spürten ihn oftmals schon, bevor sie ihn sahen. Fast wie bei einem Wempyr, wenn er sich teleportierte. Scheiße, was hieß da fast? Es war wie bei einem Wempyr, der sich teleportierte.

Selbst Gor sagte, er habe Derartiges bei einem Dessla noch nie zuvor gesehen. Temm hatte nur mit den Schultern gezuckt und gemeint, das hätte er schon immer gekonnt. Wieso, wisse er nicht. Nach dieser Aussage hatte Gor Temm angesehen, als hätte er eine Offenbarung gehabt.

Freudiges Bellen unterbrach Skall sowohl in seinen Gedanken wie auch in der Betrachtung des Kampfgeschehens, und ehe er sich's versah, stürmte ein schwarzer Vierbeiner auf Krus zu, der bisher abseits aller anderen an einem Baum gesessen und den Eindruck vermittelt hatte, zu schlafen. Vermutlich den Restrausch aus. Jetzt kam Krus auf die Gruppe zu, und der Hund sprang an dem Jäger hoch, der davon genauso überrascht wurde wie jeder. War das nicht Gors, pardon, Inkias LSM?

»Hey, Kumpel, was machst du denn hier?« Total benebelt war Krus also nicht, denn auch er erkannte den Hund.

»Sorry, er war nicht mehr zu halten, als er Krus erst mal gewittert hatte.«

Mera? Wo kam die denn her? Na, aus Deutschland, woher sonst. Und sie war hier, um ihren Dienst anzutreten. Zwei Tage früher als geplant. Gors Blick, mit dem er seine Ex-Partnerin ansah, erstaunt zu nennen, traf es ziemlich gut.

»Wieso hast du LSM mitgebracht?«

»Ich war das nicht, sondern Inkia.«

»Inkia ist hier?«

Jetzt sah Gor aus, als würde er sofort alles stehen und liegen lassen wollen.

Mera grinste. »Sie meinte, da England für die nächsten Monate dein Hauptwohnsitz sein würde, wäre es angebracht, es auch zu ihrem zu machen. Und du solltest dir besser was verdammt Gutes einfallen lassen, um ihr zu erklären, warum du bisher nicht auf die Idee gekommen bist, sie herzuholen.«

Mit betretenem Gesichtsausdruck fuhr sich Gor mit gespreizten Fingern durchs Haar.

»Gott, ich hatte zu viele andere Dinge im Kopf.«

»Schwein gehabt, mein Freund. Hättest du nicht andere sondern wichtigere gesagt, würd ich dir jetzt in den Allerwertesten treten.«

Chyk, der sein Fett für heute bereits abbekommen hatte, was er im Übrigen wie ein ganzer Kerl trug, prustete unverhohlen los. Augenscheinlich gefiel ihm, dass da jemand angekommen war, der dem frischgebackenen Chef aller Chefs die Meinung geigte und sich nicht scheute, ihn in Verlegenheit zu bringen. Gor teilte diese Ansicht selbstredend nicht. Er drehte sich zu Skall und bewarf ihn mit optischen Blitzen. »Das war ne echte Scheißidee.«

Fand er überhaupt nicht. »Nein, Boss, es war sogar eine hervorragende Idee. Wir werden alle viel Spaß miteinander haben.«

Das Lachen, das ihm allzu locker in der Kehle hing, verging ihm, als sich Mera ihm zuwandte.

»Schöne Grüße von Poki. Sie lässt fragen, ob sie auch packen soll, oder ob du es weiterhin vorziehst zu vergessen, dass du eine Partnerin und eine Tochter hast.«

Verdammt. Poki. Er hatte wirklich nicht an sie gedacht. Seit der Begegnung im Wald waren seine Gedanken die ganze Zeit um diese vermaledeite Lykomorphin gekreist, die er einfach nicht aus dem Schädel bekam. Für Poki war da kein Platz mehr übrig gewesen. Oder für Trikka. Scheiße, scheiße, scheiße.

Jill rettete ihn aus der Bredouille.

»Für mich hast du keine Nachricht, nehm ich an.«

»Hast du eine erwartet?«

»Von Nari? Nein.«

»Gut, dann muss ich dich nicht enttäuschen.«

Ein letztes Mal wandte sich Mera an Gor.

»Und wir zwei werden uns bei Gelegenheit darüber unterhalten, warum du Inkia nach dem Anschlag in Deutschland gelassen hast, anstatt sie gleich mit hierher zu nehmen, wo sie in Sicherheit ist.«

~*~

Die Befriedigung durch den Sieg über Donk war nur von kurzer Dauer, und seit dem Wettstreit war Krus erschreckend nüchtern. Als sie das Haus betraten, wollte er nur eins: Auf schnellstem Weg in die Bar und seinen rapide gesunkenen Alkoholpegel auf Vordermann bringen.

Gor eilte auf dem kürzesten Weg in seine Suite, um seine Tasha anständig zu begrüßen. Vor Ablauf einer Stunde würde er seine Nase nicht in die Gemeinschaftsräume stecken.

Temm und Jill, die sich seit der Offenbarung über das nicht vorhandene Riechvermögen des Jüngeren zu einem richtigen Gespann gemausert hatten, würden sich ins Arbeitszimmer verkriechen, um die Auswertung der Wettkämpfe zu erstellen.

Zegg bot sich an, Meras Gepäck auf ihr Zimmer zu tragen. Als hätten sie kein Personal. Naja, er versuchte schon seit seiner Ankunft, bei Mera zu landen. Erfolglos, was eindeutig für ihren guten Geschmack sprach. Und ihre Klugheit. Zegg war für Frauen schlimmer als offenes Feuer für Motten. An ihm verbrannte man sich nicht bloß die Flügel. Sein Weg war mit den Leichen von Frauen gepflastert, die an gebrochenem Herzen gestorben waren. Lediglich im übertragenen Sinne, obwohl es für die eine oder andere eventuell wörtlich zu sehen war.

Skall machte den Eindruck, als würde er ihm Gesellschaft leisten wollen. Meras Nachricht von Poki hatte ihn ziemlich aus dem Konzept gebracht. Wobei, auf der Höhe war er schon seit Weihnachten nicht mehr.

Er wollte gerade seine Hand ausstrecken, um zur Türklinke zu greifen, als Zyde in der Eingangshalle auftauchte.

»Krus?«

Scheiße. Für ein Gespräch mit dieser Frau hatte er im Augenblick nicht den geringsten Nerv. Was hieß im Augenblick? Den hatte er grundsätzlich nicht. Er drehte sich nicht mal zu ihr um.

»Was?«

»Ich habe gehört, du hast heute Vormittag mit meinem Vater gekämpft.«

Nicht als Frage formuliert. Sie kannte die Antwort bereits.

»Richtig.«

»Wer hat gewonnen?«

Jetzt wandte er sich ihr doch zu. »Ich.«

»Hast du ihn verletzt?«

Er verschränkte die Arme vor der Brust. »Ja.«

»Schlimm?«

Wenn sie ihm eine Szene machen wollte, gern. Käme ihm gerade recht.

»Nicht annähernd schlimm genug.«

Das Kopfnicken, mit dem sie die Antwort quittierte, sah nicht danach aus, als wolle sie einen Streit vom Zaun brechen. Ihre Worte klangen ebenfalls nicht so.

»Ich hoffe, er hat geblutet.«

Skall nahm ihm die Antwort ab. »Bei ner gebrochenen Nase und zwei ausgespuckten Zähnen lässt sich das Bluten nicht vermeiden.«

Zyde drehte ihren Kopf in dessen Richtung. Sie lächelte, was jedoch nicht Skall galt, sondern seiner Aussage.

»Gut.«

Na, sieh einer an. Kamen sie also doch auf einen gemeinsamen Nenner. Sie konnten Donk beide nicht ausstehen. Möglicherweise, wenn ihm der Sprit nicht ausging, ließe es sich mit Zyde doch aushalten. Irgendwie.

~ * ~

»Das kann der Rat nicht machen.«

Inkias Nase kräuselte sich und sie hatte rote Flecken auf den Wangen. In ihrem gerechten Zorn sah sie zum Niederknien aus, noch anbetungswürdiger als ohnehin schon. Trotzdem war Gor froh, nicht das Ziel ihrer Wut zu sein.

»Er kann, und er tut es.«

»Und wie sich Krus, Ara und Zyde fühlen, spielt keine Rolle.«

»Nein.«

»Das ist falsch.«

Wo Inkia Recht hatte, würde er den Teufel tun, ihr zu widersprechen.

»Gib mir fünf Minuten mit jedem Ratsmitglied, und die ändern ihre Meinung.«

Das glaubte er unbesehen. Inkia hatte eine Art, die jeden zum Kapitulieren bringen konnte. Allerdings war ein aufgebrachter Rat momentan alles andere als erstrebenswert.

»Wieso haben sie's auf einmal so eilig? Und wieso Krus? Er hat schon ein Kind. Jill ist seit zweiundzwanzig Jahren mit Nari zusammen und hat noch keins. Wieso machen sie dem keinen Druck?«

Gute und berechtigte Frage.

»Manus meint, Donk steckt dahinter, und ich teile diese Ansicht.«

»Zydes Vater? Das macht keinen Sinn. Ein Vater will seine Kinder doch glücklich sehen, und mit Krus wird Zyde definitiv nicht glücklich.«

Wie wahr und keineswegs als Abwertung gemeint. Inkia mochte Krus, war eine der wenigen Personen, die hinter dessen Fassade sah. Dennoch stimmte, was sie sagte. Zyde würde mit Krus nicht glücklich werden. Keine Chance. Selbst, wenn es Ara nicht gäbe und Krus Zyde akzeptierte, war es eine Tatsache, dass sich Zyde in Krus' Gegenwart unwohl fühlte, obwohl sie es zu kaschieren versuchte. Grundsätzlich war sie in Ordnung, weder besser noch schlechter als andere Jägertöchter, was Krus und vor allem sein Gesicht anging, war sie jedoch wie jede Frau. Man konnte ihr keinen Vorwurf machen, dass sie da nicht aus ihrer Haut konnte. Es war nun mal so. Er gab dieser Partnerschaft exakt so lange, bis das Kind, das dabei herauskommen sollte, initiiert war.

»Was normale Väter angeht, stimme ich mit dir überein, mein Licht. Donk ist aber nicht normal. Ich denke, er macht das meinetwegen.«

»Wegen dir?«

Beim letzten Treffen mit Dessmon hatte der Gott ihm einen ausführlichen Vortrag über Macht gehalten, um ihn darauf vorzubereiten, was ihm bevorstand. Soweit er es bisher beurteilen konnte, hatte Dessmon nicht übertrieben.

»Donk versucht seit Langem, Rat zu werden, und ist bis jetzt jedes Mal an der Abstimmung gescheitert. Er will ein Teil dessen sein, das das Sagen hat. Wie es das Schicksal will, bin in Sachen Jäger und Krieger ich momentan derjenige mit dem meisten Sagen. Da er mir seine Tochter nicht aufzwingen kann, weil ich meine Nachwuchspflicht schon lange erfüllt habe, nimmt er notgedrungen einen meiner Jungs, und Krus ist für ihn vielversprechender als Jill, weil Krus mir näher steht und bei den anderen mehr Ansehen genießt. Donk bildet sich ein, wenn seine Tochter Krus' Partnerin ist, gäbe ihm das Einfluss auf mich. Aber das würde nicht mal klappen, wenn ich es nicht durchschaut hätte.«

»Dann gib mir fünf Minuten mit ihm.«

»Würde ich liebend gern. Ich hätte nichts dagegen, dabei zuzusehen, wie du Donk zusammenfaltest, leider brauch ich ihn noch. Er ist mit dem Großteil der Ratsmitglieder befreundet, was vermutlich der Grund ist, warum er seinen Willen durchsetzen konnte, und das gedenke ich, für meine Zwecke zu verwenden. Donk soll ruhig glauben, er könnte mich benutzen. In Wahrheit werde ich ihn benutzen.«

»Darf ich ihn mir heimlich vorknöpfen?«

Er konnte nicht anders, er musste lachen.

»Meine kleine Kämpferin. Ich sollte dich zu den Lykomorphen schicken, vielleicht hätte sich das mit dem Krieg dann erledigt.«

»Wenn du denkst, das funktioniert, zeig mir den Weg.«

Gott, er liebte diese Frau. Wie hatte er es ausgehalten, tagelang ohne sie zu sein? Eine Frage, die von der nächsten Handyrechnung beantwortet würde.

Und Mera hatte Recht. Er hätte Inkia gleich mitnehmen sollen, anstatt sich darauf auszuruhen, sie wäre in der Obhut der Kriegerinnen doch sicher. Einen alten Scheiß war sie. Der Einzige, der ihm die Gewissheit geben konnte, dass sie in Sicherheit war, war er selbst, und auch nur dann, wenn er sie bei sich wusste. So einfach war das. Spätestens, als die Nachricht gekommen war, diese ominöse Melissa Gordon sei spurlos verschwunden, ja, spätestens da hätte er Inkia herüberholen müssen.

Wie gern würde er diese Menschenfrau in seine Finger bekommen. Fünf Minuten mit Temm, ach, was hieß fünf, eine reichte auch, sie war immerhin nur ein Mensch, und die Frau würde ihnen alles erzählen, was sie wissen mussten. Auch den Namen des Drahtziehers hinter dem Anschlag, wenn sie ihn kannte und es nicht gar selbst war. Mann, wie sehr er diesen Scheißkerl haben wollte. Das Arschloch würde den Tag verfluchen, an dem er auf die Idee gekommen war, auf Inkia zu schießen, wenn er mit ihm fertig war. Allerdings würde er sich mit

Krus vorher wohl noch darum prügeln müssen, wer von ihnen beiden das Vergnügen hatte, ihn letztendlich abzumurksen, schließlich war die Rechnung, die Krus mit dem Pisser offen hatte, auch nicht gerade klein.

»Was wird er jetzt machen?«

»Krus?«

»Ja.«

»Was meinst du, mein Licht? Wenn er merkt, dass, sich die Birne mit Fusel vollzuknallen, nicht hilft oder längerfristig?«

Um ehrlich zu sein, er hatte auf beides keine richtige Antwort. Superkurzfristig war Krus gerade auf dem Weg zum Flughafen, wo ein Flieger Richtung München seiner harrte. Er holte Simon, Theo, Wuff und ein paar seiner Sachen hierher. Morgen Abend, wenn nichts dazwischenkam, wäre er zurück, und was dann passierte, wusste nur Dessmon, und der würde es nicht verraten.

»Ich hoffe, er macht einen Termin mit diesem Doktor Mondess, wenn er schon drüben ist. Mit neuem Gesicht haben er und Zyde möglicherweise eine Chance.«

Was er zu bezweifeln wagte. Ebenso wie Inkia, wie ihre in die Stirn gezogenen Augenbrauen verrieten. Krus konnte vielleicht das Aussehen seines Gesichts verändern, den Inhalt seines Herzens nicht.

23

Den halben Flug und die ganze Taxifahrt über hatte Krus versucht, sich zu stählen und zu wappnen, dem Erdbeergeruch, der seine Lungen flutete, sobald er über die Schwelle seines Hauses trat, war er nichtsdestotrotz nicht gewachsen. Ebenso wenig wie den Gefühlen, die ihn, ausgelöst durch den Geruch, überspülten wie eine Tsunamiwelle. Ara. Nichts auf der Welt roch vergleichbar gut. Nichts auf der Welt besiegte ihn so restlos. Tief sog er ihren Duft in sich auf. Wenn er morgen das Haus verließ, würde er ihn nie wieder riechen, und er wollte sich jede Nuance einprägen.

»Herr?« Theo kam aus der Küche, in der Hand ein Tablett mit Keksen, noch ofenwarm, wie aufsteigender Dampf vermuten ließ.

»Wieso habt Ihr mir nicht gesagt, dass Ihr kommt? Ich hätte Euch doch vom Flughafen abgeholt.«

»War ein spontaner Entschluss.«

Simons Lachen schallte aus dem Wohnzimmer, gleich gefolgt von weiblichem Kichern. Ein Reflex, den er nicht beeinflussen konnte, ließ ihn den Kopf zur Zimmertür drehen.

»Madame Ara hilft Simon bei den Hausaufgaben. Sie haben viel Spaß miteinander.«

Oh wie er Simon beneidete. Ein Kind zu beneiden war unwürdig, vor allem für einen Jäger, trotzdem tat er es. Das Grummeln im Magen konnte nichts anderes bedeuten. Zeit mit Ara verbringen zu dürfen, Spaß mit ihr zu haben. Und dieses Lachen. Er hörte es heute zum ersten Mal seit langer Zeit. Himmel, das letzte Mal hatte er sie lachen hören, als sie fünfundzwanzig gewesen war. Dreizehn Jahre, in denen er diesen Klang vermisst hatte wie verrückt. Ihr Lachen würde er nach seiner Abreise ebenfalls nicht mehr zu hören bekommen. Er beneidete Simon definitiv.

Könnte er doch bleiben. Könnte er doch ... Aber er konnte nicht.

»Theo, du, deine Frau und Simon werdet mich begleiten, wenn ich morgen zurückfliege. Wir werden länger in England bleiben, und ich möchte euch bei mir haben.«

»Ah. Deshalb sollte Wuff geimpft werden.«

»Richtig.« Da erst fiel ihm auf, dass Wuff ihn noch nicht begrüßt hatte. »Wo ist er?«

Theo deutete auf die Wohnzimmertür. Klar, Wuff und Simon waren wie siamesische Zwillinge, seit der Junge eingezogen war.

»Und der Rest?«

»Auch. Sie umschwärmen Madame Ara wie Motten das Licht und versuchen, sich gegenseitig in ihrer Gunst auszustechen. Tausendmal schlimmer noch als im Sommer bei Madame Inkia. Madame Ara kann keinen Schritt tun, ohne dass einer von ihnen um sie herumscharwenzelt.«

Sogar die Hunde. Und, bei Dessmon, er verstand sie. Er, als Hund, würde ihr ebenfalls nicht von der Seite weichen, sich keinen Schritt weiter von ihr entfernen als nötig. Verdammt. Er würde es auch als Krus nicht, wenn sie ihn ließe.

»Theo«, rief Simon. »Was hast du in den Tee gemacht? Ich dachte, ich würde ... Krus!« Als hätte er Wespen im Hintern, schoss Simon von der Zimmertür quer durch den Eingangsbereich auf ihn zu und warf sich an ihn. Er schlang die Arme um seine Taille und drückte den Kopf gegen seinen Bauch.

»Dann war deine Stimme doch keine Einbildung.«

Er wuschelte Simon durchs Haar und erwiderte die Umarmung. Gott, der Kleine hatte ihm gefehlt, und Simons Zuneigung tat echt gut. Was für ein Glück war Gor augenblicklich zu beschäftigt, um nach Pflegeeltern zu suchen, sodass er den Jungen noch eine Weile behalten durfte. Mit dem Segen des Rats.

Simon sah ihn von unten an, strahlte übers ganze Gesicht, löste sich von ihm und drehte sich zurück zur Tür.

»Ara! Ara, sieh mal, wer hier ist!«

Nein. Nicht rauskommen. Bitte.

Zu spät.

Lächelnd erschien Ara im Türrahmen. Ein Lächeln, das erstarb, sobald sie ihn erkannte. Keine Überraschung.

»Keine Sorge, ich bleibe nicht lange. Muss nur ein paar Sachen holen. Morgen später Nachmittag bin ich weg.«

Als ob er sich bei ihr entschuldigen müsste, dass er hier war, oder einen Grund bräuchte. Es war sein Haus. Er konnte sich hier so oft und lange aufhalten, wie er wollte. Ob ihr das gefiel oder nicht. Und es gefiel ihr eindeutig nicht.

»Wegen mir musst du dich nicht abhetzen. Vater hat eine neue Bleibe gefunden und holt mich morgen sowieso ab. Ich könnte heute Nacht ins Hotel gehen.«

Sie wollte nicht mal ein paar Stunden mit ihm in einem Haus verbringen. Dabei hatte es einst eine Zeit gegeben, da hatte er sich allen Ernstes eingebildet, sie würden zusammenleben können. Wie dumm er gewesen war. Und blind.

»Kannst du nicht«, widersprach Simon. »Du hast mir versprochen, dass wir uns einen Film ansehen.«

»Das müssen wir wohl auf ein anderes Mal verschieben.«

»Simon begleitet mich.«

»Echt?« Der Junge starrte ihn ungläubig an. »Ich darf mit nach England?«

»Ja. Theo und Juschka auch.«

»Und die anderen beiden?«

»Bleiben hier und kümmern sich um Haus und Hunde, solange wir weg sind. Wir nehmen nur Wuff mit.«

Erneut drehte sich Simon zu Ara.

»Siehst du, wir können's nicht verschieben. Wir müssen den Film heute gucken, also musst du bleiben.«

Kindliche Logik. Als könnte sie nicht nach dem Film noch gehen.

»Bloß, wenn Krus nichts dagegen hat.«

Was sollte er dagegen haben? Nichts. Alles.

»Das Haus ist groß genug.«

»Prima.« Begeisterung blitzte aus Simons Augen. »Ich such einen schönen Film für uns drei aus.«

Drei? Davon war nicht die Rede gewesen. Er setzte sich bestimmt keine komplette Filmlänge über mit Ara in ein Zimmer. Er war doch nicht verrückt und hatte nicht vor, es zu werden. Dennoch, das wusste er jetzt schon, würde es exakt darauf hinauslaufen - Film ansehen und währenddessen durchdrehen , weil er Simon einfach nichts abschlagen konnte. Hoffentlich fiel Ara eine gute Ausrede ein, das Ganze noch zu verhindern. Kopfschmerzen zum Beispiel. Die waren bei Frauen doch sehr beliebt.

~ * ~

Ara lag im Bett und versuchte einzuschlafen. Erfolglos. Da konnte sie Schäfchen zählen, soviel sie wollte, sich von rechts nach links und vom Bauch auf den Rücken wälzen, sie fand keine Ruhe. Im Grunde kein Wunder.

Als sie Simon den Vorschlag gemacht hatte, sich einen Film anzusehen, hatte sie das für eine gute Idee gehalten. Erstens, weil sie Simon liebgewonnen hatte und gerne Zeit mit ihm verbrachte. Zweitens, weil sie wegen der Neuigkeit, die Ryst ihr gebracht hatte, eine kurzweilige Ablenkung brauchte, die ein Film versprach.

Verfluchter Mist. Sie hatte sich von ihren Gedanken an Krus ablenken wollen. Der Tatsache, dass der Rat ihm eine neue Partnerin ausgesucht hatte, die schon bei ihm lebte, obwohl es noch nicht offiziell war, sonst wäre sie nicht von ihrem Vater sondern vom Rat informiert worden. Zwei geschlagene Stunden mit ihm in einem Raum zu verbringen, noch dazu auf ein und demselben Sofa sitzend, war nicht das, was sie unter Ablenkung verstand.

Sie hätte irgendwas erfinden sollen, um dem zu entkommen. Migräne wäre passend gewesen, hätte zu dem Brechreiz gepasst, der sie nach dem Erhalt der Neuigkeit überkommen hatte. Simon hätte ihr geglaubt, schließlich hatte er sich nicht schlecht Sorgen gemacht, als sie wiederholt aufs Klo gerannt war, um sich zu übergeben. Jedes Mal, wenn sie sich die andere in Krus' Bett vorstellte, und was die beiden dort miteinander anstellten.

Jetzt, Stunden später, daran zu denken, fühlte sich nicht besser an. Ihr Magen wollte schon wieder eine Kehrtwende veranstalten und seinen Inhalt auf demselben Weg entsorgen, auf dem er reingekommen war.

Dessmon stehe ihr bei. Sie sehnte sich so verzweifelt nach Krus, dass es wehtat. Vor allem zwischen ihren Oberschenkeln. Was noch schlimmer wurde, weil sie ihm nah gewesen war. Lediglich Simons Körper, lächerliche dreißig Zentimeter, hatte sie voneinander getrennt. Ähnlich nah war sie Krus nur während der Therapie gekommen. Noch näher sogar, weil er sie da auf dem Arm gehalten hatte. Und ihre letzte Begegnung an dem Morgen, als er ihr geholfen hatte zu stehen. Wenn sie daran dachte, was sich daraus hätte entwickeln können, wurde ihr warm ums Herz und gleichzeitig kalt in der Brust. Warum war das Gefühl so schnell zurückgekehrt? Hätte es nicht für immer wegbleiben können?

Als ob er das lange mitgemacht hätte. Bereits diese paar Tage mussten eine Qual für ihn gewesen sein. Liebe Güte, er hatte heute Abend, weiß Gott, keinen Hehl daraus gemacht, wie beschissen er sich in ihrer Gegenwart fühlte. Aber bald würde er davon ja befreit sein. Endgültig. Und vielleicht, mit ein bisschen Zeit, würde sie einen anderen kennenlernen. Einen Desslaner, dem sie etwas bedeutete, der sie bei sich haben wollte und umsorgte. Ein Partner, der sie liebte und den sie mit der Zeit ebenfalls lieben könnte.

Ach, verdammt. Das glaubte sie ja selbst nicht. Sie würde keinen neuen Partner finden und das nicht, weil ihr der Makel der Unfruchtbarkeit anhaftete. Ein Desslaner, der seine Nachwuchsverpflichtung erfüllt hatte oder dem aufgrund seiner Schichtzugehörigkeit nicht unterworfen war, würde sie möglicherweise trotzdem nehmen. Der Punkt war, egal, welcher Mann ihr begegnete, keiner war Krus, und nur ihn wollte sie.

24

Beim Frühstück hatte Krus es noch geschafft, Ara aus dem Weg zu gehen, beim Mittagessen gelang ihm das nicht. In der Antarktis könnte die Stimmung nicht frostiger sein. Das merkte sogar Simon, der genauso lustlos in seinem Essen stocherte wie die beiden Erwachsenen am Tisch. Dabei war seine Laune vorher überschwänglich gewesen, ebenso gut wie sein Appetit, den es ihm mittlerweile verschlagen hatte.

»Mein Lehrer kommt bald. Darf ich aufstehen?«

Du meine Güte, als ob er das fragen müsste.

»Klar.«

Er beneidete Simon, als er ihm hinterhersah. Schon wieder. Wenn er nicht aufpasste, wurde das noch zur Gewohnheit. Aber wieso ging er nicht auch? Er brauchte in seinem eigenen Haus keine Erlaubnis, den Tisch zu verlassen. Wenn er wollte, konnte er jederzeit gehen.

»Wie ist sie so?«

Erst jetzt nahm er wahr, dass Ara ihn musterte.

»Wen meinst du?«

Sie verzog die Lippen, als würde sie „blöde Frage“ sagen wollen.

»Deine neue Partnerin.«

Na super. Damit floh auch der letzte Rest seiner Laune. Ob vorher gut oder schlecht, jetzt war gar keine mehr übrig.

»Keine Ahnung.«

»Keine Ahnung?« Klappernd fiel die Gabel auf den Teller. »Ist das alles? Wenn dich irgendwann jemand fragt ›Wie war Ara?‹, was sagst du dann? ›Wer?‹ vielleicht?«

Hä? Wo kam das denn auf einmal her?

»Ich kenn die Frau noch nicht mal.«

Ara sprang derart abrupt auf, dass der Stuhl umkippte.

»Du lebst seit drei Tagen mit ihr zusammen.«

So konnte man das nicht ausdrücken. Die Kleidung, die Zyde mitgebracht hatte, hing neben seinen paar Klamotten im Schrank. Sie schlief in derselben Suite wie er – sie im Schlafzimmer, er im Wohnzimmer auf der Couch. Darüber hinaus? Herrgott nochmal, sie saßen bei Tisch nicht mal nebeneinander, und er hatte noch keine zehn Worte mit Zyde gewechselt. Zusammenleben sah anders aus und fühlte sich vor allen Dingen anders an.

»Dafür, dass du sie nicht kennst, hast du's verflucht eilig, wieder zu ihr zu kommen.«

Wie sie dastand. Vor Zorn ganz kurzatmig. Ihre Augen funkelten und schleuderten Blitze. Wenn er es nicht besser wüsste, er würde sie für eifersüchtig halten. Und ihm fiel absolut nichts ein, was er antworten könnte.

»Weißt du was? Ich hoffe, diese Frau ist verrückt, dann würdet ihr wenigstens zueinanderpassen, weil du nämlich echt nicht mehr alle beisammen hast. Geh, und werd glücklich mit ihr. Ich wünsch euch nen ganzen Stall voller Bambini, die euch den letzten Rest Verstand rauben, der sich im Vakuum eurer Hirne finden lässt.«

Alle Worte der letzten elf Jahre zusammengezählt, ergab nicht die Menge, die sie gerade von sich gegeben hatte. Mit einer Stimme, die vor Aufregung gezittert hatte. Wäre es was Vernünftiges gewesen, er hätte sie aufgefordert, weiterzureden. Aber was sie gesagt hatte, ergab keinen Sinn. Glücklich mit Zyde? Keine Chance. Ein Haufen Kinder? Oh nein. Die Rechnung hatte der Rat ohne ihn aufgestellt, und sie würde nicht aufgehen. Und der letzte Rest Verstand, den er noch hatte, wurde von dem Gedanken, Ara nie wiederzusehen, aufgefressen.

»Sag gefälligst was.«

»Was?«

»Du ... du ... Blödmann.«

Tja, da konnte er ihr schlecht widersprechen, und sie wartete nicht länger auf eine Antwort. Mit einem wütenden Schnauben stapfte sie aus dem Zimmer. Verdammt.

Seufzend stand auch er auf und verließ das Esszimmer. An Nahrungsaufnahme war jetzt ohnehin nicht zu denken. Er würde keinen Bissen herunterbekommen. Im Arbeitszimmer sank er auf den Bürostuhl, der unter seinem Gewicht ein ächzendes Geräusch von sich gab. Er stützte die Ellbogen auf der Schreibtischplatte ab und legte seinen Kopf in seine Hände.

Bei Dessmon. Er hatte die ganze Nacht kein Auge zugemacht. Die Sehnsucht nach ihr hatte ihn wachgehalten, und er war mehr als einmal in starker Versuchung gewesen, die fünfzehn Meter Flur, die sein von ihrem Schlafzimmer trennten, zu überwinden, um bei ihr zu sein. Mit ihr zusammen zu sein. In einem Bett. Und sei es nur, um sie ein einziges und letztes Mal im Arm zu halten, während ihr bewusst war, dass er das tat. Und vielleicht ... Vielleicht hätte sie ihm sogar erlaubt ... Unmöglich. Er war in seinem Schlafzimmer geblieben, gegen den eigenen Wahnsinn kämpfend, weil er sich nicht getraut hatte, zu ihr zu gehen. Zu wissen, dass man weggeschickt würde, war eine Sache. Tatsächlich weggeschickt zu werden, eine andere.

Und der Geruch nach Zartbitterschokolade in ihrem Krankenzimmer? Eingebildet hatte er ihn sich definitiv nicht, nur missgedeutet und falsch verstanden. Klar, er kannte diesen Geruch nur, wenn sie erregt war. Nicht verwunderlich also, dass er in dem Moment, als er ihn roch, an Erregung gedacht hatte. Wahrscheinlicher war, dass sich dieser Duft auch dann bildete, wenn sie aufgeregt oder aufgewühlt war, und aufregend und aufwühlend war die Situation für sie ohne Zweifel gewesen.

Nein, es bestand nicht die geringste Ungewissheit darüber, dass sie ihn weggeschickt hätte. Und selbst wenn nicht, wäre sie in Gedanken nicht bei ihm gewesen, sondern bei dem Liebhaber, von dem er glaubte, dass sie ihn seit Jahren hatte. Eine Frau, die so schön war wie Ara, musste nicht wie eine Nonne leben, weil ihr Partner sich ihr verweigerte. Die brauchte nur mit den Fingern schnippen und konnte an jedem zehn haben. Wahrscheinlich standen die Kerle bei ihr Schlange, und vielleicht hatte sie sogar mehr als einen Liebhaber. Erlaubt war das. Allerdings war es ziemlich erstaunlich, dass sie es geschafft hatte, eine derartige Liaison geheim zu halten. Sie und ihr Liebhaber, sofern es einen gab und es nur einer war, mussten verdammt diskret sein.

Die Vorstellung von Ara mit einem anderen Mann im Bett schmerzte unglaublich. Den ganzen Vormittag war er ihr aus dem Weg gegangen, aus Furcht, irgendeine Dummheit zu begehen, wenn er mit ihr zusammentraf. Über sie herzufallen zum Beispiel.

Außerdem hatte er den Moment der letzten Worte hinauszögern wollen. Letzte Worte, die er sich gut hatte überlegen wollen. Irgendwas Nettes, über das sie sich freute. Gott, auf einen Streit war er nicht vorbereitet gewesen. Wobei Streit nicht die richtige Bezeichnung war. Zu einem Streit gehörten zwei, und dafür hatte er definitiv zu wenig gesagt.

Was hatte sie eigentlich so aufgeregt und wütend gemacht? Er verstand es nicht und gab sich keine weitere Mühe, es zu hinterfragen. Die Denkweise von Frauen war ohnehin ein Buch mit sieben Siegeln. Schon immer gewesen.

Wenn sie zornig nur nicht so verdammt hinreißend aussähe. Wie sich ihr Busen hob und senkte, während sie nach Atem rang. Eigentlich ein schönes Bild, um es als letzte Erinnerung in sich zu bewahren.

Scheiße. Er wollte keine letzte Erinnerung, er wollte eine Zukunft.

Wobei es die Zukunft, wie er sie sich wünschte, gar nicht geben konnte. Ein Zusammenleben mit Ara war unmöglich. Oder nur zu bewerkstelligen, wenn er ignorierte, was sie empfand. Nämlich Abscheu und Grauen. Wie hatte es die Frau des Dieners so schön ausgedrückt? Es wäre kein Wunder, dass Ara Albträume hätte bei dem Gedanken daran, bald mit einem echten Albtraum zusammenleben zu müssen. Damals hatte er entschieden, ihr das nicht anzutun, weil es sie quälen würde, und diese Entscheidung hatte er nach der Zusammenführung untermauert. Bis heute hatte sich nichts daran geändert. Die Entscheidung, sie nicht mit seinem Anblick zu quälen, war nach wie vor gültig. Auch wenn er tausendmal darum betete, es möge anders sein.

Du musst dich für einen deiner Wünsche entscheiden. Du kannst nicht beides haben. Die Erfüllung des einen wird durch den Verlust des anderen bedingt. Entweder oder.

Er hatte die Botschaft ihres Gottes, die Gor ihm ausgerichtet hatte, noch gut im Ohr, und im Gegensatz zu seinem Boss hatte er gewusst, wovon Dessmon sprach. Seine beiden sehnlichsten Wünsche. Nicht die, die er angab, wenn man ihn fragte, sondern die echten. Aras Liebe und sein Gesicht, und er sollte wählen.

Sein Blick fiel auf die Visitenkarte, die er am Vorabend auf den Schreibtisch gelegt hatte, um sie zu all den anderen zu sortieren, die sich im Laufe der Jahrzehnte angesammelt hatten. Mondess, Dr. med. chir.

Er legte den Kopf in den Nacken, aber er starrte nicht zur Decke, sondern durch sie hindurch.

»Ich hab doch nicht mal daran gedacht.«

Trotzdem war die Entscheidung gefallen. Der Rat hatte sie ihm abgenommen, indem er beschlossen hatte, ihn und Ara zu trennen.

Wenn er Ara nicht haben konnte, musste er sich seinem zweiten Wunsch nicht länger verweigern. Und vielleicht hatten er und Zyde eine kleine Chance, hätte er ein rekonstruiertes Gesicht. Zumindest wäre es für sie weniger schlimm, seine Partnerin zu sein.

Er griff zu seinem Handy und begann, die Nummer des plastischen Chirurgs einzutippen. Er kam bis zur fünften Zahl. Nein. Er wollte Ara nicht verlieren. Er konnte sie nicht verlieren. Er durfte sie nicht aufgeben. Fakt war jedoch, dass er sie bereits verloren hatte, selbst wenn man die unbedeutende Tatsache vergaß, dass sie ihm nie gehört hatte.

Erneut wählte er, bis zur letzten Ziffer. Doch er legte auf, bevor es am anderen Ende klingelte.

Sein Gesicht oder Aras Liebe.

Wieder sah er sie vor sich. Die geblähten Nasenflügel, die bebten, weil sie sauer auf ihn war. Aus einem Grund, den er weder kannte noch begriff. Die blitzenden Augen, leuchtender als Sterne. Kaum zu glauben, es hatte ihn angemacht. Das tat es auch jetzt, während er sich das Bild zurückrief.

Ein drittes Mal griff er zum Handy und diesmal zog er den Anruf durch. Es klingelte zweimal, bis der andere Teilnehmer abhob.

»Hallo, Ebly. Krus hier. Hast du Zeit für mich?«

25

Es gab Momente, da war Krus heilfroh, keine scharfen Gegenstände in Reichweite zu haben. Sachen wie Messer, Dolche, Scheren, Glasscherben. Eben alles, womit man schneiden konnte. Gerade war so ein Moment.

Sein Körper spielte ihm nämlich wieder mal diesen bösartigen Streich, bei dem er regelmäßig ausflippen wollte. Scharf wie Nachbars Lumpi. Eier, die sich anfühlten, als wären sie dreimal dicker als normal und stünden kurz vor dem Platzen. Und sein Schwanz? Wie Makkaroni nach dreißig Minuten in kochendem Wasser.

Zum Kotzen. Wozu war dieses blöde Scheißding eigentlich zu gebrauchen, das ständig tat, was es wollte, und nie das, was es sollte? In den unmöglichsten, unpassendsten Situationen hob es den Kopf, um irgendwelche Ansprüche anzumelden oder Hallo zu sagen oder was immer. Wenn er es jedoch zum Dienst rief, machte es einen auf Wackelpudding und spielte toter Mann. Unnütz und überflüssig wie ein Kropf. Und was machte man mit einem Kropf? Genau. Man schnitt ihn weg.

Seit einer geschlagenen halben Stunde mühte Ebly sich jetzt ab, Schlaffi in Stahl zu verwandeln. Vergeblich. Und Ebly war weder hässlich noch Anfängerin, sondern ein attraktiver Vollprofi mit Jahrzehnten an Berufserfahrung. Sie hatte jeden Trick drauf, den man sich vorstellen konnte, und war jeden Cent wert. Half das? Nein, natürlich nicht.

»Verdammte Scheiße!«

Verständnisvoll lächelte Ebly ihn an und tätschelte seinen Oberarm. »Alles in Ordnung. Entspann dich.«

Er wollte nicht entspannt sein, verflucht noch eins. Nicht jetzt. Entspannt war man hinterher, nicht davor.

»Das kennen wir doch, Krus. Wir machen's eben wie immer.«

Hier zeigte sich einer der Gründe, warum er am liebsten auf Ebly zurückgriff. Sie erlebte das heute zum x-ten Mal und hatte sich noch nie darüber lustig gemacht oder ihm das Gefühl gegeben, ein Schlappschwanz zu sein. Obwohl es de facto ja stimmte. Souverän und professionell hatte sie nach Abhilfe gesucht, als es zum ersten Mal aufgetreten war, und nicht aufgegeben, bis sie eine gefunden hatte.

»Komm, leg dich hin und mach die Augen zu. Ich kümmere mich um den Rest.«

Also rutschte er flach auf den Rücken, schloss die Lider und wartete auf die Wirkung von Eblys Trick 17. Er hörte, wie sie in ihrem Handtäschchen wühlte, und spürte, wie sie sich neben ihn kniete, nachdem gefunden war, was sie brauchte. Dann das typische *Pfff-Pfff*, als Ebly das Pumpspray benutzte. Im selben Augenblick, als der feine, nach Erdbeeren riechende Sprühnebel auf ihn niedersank, glitten ihre Finger über seinen Schwanz. Und, siehe da, der Dornröschenschlaf war beendet.

Solange er die Augen geschlossen hielt und es nach Erdbeeren roch, funktionierte der Trick und seine Rute stand stramm wie ein Soldat, weil er sich einbilden konnte, Ara wäre bei ihm. Das ging jetzt seit fast elf Jahren so. Seit jenem Abend im Tempel, als Ara und er zusammengeführt worden waren und zum ersten Mal miteinander geschlafen hatten. Seitdem reagierte sein Schwanz nicht mehr auf andere Frauen. Wenn es nicht Ara war, oder er sich vorgaukeln konnte, sie wäre es, bekam er einfach keinen hoch. Da konnte er machen, was er wollte.

Deshalb hatte er den Arzt nicht angerufen. Ein rekonstruiertes Gesicht würde es für Zyde vielleicht einfacher machen, mit ihm zu leben, es würde ihnen aber kein Sexleben geben. Zyde roch nun mal nicht nach Erdbeeren, sondern nach – Himmel, nach was roch sie eigentlich? Er hatte keine Ahnung, und es interessierte ihn auch nicht wirklich.

Eblys eigener Geruch hing zwar ebenfalls in der Luft, den konnte er jedoch ausblenden. Sie durfte nur nicht den Fehler machen, ein Wort zu sagen. Das würde die Illusion zerstören. Aber Ebly wusste das und hielt den Mund, bis es vorbei war.

Doch noch war es nicht soweit. Noch musste Ebly ihn eine Weile mit der Hand auf Touren bringen, bevor sie ihn besteigen konnte, damit er nicht doch wieder in sich zusammenfiel. Er hielt die Augen geschlossen, während sie ihn umgriff, um sich voll und ganz der Vorstellung hingeben zu können, es wäre Aras Hand, die ihn berührte. Noch ehe es dazu kommen konnte, ging die Tür auf.

»Krus, das vorhin ...«

Er riss die Augen auf. Ara! Mit einer Hand hielt sie noch den Türgriff, mit der anderen klammerte sie sich an den Rahmen. Ihr Gesicht eine Maske des Entsetzens. Weit aufgerissene Augen starrten auf Ebly. Sie schnappte nach Luft, als hätte ihr jemand die Faust in den Magen gerammt. Kein Laut kam über ihre Lippen. Sie drehte sich wortlos um und stakste in den Flur zurück.

»Scheiße!«

Er wischte Ebly mit derselben Bewegung vom Bett runter, wie er beim Aufstehen die Bettdecke zurückschlug. Dabei gab er ihr derart viel Schwung, dass es sie auf der anderen Seite aus dem Bett schleuderte. Er stand bereits, als er den Aufschlag hörte, aber es interessierte ihn nicht.

Der erstbeste Stofffetzen, den er zu halten bekam, war das Laken, das er mit festem Ruck vom Bett zog und notdürftig um seine Hüften schlang, während er Ara hinterherlief.

»Ich rechne dann mit Theo ab«, rief Ebly ihm hinterher. Eine Antwort erhielt sie nicht.

Ara war drei Schritte vor ihm, in seiner Beinlänge, als sie ihre Zimmertür erreichte, die nur angelehnt war. Sie stieß sie auf und trat ein. Er dicht hinter ihr. Ob sie ihn bemerkte oder nicht, wusste er nicht, sie sah sich jedenfalls nicht nach ihm um. Die Tür bekam einen Tritt und wäre ihm auf die Nase geprallt, wenn er nicht in letzter Sekunde den Arm gehoben und sie aufgefangen hätte. Die Tür traf seine Elle, mit der er sie wieder aufstieß.

~*~

Die Tür müsste ins Schloss fallen, bei dem Schwung, den sie gekriegt hatte. Warum tat sie es nicht?

»Das hättest du nicht sehen sollen.«

Aha, darum nicht. Krus war hinter ihr hergekommen. Zufällig hatte Ara aber keine Lust, ihn zu sehen. Das, was sie gerade zu Gesicht bekommen hatte, deckte ihren Bedarf für die nächsten, mal grob überschlagen, hundert Jahre. Minimum.

»Ach, was du nicht sagst. Dann schlag ich vor, du schließt in Zukunft ab.«

Nicht, dass seiner neuen Partnerin dasselbe passierte.

»Ich konnte doch nicht ahnen, dass du in mein Schlafzimmer kommst.«

Nee, weil Partnerinnen so was nicht machten. Wieso sollte man also damit rechnen?

»Ich bitte vielmals um Verzeihung, dass ich dich nirgendwo anders antreffen konnte. Theo hätte ja sagen können, dass du beschäftigt bist.«

Wobei Theo, wenn sie ehrlich war, exakt das versucht hatte. Sie hatte bloß nicht richtig hingehört.

»Was wolltest du überhaupt?«

»Nichts Wichtiges.«

Erst jetzt drehte sie sich um und hätte beinahe die Aufgeregtheit über ihren Schock verloren. Krus in ein Bettlaken eingewickelt war zum Brüllen, und sie grub die Nägel in die Handflächen, um nicht genau das zu tun.

»Ich wollte mich für meinen Auftritt bei Tisch entschuldigen. Wir haben nicht viel miteinander gesprochen, seit wir zusammengeführt wurden, und ich wollte nicht, dass das letzte Gespräch, das wir führen, ein Streit ist. Als Xanthippe sollst du mich nicht in Erinnerung behalten. Das wollte ich. Ganz bestimmt wollte ich dich nicht beim Sex stören. Also, geh schnell zurück und bring zu Ende, was du angefangen hast.«

Er stand da wie ein begossener Pudel. Nicht, dass sie schon mal einen gesehen hätte, aber so stellte sie sich einen vor. Langsam schüttelte er den Kopf.

»Geh trotzdem. Aber beantworte mir vorher eine Frage. Was ist verkehrt an mir?«

Okay, anscheinend waren ihr in den letzten fünf Sekunden Hörner gewachsen. Anders war sein Blick jedenfalls nicht zu interpretieren. Anstalten, die Frage zu beantworten, machte er nicht. Vielleicht hatte er sie nicht verstanden? Dem konnte sie abhelfen.

»Wenn du Sex willst, wieso bestellst du dir eine Käufliche? Bin ich wirklich so abstoßend?«

»Ich dränge mich einer Frau nicht auf«, sagte er leise. »Ich schlafe nicht mit Frauen, die das nicht wollen.«

Wie nobel. Jetzt erwartete er wahrscheinlich einen Orden.

»Klar, weil Käufliche ja dauergeil sind.«

»Die verdienen ihren Lebensunterhalt damit. Das ist was anderes.«

»Verstehe. Du hast meine Frage immer noch nicht beantwortet. Dann versuche ich mal, sie verständlich zu formulieren. Wieso hast du nie mit mir geschlafen?«

Das brodelte seit Jahren in ihr. So viele einsame Nächte, in denen sie sich das gefragt hatte. Jetzt, da sie auseinandergingen, war sie bereit, sie nicht nur sich selbst, sondern auch ihm zu stellen. Und sie hatte, verdammt nochmal, ein Recht auf eine Antwort.

Er wurde noch bleicher, als er vorher gewesen war.

Seine Gesichtsfarbe unterschied sich kaum noch von der Farbe des Lakens. Das hob die Vernarbung deutlicher hervor, deren Färbung sich nicht änderte. Er biss die Zähne aufeinander, bis die Muskeln am Kieferende hervortraten, und schnaubte durch die Nase.

»Weil du das nicht gewollt hast.«

Nein? Hatte sie nicht? Woher meinte er, das zu wissen? Sie hatte und hätte ihn nicht zurückgewiesen. Im Gegenteil. Wie oft hatte sie davon geträumt, mit ihm zusammen zu sein. Doch er hatte es nie versucht.

»Wieso glaubst du das?«

Der Startschuss zu einer völlig unerwarteten Reaktion. Mit einem Satz war er bei ihr und presste sie gegen den Schrank. Er beugte sich vor und brachte seinen Mund neben ihr Ohr.

»Ich glaube es nicht, ich weiß es. Oder willst du mir weismachen, du hättest dich von mir anfassen lassen?«

Seine Hand strich an ihrem Arm entlang, als wolle er anfassen demonstrieren. Und, Himmel, seine Finger hinterließen sogar durch den Stoff eine Brandspur. Ihre Haut kribbelte und es fühlte sich an, als hätten sich sämtliche Körperhärchen aufgestellt.

»Willst du mir allen Ernstes erzählen, du hättest freiwillig mit mir geschlafen?«

Genau das. Was er für Wissen hielt, war pure Einbildung, die wer weiß wo herkam. Freiwillig mit ihm schlafen klang nach Überwindung. Die brauchte es nicht. Sie wollte ihn, verzehrte sich nach ihm. Seit Jahren und jetzt ebenso. Allein seine Nähe reichte, sie alle Verärgerung vergessen zu lassen, löste Wärme in ihr aus und den Wunsch nach mehr.

»Nein, das hättest du nicht. Du willst mich nicht, Ara, und ich beweise es dir.«

Noch bevor sie sich fragen konnte, wie er das bewerkstelligen wollte, spürte sie eine Hand, die sich in ihre Hose schob. Der Gummizug bot kein Hindernis. Und dann waren seine Finger da, wo sich ihre gesamte Sehnsucht konzentrierte. Oh Gott. Die Knie drohten nachzugeben, und sie keuchte unter dem Hammerschlag, der sie durch die Berührung traf.

Er versteinerte, als hätte sich sein Körper in eine Statue verwandelt. Langsam zog er die Hand aus ihrer Hose und hob sie zu seinem Gesicht. Sein Mund öffnete sich in unübersehbar ungläubigem Erstaunen, während er seine glitzernden Finger anstarrte, als wäre das, was er da sah, das achte Weltwunder.

»Du«, krächzte er heiser. »Du bist feucht.«

Na, was für eine Überraschung. Was hatte er denn erwartet, die Wüste Gobi?

Sein Körper war nicht so begriffsstutzig wie er, sondern sprang sofort darauf an. Und wie. Aber hallo. Wenn das kurze Intermezzo seiner Finger sie nicht so erregt hätte, sie würde ob des an der Hüfte aufgebauschten Lakens anfangen zu lachen. Doch dafür glühte sie zu sehr vor Begierde. Da wurde nonverbal eine Einladung ausgesprochen, und sie nahm sie ohne zu zögern an.

Sie legte ihre Hände auf seine Brust und schob ihn Richtung Bett. Er leistete keinen Widerstand, setzte folgsam einen Fuß hinter den anderen. Am Ziel angekommen, packte sie das Laken und zog es ihm vom Körper. Es landete auf dem Boden neben ihm. Immer noch kein Widerstand. Gütiger Dessmon, was für ein Anblick. Im Tageslicht sah er noch besser aus, als sie ihn vom Tempel oder Schwimmbad her in Erinnerung hatte. Sie gab ihm einen Stoß und er fiel rückwärts auf die Matratze. Kein Widerstand zum Dritten.

Während sie sich ihrer Kleidung entledigte, ließ sie ihn nicht aus den Augen. Nur für den Fall, dass er versuchen wollte zu fliehen. Als sie ebenso nackt war wie er, krabbelte sie auf ihn, wie sie annahm, dass die andere es hatte tun wollen.

Seine Nasenflügel blähten sich, als sie sein Glied umfasste und aufrichtete. Sie kauerte direkt über ihm, und er hielt den Atem an. Langsam senkte sie das Becken und nahm ihn in sich auf. Ein Seufzen entfloh ihr, gefolgt von einem wohligen Brummeln aus seiner Kehle.

Sie hatte es noch nie auf diese Weise gemacht, aber, Himmel, es fühlte sich gut an. Besser als gut. Wie die Rückkehr ins Paradies, aus dem er sie vor elf Jahren geworfen hatte.

Ihrem Instinkt folgend, begann sie, sich langsam zu bewegen. Oh ja. Genau danach hatte sie sich gesehnt.

26

Krus konnte nicht fassen, was gerade geschah. Hatte Ara ihn wirklich in ihr Bett geschubst, sich auf ihn geschoben und ...?

Obwohl er wusste, dass es wahr war, tat er sich schwer, es auch zu glauben. Viel einfacher wäre es, sich einzubilden, dass er es träumte. Aber das tat er nicht. Das hier geschah wirklich. Er war bei Ara. Unter ihr. In ihr.

Es war keine Einbildung, kein Traum, keine Ausgeburt seiner verzweifelten Fantasie, sondern passierte tatsächlich.

Seine Muskeln versteiften sich im selben Moment, als ihm klar wurde, was er da gerade tat. Nein. Keine Almosen. Nicht von Ara. Kein Mitleidsfick zum Abschied. Den Gedanken ertrug er nicht. Sein Oberkörper schnellte in die Senkrechte, und er umgriff ihre Taille, um sie von sich herunterzuheben. Doch dazu kam er nicht.

Ihre Arme schlangen sich um ihn und sie drückte ihren perfekten Busen gegen seine Brust. Hölle, das fühlte sich gut an. Sie keuchte lustvoll und der Geruch nach Zartbitterschokolade wurde stärker. Gütiger Dessmon, das war kein Mitleid. Sie war wirklich erregt. Sie wollte es. Sie wollte es ebenso sehr wie er. Vielleicht dachte sie an einen anderen. Aber scheiß drauf. In ihren Kopf konnte er zum Glück ja nicht hineinsehen.

Er zog die Knie an, sodass Ober- und Unterschenkel einen stumpfen Winkel bildeten. Seine Hände wanderten von ihren Hüften zu ihren Schultern, und er drückte sie von sich weg, bis ihr Rücken auf seinen Oberschenkeln lag. Als er mit den Fingerspitzen über ihre Haut glitt, schloss sie die Augen. Ihr Kopf fiel in den Nacken und sie stützte sich mit den Händen seitlich von seinen Beinen ab. Was für ein Anblick. Wie hingegossen und als würde sie exakt dorthin gehören, wo sie gerade war.

Seine Linke verweilte bei ihren Brüsten. Streichelte sanft über die zarte Haut. Während die Rechte weiter abwärts wanderte, bis sein Daumen ihr Lustzentrum erreichte. Sie seufzte, als er anfing, diesen Punkt zu massieren. Zunächst noch ohne Druck und langsam ließ er den Daumen darüber kreisen, doch je länger er sich damit beschäftigte, umso intensiver wurde die Berührung. Und schneller.

Ihr Gesicht verzog sich zu einer Miene purer Leidenschaft. Die Augen geschlossen, die Nase gekräuselt, geöffnete Lippen, die ihre fest aufeinandergebissenen Zähne entblößten, durch die sie die Luft stoßweise entströmen ließ.

Gott, er wollte sich in ihr bewegen, besonders als er sah, wie sich ihre Finger in das Laken verkrallten. In seiner jetzigen Sitzposition ging das aber nicht. Um das tun zu können, müsste er sich abstützen, und dazu müsste er sie loslassen. Was er ganz sicher nicht tun würde. Nicht jetzt, wo sie unüberhörbar kurz davor stand zu kommen.

Die Laute, die sie von sich gab, klangen wie Musik in seinen Ohren. Besser als Musik. Sie waren das Schönste, das er je gehört hatte. Und als sie explodierte, riss sie ihn beinahe mit. Ihre Muskeln zogen sich immer wieder um ihn zusammen, massierten seinen Schwanz auf eine Art, wie nichts anderes es vermochte, und ließen ihn fast ebenfalls kommen. Auch ohne, dass er sich bewegte. Wenn dieser Moment doch nur bis ans Ende aller Tage andauern könnte.

Viel zu schnell war es vorbei. Die Anspannung löste sich aus ihrem Körper und sie sackte nach hinten. Während sie auf seinen Schenkeln hing und um Atem rang, verabschiedete er sich im Stillen von ihr und dem wunderschönen Anblick, den sie bot. Sobald der Rausch abgeebbt war, würde ihr klar werden, dass er nicht ihr Liebhaber war. Geschockt würde sie die Augen aufreißen und ihn in den Boden starren, bevor sie entsetzt von ihm runtersprang. Er sah es jetzt schon vor sich und versuchte, sich dagegen zu wappnen.

Nichts davon geschah.

Langsam öffneten sich ihre Lider, als müsste sie sie da zu zwingen. Ebenso träge richtete sie sich auf. Ihr Blick war weder geschockt noch starrte sie. Und sie machte keinerlei Anstalten, sich von der Stelle zu bewegen, schon gar nicht, entsetzt davonzuspringen. Ihre Hände legten sich gegen seine Schultern und sie drückte ihn auf die Matratze zurück. Ein leichtes Lächeln umspielte ihre Lippen, dann berührten ihre Finger das Ende der tätowierten Flamme an seinem Kiefer. Zärtlich glitten ihre Fingerspitzen über das Tattoo.

Sie wusste, mit wem sie es hier zu tun hatte, dass er es war, nicht irgendein anderer. Gründlicher als diese Erkenntnis hätte ein Baseballschläger ihn auch nicht treffen und umhauen können.

Sie beugte sich zu ihm hinunter, und als ihre Zunge über seinen Hals zu seinem Ohr kreiste, entfachte sie ein Feuer in ihm, für das es kein Löschmittel gab.

»Du bist dran«, hauchte sie, richtete sich wieder auf und stützte sich auf seiner Brust ab.

Als sie anfing, sich zu bewegen, ließ er los. Keine Bedenken mehr, keine Zurückhaltungen. Dieser Augenblick gehörte ihnen beiden, und er wollte ihn genießen, bis zur letzten Sekunde auskosten. Er ließ die Welle der Leidenschaft über sich zusammenschwappen und sich von ihr an einen Ort tragen, an dem er lange nicht gewesen war, und den jemals wiederzufinden, er nicht mehr zu hoffen gewagt hatte.

~ * ~

Nie hatte Krus schöner ausgesehen als in dem Moment, als der Höhepunkt ihn überschwemmte.

Die Augen glasig, das Gesicht verklärt von der Erregung, die ihn durchströmte, dem Ausbruch, den er durchlebte, und dem Rausch, in dem er sich befand. Sein Körper bäumte sich auf, bis bloß noch Schultern und Fersen die Matratze berührten. Würden seine verkrampften Hände Ara nicht fest an der Hüfte gepackt halten, er würfe sie von sich herunter. So hatte sie ihn noch nie gesehen, und so würde sie ihn auch nie wieder sehen.

Nein. Diesen Gedanken wollte sie nicht weiterspinnen. Sie wollte im Hier und Jetzt bleiben, weil das Leben hier und jetzt stattfand. Nicht an gestern denken, das war vorbei, und das Morgen kam womöglich nicht. Denn - wer wusste das schon? - vielleicht, ja, vielleicht geschah das Wunder, auf das sie seit elf Jahren hoffte. Hier und jetzt.

Krus sackte auf die Matratze zurück, als seine Muskeln sich entspannten. Seine Hände rutschten von ihrer Taille und blieben neben ihren Beinen liegen. Mit geschlossenen Augen und leicht geöffnetem Mund lag er da und rang um Atem. Ein Anblick, der ihr Tränen in die Augen trieb. Unglaublich schön. Dermaßen schön, dass sie dem Impuls, ihn zu küssen, nicht länger widerstehen konnte, und das auch gar nicht wollte.

Sie hatte ihn noch nie geküsst, hatte überhaupt noch nicht geküsst, auch niemand anders. Schwierig konnte es ja nicht sein. Sie stellte es sich als Instinkt vor. Man durfte nur nicht darüber nachdenken.

Nicht gerade vorsichtig oder sanft presste sie ihre Lippen auf seine, damit er keine Chance erhielt, sich zu entziehen. Er zuckte zusammen und versuchte, etwas zu sagen. Klang zumindest so. Mehr als eine Art „Hmpf" bekam er jedoch nicht zustande. Kunststück. Mit ihrer Zunge, die ungestüm vorgeprescht war, im Mund, sprach es sich doch ein bisschen undeutlich.

Er hob die Arme, aber sie gab ihm keine Gelegenheit, sie zu benutzen. Sie umgriff seine Handgelenke, bog die

Arme so, dass sie rechts und links neben seinem Kopf lagen, und hielt sie dort fest. Sollte er zusehen, wie er sich ohne Hände befreite.

Aber, süßer Himmel, das versuchte er gar nicht. Statt sich zu wehren, wie sie es erwartete, entströmte ihm ein tiefes Seufzen, bevor seine Zungenspitze anfing, ihre zu umrunden. Bei Dessmon, er erwiderte den Kuss, übernahm sogar die Führung, bis ihr schwindelte.

Langsam zog er seine Hände aus der Halterung um seine Gelenke, bis sie direkt unter ihren lagen. Er krümmte die Finger, schob sie zwischen ihren durch und umfasste ihre Hände mit festem Griff, den sie erwiderte. Währenddessen drängte er ihre Zunge mit seiner in ihren Mund zurück, um dort reine Zauberei damit zu vollführen, die ihr direkt in den Magen fuhr. Und noch eine Etage tiefer.

Als er seine Hände von ihren löste, versuchte sie nicht, ihn daran zu hindern. Er würde das hier nicht abbrechen, dessen war sie sicher - und behielt Recht. Seine Arme schlossen sich um sie und er streichelte über ihren gesamten Rücken.

Auch als er die Zunge zurückzog, protestierte sie nicht. Er hörte nicht auf, sie zu küssen, er bezog nur mehr als ihren Mund in die Liebkosung seiner Lippen ein. Sein Atem war erneut unregelmäßig und abgehackt, als er ihr Ohrläppchen in den Mund sog und daran knabberte.

Ihr Mund war ebenfalls direkt neben seinem Ohr. Das war die Gelegenheit, auf die sie gewartet hatte.

»Ich l...« Lautes Klopfen unterbrach sie.

»Madame Ara?«

Theo, der zum Glück taktvoll genug war, nicht hereinzukommen. Trotzdem wollte sie ihm am liebsten den Kopf abbeißen.

»Euer Vater ist hier, um Euch abzuholen. Er wartet schon eine Weile draußen im Wagen.«

~ * ~

Noch benommen von dem Hammerorgasmus und wegen des Kusses, ließ Krus es zu, dass Ara sich von ihm löste. Ihn fröstelte, als sie ihm ihre Wärme entzog, weil sie das Bett verließ. Während er sie dabei beobachtete, wie sie sich anzog, krampfte sich sein Magen zusammen, und als sie die Jacke nahm, die über einer Stuhllehne hing, und hineinschlüpfte, wollte er sich übergeben.

»Tja, dann«, sagte sie leise, ohne ihn anzusehen. »Es ist kalt draußen. Ich kann Vater nicht noch länger warten lassen.«

Doch, konnte sie. Könnte sie, wenn sie wollte. Aber sie wollte nicht. Langsam, als kostete jeder Schritt sie unendliche Mühe, ging sie zur Tür und griff nach der Klinke.

»Ara.«

»Ja?«

Himmel. Er hatte nicht gewusst, dass man in ein derart kurzes Wort ein solches Ausmaß an Erwartung packen konnte.

Geh nicht. Bleib bei mir. Verlass mich nicht. Das alles und mehr wollte er ihr sagen. Doch, ach, wozu sollte das gut sein? Es würde nichts ändern.

»Leb wohl.«

Er erstickte beinahe an diesen Worten. Ara senkte den Kopf und atmete tief durch.

»Du auch, Krus. Sag Simon bitte, dass es mir leidtut, weil ich mich nicht persönlich von ihm verabschieden kann.«

Er brachte keinen Ton mehr heraus. Seine Kehle war wie zugeschnürt, sein Mund trocken, als hätte er die letzten Jahrhunderte in der Wüste verbracht.

Nachdem Ara draußen war, wurde ihm klar, dass sie nicht nur aus dem Raum verschwunden war, sondern auch aus seinem Leben. Das Gefühl des Verlusts traf ihn mit der Gewalt eines Vorschlaghammers. Kurz spielte er mit dem Gedanken, ihr hinterherzulaufen, sie aufzuhalten, sie, wenn nötig, an sich zu ketten, doch er kämpfte dieses Verlangen nieder. Es hatte keinen Zweck, dem nachzugeben. Der Rat war der Rat, und der duldete keinen Widerstand. Er konnte es sich nicht leisten, eine Ächtung durch den Rat zu riskieren, weil er sich dessen Anweisungen bezüglich Zyde widersetzte. Nicht aus finanziellen Gründen, und die Meinung der Gesellschaft war ihm ebenso schnuppe, aber Gor brauchte ihn. Und außerdem, nur weil Ara mit ihm geschlafen hatte, hieß das nicht, dass sie sich etwas aus ihm machte. Besser, er fand sich gleich mit dem Unabänderlichen ab, das er ohnehin nicht beeinflussen konnte.

Als er seine Gefühle wieder unter seiner Kontrolle wähnte, stand er auf, wickelte sich ein zweites Mal an diesem Tag in das Laken, das am Fußende des Bettes lag, und ging in sein Schlafzimmer zurück, um zu duschen und sich anzuziehen. Sie mussten bald zum Flughafen, und es wurde Zeit, sich zu vergewissern, dass Theo eingepackt hatte, was er mitzunehmen gedachte, und alles für den Aufbruch bereit war.

Außerdem musste er noch mit seinem Bekannten bei der Fahndung telefonieren und ihm sagen, dass Gor die Nachricht über das Verschwinden dieser Melissa Gordon nicht gerade gut aufgenommen hatte. Besser, sie fanden die Frau schnell wieder. Einen stinksauren Gor wollten sie nämlich bestimmt nicht im Nacken sitzen haben.

Das alles tat er wie in Trance und vermisste Ara dabei jede Sekunde.

~ * ~

Als Ara aus dem Haus trat, hatte sie Tränen in den Augen, die sie vor ihrem Vater zu verbergen suchte. Ebenso, dass sie litt. Jetzt noch mehr als in den vergangenen elf Jahren. Das sollte Ryst nicht sehen. Er glaubte, die Trennung würde ihr guttun, die Dinge für sie ins Lot rücken. Doch darin irrte er sich, und das musste er nicht wissen. Es reichte, wenn sich einer von ihnen beiden schlecht fühlte.

Wortlos öffnete sie die Beifahrertür, warf ihre Reisetasche auf die Rückbank und ließ sich auf den Sitz fallen.

»Tut mir leid, Kleines.«

Ryst warf ihr einen Blick zu, als wollte er am liebsten einen Mord begehen, könnte sich aber nicht entscheiden, wen er umbringen sollte.

»Wieso? Ist doch nicht deine Schuld, also muss es dir auch nicht leidtun.«

Sanft legte er eine Hand auf ihre Hände, die gefaltet in ihrem Schoß lagen.

»Ich bin für dich da, das weißt du. Egal, was ist. Wenn ich irgendwas tun kann, sag's.«

Sie bedachte ihn mit einem Lächeln, obwohl sie wusste, dass sie die Traurigkeit darin nicht überspielen konnte.

»Da gibt's tatsächlich was.«

»Raus damit.«

»Fahr los. Ich will weg von hier.«

27

Manchmal zog Gor es vor, Besprechungen in der Bar, früher bekannt als Blauer Salon, abzuhalten. Obwohl wichtige Meetings üblicherweise im Besprechungsraum, dem ehemaligen Zigarrenzimmer, wie der Chefdiener George erzählt hatte, stattfanden. Hier hatten sich früher die hochrangigen Männer nach dem Essen versammelt, um bei einer guten Zigarre die zentralen Fragen zu diskutieren und Entscheidungen zu treffen. Der Raum war also angemessen. Die Atmosphäre der Bar war jedoch angenehmer, der Rahmen weniger gewichtig, obwohl die diskutierten Themen von keiner geringeren Bedeutung waren als im Besprechungsraum.

Heute war ein solches Manchmal, und er hatte zu dem kurzfristig anberaumten Treffen mit Obbs nicht nur seine Männer nebst Mera, an deren Anblick in schwarzem Leder er sich erst noch gewöhnen musste, dazugebeten, sondern auch Inkia, was diese ziemlich überraschte. Ebenso wie sein Entschluss, es in der Bar stattfinden zu lassen. Für eine Besprechung mit dem Oberhaupt des Rates kaum der angemessene Ort.

Obbs schien das anders zu sehen. Er grinste, als er den Raum betrat, winkte Skall zu, der gerade hinter der Theke stand, um sich wer weiß was einzuschenken, und rief beinahe fröhlich: »Für mich einen Scotch. Mit einem Schluck Wasser. Kein Eis.«

Tja, bei Kontinentaleuropäern musste man so was dazusagen. Die hatten die Unart, auch schottischen Whiskey mit Eiswürfeln zu servieren wie amerikanischen. Eine Angewohnheit, die jedem Kenner die Haare zu Berge stehen ließ, und jedem Iren und Schotten Wasser in die Augen trieb.

Obbs hatte erst vor vier Stunden um dieses Treffen gebeten und es dringlich gemacht, daher hatte Gor es sofort angesetzt. Die schnelle Reaktion, Zeichen für die Größe des ihm entgegengebrachten Respekts, hatte Obbs' Laune offensichtlich nach oben gebracht. Am Telefon war Obbs noch eher ernst gewesen.

»Ah, wie ich sehe, habt ihr doch nicht vor, einen kompletten Kreis um euer Auge tätowieren zu lassen.«

Damit spielte Obbs auf die seltsame Zeichnung an, die sich am Morgen nach Inkias Fruchtbarkeit angefangen hatte zu bilden. Die Schnörkel, die ineinandergriffen. Inkia und er hatten ebenfalls damit gerechnet beziehungsweise befürchtet, dass sie zu einem Kreis werden könnten, der aussah, als hätten sie sich ein am Rand mit Farbe bestrichenes Glas gegen das Auge gedrückt. Doch der letzte Schnörkel, der sich am Morgen nach Inkias Ankunft auf dem Landsitz gezeigt hatte, bog sich in der Mitte der Augenbreite nach oben und endete direkt am Unterlid. Es sah ähnlich aus wie das Tattoo von Temm, nur mit anderen Schnörkeln und farbig. Interessanterweise war Temm der Einzige, der bisher noch keinen Kommentar darüber abgelassen hatte.

»Das ist keine Tätowierung.«

Mittlerweile hatte Gor diesen Satz derart häufig wiederholt, dass sein Tonfall gelangweilt klang. Er gab keine weiteren Erklärungen ab. Früher hatte er immer versucht, den Fragern begreiflich zu machen, dass die Schnörkel von allein entstanden, dass weder er noch Inkia ihr Entstehen beeinflussen konnten, und sie beide nicht wussten, woher sie kamen, warum sie entstanden oder was sie zu bedeuten hatten. Keiner hatte ihm geglaubt, also ließ er es inzwischen bleiben.

»Nein, natürlich nicht.« Er wollte seinen Hintern darauf verwetten, dass sich Obbs ein Kichern verkniff. Nachdem er seinen Drink hatte, begrüßte das Ratsoberhaupt jeden der Anwesenden mit Handschlag. An und für sich ungewöhnlich, dass er es bei Inkia ebenfalls tat, war fast eine Art Ehrbezeugung, die Gor nicht erwartet hatte. Und Obbs ging noch weiter, als er erklärte, es bestehe keine Notwendigkeit für sie, den Raum zu verlassen. Sie könne bei der Besprechung ruhig anwesend bleiben.

Wow. Das überraschte, störte ihn jedoch keineswegs. Im Gegenteil. Er war erleichtert. Wegen all der Geheimniskrämerei hatte er ihr gegenüber schon ein schlechtes Gewissen gehabt - normalerweise teilten Vereinte alles miteinander.

»Kurz bevor ich dich anrief«, wandte sich Obbs an ihn, nachdem alle ein Plätzchen auf einem der mannigfaltigen Sitzmöbel gefunden hatten, »hatte ich ein Webcam-Gespräch mit Wemrott.«

»Dem Obersten Richter der Angerol?«, fragte Inkia.

»Eben diesem. Ich soll dir Danke für die Email sagen, Gor. Leider musste ich ihm reinen Wein über den Krieg mit den Lykomorphen einschenken, und was Estobar dir sonst noch verraten hat, und er hat mich daran erinnert, dass niemand die Aufgabe der Jäger, Verbrecher einzufangen, übernehmen kann. Gor, wir müssen uns was Schlaues einfallen lassen, wie wir beides unter einen Hut bekommen.«

Da war was Wahres dran. Darüber hatten sie alle schon nachgedacht. Sie diskutierten eine Weile über verschiedene Möglichkeiten. Inkia hielt sich mit Vorschlägen zurück, obwohl sie bestimmt den ein oder anderen hatte, wie er sie kannte.

Als Manus den Raum betrat, hob Obbs kurz den Blick, beachtete den Neuankömmling aber nicht weiter. Kein Dessla, demzufolge kein Jäger. Wieso sollte er ihm Beachtung schenken? Gor nickte Manus zu, der sich sofort in die obligatorische Ecke verzog, die er bei Besprechungen immer für sich beanspruchte.

Nachdem jeder seine Meinung zu dem Thema kundgetan hatte, zeichnete sich noch kein grüner Zweig ab, darum verlangte Obbs, auf den aktuellen Stand in Sachen Trainingslager und weitere Vorgehensweise gebracht zu werden. Das war Temms Part.

»Nachdem die Einschätzungen abgeschlossen sind und wir jetzt wissen, wer welche Stärken und Schwächen hat, haben Urion und ich folgenden Plan ausgearbeitet:

Die Anführer kommen in Gruppen à zwanzig Jägern und Kriegern, eingeteilt nach ihren Stärken oder Schwächen, sodass wir in den zwanzig Zimmern des Gästehauses jeweils einen Krieger- und einen Jägeranführer unterbringen können. Sie sollen sich aneinander gewöhnen, in jeglicher Beziehung. Wir werden ihre Stärken herausarbeiten und ihre Schwächen ausmerzen. Dafür veranschlagen wir längstenfalls drei Wochen. Dann kommen die nächsten vierzig. In spätestens dreieinhalb Monaten sind wir mit allen UK-Anführern durch. Parallel zur zweiten Gruppe können die ersten normalen Jäger und Krieger mit dem Grundtraining anfangen.

Wenn die Container stehen, bieten sie Platz für hundertfünfzig Personen. Die Grundausbildung dient ebenfalls hauptsächlich zur Einschätzung. Die Anführer werden die Leiter der kleineren Trainingslager sein, die überall im ganzen Land aufgebaut werden müssen. Die beiden, die sich das Zimmer teilen, teilen sich auch diesen Job. Deshalb fangen wir mit der Einschätzung der Nichtanführer erst zeitgleich mit dem Training der zweiten Anführergruppe an. Damit die erste Gruppe genug Zeit hat, ihre Lager einzurichten.

In den Lagern wird grundsätzlich alles trainiert, aber jedes Lager hat einen Hauptschwerpunkt, der logischerweise auf der Stärke des Führungsduos beruht. Das ist mit den Anführern besprochen und nach einigem Hin und Her abgesegnet worden. Urion und ich entscheiden, wer von den Normalos in welches Trainingslager geschickt wird.

Schätzungsweise im Mai können wir mit den Anführern anderer Länder fortfahren, die dasselbe in ihren jeweiligen Ländern durchziehen, wobei sämtliche normalen Krieger und Jäger für die Grundausbildung hierher kommen werden.«

»Drei Monate allein für die Anführer aus UK? Du meine Güte. Wenn ich das hochrechne, vergehen Jahre, bis wir mit allen durch sind.«

Temm schüttelte den Kopf. »Du vergisst, dass es nirgendwo sonst so viele Jäger und Krieger gibt wie in UK. Leider gilt das auch für die Lykomorphe. Die einzige Ausnahme ist Amerika, aber das ist eh ein Sonderfall. Dort gibt es, Dessmon sei Dank, nicht sonderlich viele Lykomorphe. Die USA ausgenommen, werden wir, und da ist Urion meiner Meinung, spätestens Ende des Jahres soweit sein, ein einigermaßen schlagkräftiges Hauptheer zusammenstellen zu können. Und glaub mir, Obbs, die Lykomorphe brauchen auch Zeit, um sich zu organisieren.«

Obbs war sichtlich beeindruckt über den Fortschritt in Sachen Planung. Ja, in den letzten paar Tagen hatte sich erfreulich viel getan. Trotzdem schien ihn etwas zu bedrücken. Sein nachdenklicher Gesichtsausdruck deutete zumindest darauf hin.

»Dass Temm stark in das Training eingebunden ist, macht der Idee des Rats einen Strich durch die Rechnung.«

»Inwiefern?«, wollte Gor wissen.

»Insofern, dass dem Rat vorschwebt, dass jedem deiner Jungs«, Obbs wandte sich lächelnd Mera zu, »und deiner Dame jeweils ein Kontinent zufallen sollte, für den sie als Ansprechpartner fungieren. Fünf Kontinente, fünf Jäger. Darum wurde so viel Nachdruck auf das Schließen der Lücke gelegt. Wenn Temm hauptsächlich für die Ausbildung verantwortlich zeichnet, kann er sich nicht auch noch um einen Kontinent kümmern.«

»Tja, dann werde ich wohl einen übernehmen müssen.«

»Nein, Gor, bei dir soll alles zusammenlaufen.«

»Kein Problem«, meinte Temm, »das krieg ich unter einen Hut. Ich bin zwar ein Mann, aber trotzdem multifunktional. Gebt mir einfach einen Kontinent, der weniger dicht besiedelt ist, dann klappt das schon.«

»Und wenn nicht, findet sich eine andere Lösung«, schob Gor hinterher. »Bleibt die Zuteilung mir überlassen?«

»Selbstverständlich, es sind deine Jäger. Und vielleicht bietet die Art der rollierenden Ausbildung auch die Lösung für das Jagdproblem. Darüber solltet ihr nachdenken.«

Mera wollte gerade etwas sagen, als die Tür aufging.

Inkia zuckte zusammen. Wie er selbst. Wie Obbs. Wie jeder im Raum. Lieber Himmel, was war das denn? Oberflächlich betrachtet sah die Gestalt aus wie Krus, bloß ohne Leben in sich. Inkia winkte Manus zu sich, der ein paar Schritte hinter ihr an die Wand gelehnt stand. Er reagierte sofort und beugte sich zu ihr hinunter.

»Bei ihm Zuhause muss irgendwas Schlimmes passiert sein. Dass er völlig am Ende ist, kann sogar ich erkennen, und ich bin nicht in der Lage, ein Gefühlsmuster zu sehen«, raunte sie dem Angerol zu.

»Du Glückliche«, flüsterte der zurück. »Im Moment könnte ich ebenfalls gut darauf verzichten.«

Krus bedachte niemanden mit einem Blick. Er ging schnurstracks auf die Bar zu, umrundete die Theke, griff sich eine der Flaschen und - ganz große Überraschung - setzte sie an.

Obbs zog die Augenbrauen in die Stirn. Ihm gefiel nicht, was er sah, und da war er nicht allein. Keinem gefiel es, aber sie alle mussten seit Tagen mit diesem Anblick leben.

Scheppernd knallte die Flasche auf die Theke, und

Krus wischte sich mit dem Ärmel über den Mund. Erst danach wandte er sich den Versammelten zu. Er fixierte das Ratsoberhaupt und schenkte ihm ein freudloses Lächeln bar jeglichen Gefühls.

»Obbs, wie gut, dass du hier bist. Das erspart mir einen Anruf.«

Krus verschränkte die Hände hinter seinem Rücken, als würde er sie verstecken wollen. Wahrscheinlich zitterten sie.

»Der Rat will die Trennung von meiner aktuellen Partnerin und die Zusammenführung mit Zyde. Gut. Einverstanden. Ich sehe keinen Grund, das Unvermeidliche unnötig hinauszuzögern, aber ich weigere mich, mich darum zu kümmern. Der Rat will es, der Rat wird es organisieren. Leite bitte alles in die Wege. Je schneller ich es hinter mir habe, umso besser. Gib mir Bescheid, sobald es soweit ist. Ach ja, und der Rat wird es bezahlen. Ich sehe nicht ein, für eine Zusammenführung zu blechen, die ich nicht gewählt habe. Das hab ich beim letzten Mal getan, diesmal nicht.«

Übermäßig teuer war eine Zusammenführung nicht, im Vergleich zu einer Vereinigung. Krus könnte sie sich locker leisten, zumal er nicht geizig zu nennen war. Trotzdem verstand Gor, warum er sich weigerte. Erneut griff Krus zur Flasche und nahm einen kräftigen Schluck, bevor er sich anschickte, wieder zu gehen. Er kam bis zur Mitte des Raums, bis Gor ihn aufhielt.

»Krus?«

»Was!«, bellte Krus, ohne sich umzudrehen.

»Hast du Doktor Mondess angerufen?«

Krus lachte, bevor er sich doch umdrehte. Mit einer Hand griff er in die Innentasche seiner Jacke und zog ein weißes Kärtchen hervor. Er blickte darauf, lachte nochmal, dann riss er die Karte in der Mitte durch und warf sie auf den Boden.

»Ich weiß nicht, wieso ich sie überhaupt aufbewahrt

habe.« Nach diesen Worten setzte sich Krus erneut in Bewegung und war schon fast aus der Tür, als er sagte: »Und, Manus, komm bloß nicht auf die Idee, mir zu folgen. Ich schmeiß dich hochkant raus, wenn du es wagst, mir hinterherzukommen. Klar?«

Niemand erwiderte etwas, nicht mal Gor. Er stand jedoch auf und ging zu der Stelle, wo die beiden Kartenteile lagen. Er hob die Schnipsel auf und fügte sie zusammen. Anschließend ging er seinerseits zur Theke. Nicht, um sich etwas zu trinken zu holen, sondern weil sich dahinter ein Papierkorb befand.

»Wirf sie nicht weg«, mischte sich Inkia erstmals in die Gespräche ein. »Ich kann mich täuschen. Bei Dessmon, ich hoffe, ich täusche mich, aber wir müssen davon ausgehen, die Dienste eines plastischen Chirurgen zu benötigen, wenn die Kämpfe richtig ausbrechen.«

Zustimmendes Brummen aus der Runde. Also schob er sich die momentan aus zwei Hälften bestehende Visitenkarte in die Hosentasche. Obbs räusperte sich und drehte sich zu Inkia herum. Seine Aufmerksamkeit galt jedoch dem Angerol, der nach wie vor schräg hinter ihr stand.

»Du bist Manus?«

Der Angesprochene nickte.

»Wemrott schickt dir Grüße und die Nachricht, es wäre nötig, dass du auf dich aufpasst.«

»Mist, ausgerechnet jetzt«, murmelte Jill.

Das Ratsoberhaupt blickte in die Runde. »Würdet ihr mich bitte aufklären?«

Gor sah Manus an, der nickte.

»Okay, Obbs, es darf diesen Raum aber nicht verlassen.«

Jetzt nickte Obbs.

»Gut, machen wir es kurz und ohne lange Erklärung. Manus, zeig's ihm.«

Manus entledigte sich seines Pullovers und zog eine

ähnliche Show ab wie ein paar Monate zuvor in Krus' Wohnzimmer. Er zeigte dem Ratsoberhaupt seine wahre Gestalt mit den zweifarbigen Augen, dem zweifarbigen Haar und entfaltete seine zweifarbigen Flügel. Das alles kennzeichnete ihn als Mischling aus weißem und schwarzem Angerol, wofür sein Großvater Ezekial ihn so sehr hasste, dass er ihn töten wollte.

Obbs sprang von seinem Stuhl, als ihm klar wurde, was er da vor sich hatte.

»Ach du Scheiße.«

»Ezekial ist hinter ihm her«, erläuterte Gor schlicht.

Jetzt pfiff das Ratsoberhaupt durch die Zähne.

»Das erklärt einiges. Kein Wunder, dass ihr so ein Geheimnis um ihn macht. Puh. Und ich dachte, der Krieg gegen die Lykomorphe wäre alles. Auf einen Krieg mit dem Chef der Angerol, weil ihr jemanden versteckt, den er haben will, war ich nicht eingerichtet. Hoffentlich lässt sich Ezekial noch ein bisschen Zeit damit, entsprechend zu agieren, damit wir uns eine Strategie ausdenken können, wie wir darauf reagieren wollen.«

Obbs nahm's ziemlich gelassen, damit war nicht zu rechnen gewesen.

28

Doktor Mondess. Pah. Der konnte Krus so was von gestohlen bleiben. Sollte der Doc doch hingehen, wo der Pfeffer wuchs. Er brauchte ihn nicht und seine Dienste noch viel weniger.

Wozu war ein wiederhergestelltes Gesicht gut, wenn Ara es nicht sehen würde? Ohne sie war ihm sein Gesicht scheißegal. Ohne sie war ihm alles scheißegal.

Die Lykomorphe und ihr Krieg. Ob er lebte oder im Kampf draufging. Ob er gut aussah oder hässlich war wie die Nacht dunkel. Spielte alles keine Rolle mehr. Und am wenigsten er selbst. Welche Bedeutung hatte es, mit welcher Frau er zusammenleben musste, wenn diese Frau nicht Ara war? Keine. Ob nun Zyde oder irgendeine andere. Völlig unwichtig.

Erst ein paar Stunden war es her, da hatte er lichterloh in Flammen gestanden. Flammen, die Ara entfacht hatte. Ein gefährliches Feuer, denn als es erlosch, hatte es ihn komplett verbrannt. In ihm war nichts übrig außer Asche.

Am Fuß zur Treppe in die oberen Stockwerke standen Simon und Theo. Sein Diener unterhielt sich mit George, brach das Gespräch aber ab, sobald er ihn sah.

»Herr?«

Kreidebleich war kein Ausdruck für Theos Gesichtsfarbe. Er musste ja einen erbärmlichen Anblick bieten. Tja, daran würden sich die Leute gewöhnen müssen.

»Zeig Simon sein Zimmer«, sagte er knapp, schob sich an den dreien vorbei und stieg die Stufen hinauf.

Er empfand nichts, absolut rein gar nichts, als er seine Suite betrat, und wollte auch nichts empfinden. Nie wieder. Gefühle waren nicht gut und führten zu nichts. Entweder sie waren von Haus aus schlecht oder wurden es über kurz oder lang.

Zyde saß auf dem Sofa und las ein Buch. Sein Bettzeug lag ordentlich zusammengelegt am anderen Ende. Wortlos ging er zur Couch, schnappte sich Decke und Kissen und stapfte Richtung Schlafzimmer.

»Was machst du?«

Was für eine selten dämliche Frage. Nach was sah es denn aus?

Er antwortete nicht, setzte seinen Weg unbeirrt fort. Zyde legte das Buch beiseite, wie er aus dem Augenwinkel wahrnahm, und kam ihm hinterher. Im Schlafzimmer packte er das Bettzeug zunächst auf einen Stuhl. Ihres lag auf der falschen Seite des Bettes, also musste er es erst umräumen, bevor er seins drapierte. Gegen den Türrahmen gelehnt, beobachtete sie, was er tat.

»Ich schlafe links.«

Im Grunde hätte er das nicht zu sagen brauchen, das Umräumen war selbsterklärend.

»Wann hast du deine Meinung geändert?«

»Wir werden zusammengeführt werden, Zyde. Ich nehme an, dir gefällt das genauso wenig wie mir, trotzdem wird es passieren. Und ich habe nicht vor, dauerhaft auf dem Sofa zu schlafen. Ob ich heute damit aufhöre oder in ein paar Tagen, macht keinen großen Unterschied. Also gewöhnst du dich besser gleich daran.«

Zyde seufzte. »Und welche Veränderungen wird es noch geben? Werden wir eine normale Partnerschaft führen?«

Normal? Ausgeschlossen. Normal basierte auf gegenseitigem Respekt und Achtung, und das brachte sie ihm ebenso wenig entgegen wie er ihr.

»Was verstehst du darunter?«

»Ich meine ... Naja ... Werden wir ...« Sie druckste herum und zeigte schließlich auf das Bett. »Wenn dir das vorschwebt, solltest du wissen, dass ich noch nie ...«

Er konnte sich nicht verkneifen zu lachen, und fast erschrak er über die Kälte in diesem Lachen. Sie dachte an Sex. Gütiger Dessmon. Das würde außerhalb ihrer Fruchtbarkeit garantiert nicht geschehen. Und währenddessen nur, weil die Natur es so eingerichtet hatte, dass er es nicht verhindern konnte.

»Darüber musst du dir keine Sorgen machen, das kann ich dir versichern.«

»Wieso?«

Weil sie falsch roch. Weil sie die falsche Haarfarbe hatte, die falsche Figur, die falsche Stimme. Oder, zusammengefasst, schlicht die falsche Frau war.

Plötzlich, als hätte sie eine Eingebung, zuckte Zyde zusammen. Die Blässe, die sich immer zeigte, wenn sie in einem Raum waren, vertiefte sich.

»Ist das der Grund, warum Ara nicht schwanger geworden ist? Bist du etwa ...?« Sie zögerte, räusperte sich.

Impotent? In gewisser Weise, ja. Nach dem, was heute Nachmittag zwischen ihm und Ara geschehen war, würde ihn selbst ein nach Erdbeeren riechendes ätherisches Öl nicht mehr überlisten können. Keine Frau, die nicht fruchtbar roch, würde es schaffen, seinen Schwanz hart werden zu lassen. Das wusste er mit tausendprozentiger Sicherheit. Zweifelhaft, ob er es schaffte, ihn zum Leben zu erwecken, wenn er Hand an sich selbst legte.

»Dann werde ich ihr Schicksal teilen. Früher oder später wird der Rat mich auswechseln.«

Klang erleichtert, beinahe hoffnungsvoll, und sollte ihn eigentlich treffen. Tat es aber nicht. Ihre Reaktion löste keinerlei Emotion in ihm aus. Außerdem irrte sie sich. Wenn Zyde in zweieinhalb, drei Wochen in ihre Fruchtbarkeit kam, würde er das Kind zeugen, das der Rat so unbedingt von ihm wollte. Die nächsten achtundzwanzig Jahre würde er die Zähne zusammenbeißen. Am Tag nach der Initiation dieses Kindes würde er sich von Zyde trennen. Und dann, sofern der Krieg ihn nicht vorher umgebracht hatte, konnte ihn der Rat, Gor, die ganze Welt am Arsch lecken.

~*~

Gor beobachtete, wie die Tränen allmählich versiegten und das Schluchzen in größer werdenden Abständen kam. Simon beruhigte sich. Dessmon sei Dank. Inkia warf ihm einen Blick zu, während sie Simons Kopf streichelte, der in ihrem Schoß lag. Der Junge kauerte zusammengerollt neben ihr auf dem Sofa, auf das ihn zu kriegen, ein echter Kraftakt gewesen war. Stumm schüttelte er den Kopf und drückte damit sein Unverständnis aus.

Nicht darüber, dass sich ihre Pläne zerschlagen hatten. In dem bisschen Freizeit, das sich unverhofft ergeben hatte, ein aufgewühltes Kind zu trösten, hatte wahrlich nicht auf dem Programm gestanden. Nicht über Simon, obwohl dessen Reaktion reichlich dramatisch ausfiel.

Theo hatte erzählt, dass sich Simon und Ara mehr als gut verstanden hätten. Der Junge hatte Ara tief ins Herz geschlossen und sie ihn ebenso. Dass Simon in Krus mittlerweile mehr als einen Ersatzvater sah, war schon vor der Abreise nach England nicht zu übersehen gewesen. Wie und warum Simon auf die Idee gekommen war, Krus und Ara könnten seine neuen Eltern werden, war jedoch schleierhaft. Tatsache war aber, dass er sich in diese Vorstellung hineinverrannt hatte, sodass ihm die Nachricht der bevorstehenden Trennung der beiden den Boden unter den Füßen wegzog.

Er verstand Krus nicht. Der Jäger war noch nie eine Ausgeburt an Herzlichkeit gewesen, jedenfalls nicht, solange er ihn kannte, aber seit er seine Sachen geholt hatte ... Ein Fisch verströmte mehr Wärme als Krus, war im direkten Vergleich ein wahrer Hitzequell. Damit könnte er ja noch leben, solange Krus zuverlässig blieb. Dass Krus sein Verhalten Simon gegenüber allerdings ebenfalls geändert hatte, war inakzeptabel. Vollkommen emotionslos hatte er dem Jungen die neuen Fakten vor den Latz geknallt, und als Simon darüber zusammengebrochen war, weil sein Traum platzte, hatte Krus nur mit den Schultern gezuckt, war davongestiefelt und hatte es Inkia überlassen, die Scherben zusammenzukehren.

Simon war ein Kind, verdammt nochmal, erst zehn Jahre alt. Dem konnte man eine solche Nachricht nicht um die Ohren hauen und erwarten, dass er sie wegsteckte wie ein Erwachsener. Schon gar nicht nach all dem, was der Junge hinter sich hatte. Man musste sensibel vorgehen und auf möglichst schonende Art.

Verflucht und zugenäht, Krus mochte den Jungen doch, hatte sich Simon gegenüber bisher außergewöhnlich und unerwartet fürsorglich gezeigt. Wo war das hingekommen? Was war mit Krus passiert, dass es ihn in einen Steinklotz verwandelt hatte, schlimmer noch als Temm, den er sich offenbar zum Vorbild genommen hatte?

Nicht mal Manus kannte die Antwort. Krus sprach mit niemandem und sein Gefühlsraster, sagte der Angerol, sei in sich zusammengebrochen. Da war kein Nichts, wie bei Temm vor ihrem Aufenthalt hier, sondern eine solch gähnende Schwärze, als würde man in den Schlund eines Höllendämons blicken. Gesetzt den Fall, man glaubte an derartige Kreaturen, was er eindeutig nicht tat. Manus war nicht mehr sicher, ob Dämonen nicht vielleicht doch existierten, und er weigerte sich, Krus anzusehen. Weil es ihm Angst einflößte, meinte er. Das wiederum ängstigte Gor. Viel mehr, als wäre Krus zu einem unberechenbaren, kurz vor der Explosion stehenden Pulverfass mutiert.

Als es zaghaft an der Tür klopfte, verzichtete er auf das obligatorische ›Herein‹. Stattdessen öffnete er die Tür einen Spaltbreit um zu sehen, wer draußen stand. Zyde. Was wollte die denn? Er schob sich in den Flur und schloss die Tür hinter sich. Simon sollte nicht mitbekommen, wer der Besucher war. Er gab Zyde die Schuld an allem und war momentan nicht gut auf sie zu sprechen, was hoffentlich kein Dauerzustand wurde.

»'Tschuldigung, wenn ich störe. Ich hab Simon zu euch laufen sehen, nachdem Krus mit ihm gesprochen hat, und wollte sehen, wie es ihm geht.«

»Was denkst du? Er ist am Boden.«

Mit schuldbewusster Miene senkte Zyde den Blick, als hätte sie Simon dahin verfrachtet.

»Kann ich irgendwas tun?«

Wie wäre es damit, sich in Luft aufzulösen? Ein unfairer Gedanke, er wusste das. Zyde konnte nichts dafür. Weder für Krus' Laune noch die Machenschaften ihres Vaters. Außerdem würde ihr Verschwinden das Problem nicht lösen, nur aufschieben. Der Rat würde die ausgesprochene Trennung nicht aufheben, sondern nach einer neuen Frau Ausschau halten. Und wer wusste, auf wen die Wahl dann fiele?

»Nein. Danke. Am besten, du lässt ihn in Ruhe. Bedräng ihn nicht. Gib ihm Zeit, sich an den Gedanken zu gewöhnen.«

Zyde nickte seufzend, und er schob sich rückwärts zurück in seine Räumlichkeiten. Im Moment gab es nichts weiter zu sagen.

Inzwischen war Simon auf Inkias Schoß eingeschlafen. Ausgiebiges Heulen inklusive damit einhergehendem Schluckauf war mächtig anstrengend. Er erinnerte sich daran, dass er in Simons Alter nach einem Weinkrampf – ja, die hatte es gegeben – auch hundemüde gewesen war. Der zärtliche Blick, mit dem Inkia auf den Jungen hinuntersah, während sie immer noch durch seine Haare streichelte, ließ so viel Wärme durch ihn strömen, dass er beinahe anfing zu schwitzen.

Leise trat er an das Sofa heran und nahm die Kuscheldecke von ihrem Platz. Er entfaltete sie und deckte Simon vorsichtig damit zu.

Inkia hob den Kopf und sah ihn an.

»Er ist so ein lieber Junge. Es will mir das Herz brechen, wenn ich sehe, wie Krus mit ihm umgeht. Und es ist meine Schuld.«

»Deine? Wie kommst du denn darauf, mein Licht?«

»Wenn ich dich nicht überredet hätte, die Suche nach Eltern für ihn auf ein Minimum zu beschränken, wenn du es stattdessen forciert hättest, hätte Simon längst ein schönes Zuhause.«

»Zu dem Zeitpunkt war es eine gute Idee. Eine perfekte Idee. Du konntest nicht voraussehen, wie sich die Dinge entwickeln würden. Niemand konnte das. Da könnte ich genauso gut mir die Schuld geben, weil ich auf deinen Vorschlag eingegangen bin. Schuldzuweisungen, ob gegen sich oder einen anderen, machen keinen Sinn. Und ändern tun sie auch nichts.«

Nun streichelte er über Simons Kopf. Der Junge schlief tief und fest. Er zuckte nicht mal.

»Sag mal, mein Licht, was würdest du davon halten«, er beugte sich hinunter und brachte seinen Mund neben Inkias Ohr, um ihr die nächsten Worte zuzuflüstern. Nur für den Fall, dass Simon doch nicht so fest schlief, wie es aussah, »wenn wir ihn zu uns nehmen?«

Inkia drehte ihren Kopf und suchte den direkten Blickkontakt. »Dein Ernst?«

»Mein voller Ernst. Uns kennt er, müsste sich nicht umgewöhnen. Und wenn wir ihn adoptieren würden, wäre das Problem mit der Familie seines Vaters auch gleich vom Tisch.«

Das Strahlen, das Inkia ihm schenkte, beantwortete die Frage auch ohne Worte, und ihre Augen blitzten.

»Manchmal glaube ich, du denkst dasselbe wie ich. Und dafür liebe ich dich.«

»Nur dafür?« Er lachte leise, bevor er seine Tasha küsste. »Gut, dann werd ich schnellstmöglich mit Obbs sprechen und die Formalitäten klären.«

29

Sich einen kompletten Tag lang im Zimmer verkriechen, die Bettdecke über den Kopf ziehen und das Tal des Jammers durchwaten reichte. Wurde Zeit, sich wieder unter die Lebenden zu mischen. Hier drin fanden sich keine neuen Perspektiven für ihr Leben. Außerdem hatte Ara die Mädchen lange genug hängen lassen.

Entschlossen schlug sie die Decke beiseite und stand auf. Der Weg ins Bad war kürzer als früher, weil das neue Haus verhältnismäßig klein war. Die Nasszelle, die zu ihrem Zimmer - eine Wohn-/Schlafkombi - gehörte, maß nicht mal die Hälfte des alten Bades. Die Badewanne, die es in ihren alten Räumlichkeiten gegeben hatte, vermisste sie nicht. Jetzt gab es bloß noch eine Dusche, und die genügte. Sie hatte die alte nicht benutzt und würde in Zukunft ebenfalls keine Verwendung für eine haben. Sie stieg nicht in Badewannen. Außer ...

Nein, diesen Gedanken würde sie nicht zu Ende denken. Sie würde den Namen, der ihr noch so leicht in den Sinn kam, aus ihrem Gehirn verbannen. Ihn nicht mehr denken und nie wieder aussprechen. Weder im Zusammenhang mit Badewannen noch sonst wie. Ab sofort war das K-Wort tabu. Punktum.

Der Blick in den Spiegel war ernüchternd. Ihr Äußeres wirkte nicht gerade verlockend. Dick angeschwollene, verheulte Augen mit schwarzen Ringen darunter und eine rote Nase zu weißen Wangen und blassen Lippen. Sie sah aus wie eine Alkoholikerin, und das ohne einen einzigen Tropfen getrunken zu haben.

So konnte sie den Mädchen nicht gegenübertreten. Zu wenig glaubwürdig, wenn sie mit ihnen die verschiedenen Zukunftsmöglichkeiten erörterte, die sie hatten. Wer glaubte jemandem, dass das Leben ohne Jägerposten schön und ausgefüllt sein konnte, der aussah wie ein Trauerkloß? Sie bestimmt nicht. Und wenn sie sich selbst nicht abkaufte, was sie zu vermitteln versuchte, brauchte sie es bei den jungen Desslanerinnen gar nicht erst zu versuchen. Der heutige Tag war ohnehin zu weit fortgeschritten, um sie noch zusammenzutrommeln. Und morgen war auch noch einer.

Nachdem sie sich angezogen und zurechtgemacht hatte, ging sie ins Erdgeschoss, wo sich das Wohnzimmer befand, das gleichzeitig als Esszimmer diente. Vielleicht gab es schon Kaffee. Der wurde zwar erst in einer halben Stunde - um drei - serviert, aber mit etwas Glück war er bereits gekocht. Ihre Mutter war in diesen Dingen nicht so punktgenau, wie Lukas' Frau es gewesen war. Und solange noch kein Ersatz für die beiden von den Lykomorphen erschlagenen Diener gefunden war, herrschte ein gewisses Durcheinander im Tagesablauf, wie Vater gesagt hatte, als er nach ihr sah. Früher hatte man in Rysts Haus die Uhr nach bestimmten Aktionen stellen können, diese Zeiten waren vorbei. Und sie fand das okay. Flexibilität war das neue Schlagwort dieser Tage.

»Ara.«

Ryst sah von der Zeitung auf, in die er vertieft war, als sie das Zimmer betrat. »Schön, dass du runterkommst. Wie geht es dir heute?«

Wie fürsorglich ihr Vater war, seit er sie abgeholt hatte. Nicht, dass er es vorher nicht gewesen wäre, seit ihrer Initiation hatte er sie jedoch eher wie eine gleichberechtigte Jägerin behandelt. Jetzt war sie wieder seine Tochter. Das fühlte sich gut an und war genau das, was sie momentan am meisten brauchte.

»Besser. Gibt es Kaffee?«

»Perfektes Timing. Deine Mutter holt ihn gerade.« Er klopfte auf die Sitzfläche neben sich. »Komm, setz dich zu mir.«

Oh wei. Das hieß soviel wie „Ich muss was mit dir besprechen". Folgsam ging sie zu dem Zweisitzer und nahm neben ihrem Vater Platz.

»Es gibt Nachrichten vom Rat.«

Na, was für eine Überraschung.

»Wir fliegen morgen nach London.«

»Wir?«

»Du und ich. Eigentlich hat der Rat nur für dich gebucht, aber ich werde mitkommen.«

Großer Dessmon. K-r-u-s hielt sich gerade in London auf, oder zumindest in der Nähe der britischen Hauptstadt.

»Was soll ich da?«

Ryst räusperte sich.

»Krus soll morgen Abend mit Zyde zusammengeführt werden. Vorher müsst ihr zwei getrennt werden.«

Ach nee.

»Und der Rat in seiner unendlichen Weisheit hat beschlossen, dich dazu nach London zu zitieren. Keine Ahnung, warum. Vielleicht haben sie Angst, du weigerst dich, wenn sie dich nicht unter Kontrolle haben. Was für Deppen. Ha. Wenn die glauben, das lass ich unkommentiert auf uns sitzen, haben sie sich getäuscht. Ich werd dem guten Obbs ordentlich Bescheid stoßen, das ist lange fällig.«

»Wirst du nicht. Ich fliege allein und werde das mit Würde hinter mich bringen.«

Wenn sie sich vorher eine anständige Portion Beruhigungsmittel einwarf, am besten intravenös, könnte das mit der Würde sogar hinhauen.

»Sicher?«

Nein, aber das würde sie nicht zugeben. Sie galt seit elf Jahren als erwachsen und sollte sich dementsprechend verhalten. Das hieß, sie musste ihre Angelegenheiten endlich selbst in Angriff nehmen und sich nicht mehr auf Ryst stützen. Im Hintergrund, ja. Im Vordergrund, nein.

»Ich schaff das. Wäre doch gelacht. Schließlich bin ich deine Tochter.«

Das Lächeln, mit dem Ryst sie bedachte, zeigte den Stolz, den er empfand, konnte die zweifelnde Unternote jedoch nicht verbergen.

»Okay Kleines, du bist morgen früh auf den ersten Flieger nach Heathrow gebucht. Abends um kurz nach acht ist dein Rückflug.«

Aha, also wirklich nur mal eben schnell ein kurzes Têteà-Tête mit dem britischen Ratstätowierer und schon wieder ab nach Hause. Der Rat gönnte ihr nicht mal ein kleines Sightseeing in London.

»Schön, dann brauch ich keine Zahnbürste einpacken.«

»Soll ich wirklich nicht mitkommen?«

Sie stand auf. Die Lust auf Kaffee war ihr vergangen. Morgen schon. Verdammt. Sie hatte gehofft, ein paar Tage mehr zu haben, um sich seelisch-moralisch darauf vorzubereiten. War sie dem wirklich gewachsen? Wenn sie lediglich zum Tätowieren rüberflog, war die Chance, auf K zu treffen, denkbar gering, also würde es irgendwie gehen.

»Wirklich nicht, danke.« Sie verließ das Wohnzimmer, vorgeblich, um auf die Toilette zu gehen. Was sie sogar tat. Aber nicht, um auszutreten.

K. Was sollte das eigentlich? Wieso sollte sie nicht an ihn denken? Er hörte nicht auf zu existieren, nur weil er ihr Leben verlassen hatte. Nicht K. Krus. Nein, nicht einfach nur Krus. KRUS. Ihr Herz schrie den Namen, den ihre Lippen nicht mehr sagen würden, es sei denn, man zwang sie dazu.

Und warum war sie gleich nochmal aufgestanden?

~ * ~

Pünktlich achtzehn dreißig betrat Krus das Esszimmer, wo sich alle zum gemeinsamen Abendessen um den großen Tisch versammelten. Nur drei Stühle blieben leer.

Der von Zegg, der auf Verwandtenbesuch war und erst morgen zurückkam, der von Skall und der von Simon. Skall kam fünf Minuten später.

»Tut mir leid, ich bin nicht an ihn rangekommen. Simon zieht es vor, mit Theo und Juschka zu essen.«

Nachdem alle Bemühungen von Inkia und Gor gescheitert waren, hatten sie Skall zu Simon geschickt, um mit dem Jungen zu reden. Skall, als vierfacher Vater, hatte von allen mit Abstand die größte Erfahrung im Umgang mit Kindern. Wenn selbst er scheiterte, standen die Aktien verdammt schlecht.

Aber das musste Simon selbst wissen. Wenn der Kleine dachte, er würde ihn mit seinem Dauerschmollen beeindrucken oder weichkochen, täuschte er sich. Wobei die Frage war, zu was er ihn eigentlich weichkochen wollte? Simon zu behalten? Nein. Eine Weile hatte er mit dem Gedanken gespielt, ihn sogar schön gefunden, aber nein. Entschieden nein. Simon brauchte ein Zuhause und Eltern, ein geregeltes Leben, und, wie er es von Anfang an gewusst hatte, er konnte Simon das nicht bieten. Punkt. Oder ging es dem Jungen darum, bemitleidet zu werden? Dann war er bei Krus noch verkehrter. Sein Mitleidsvorrat war erschöpft. Er hatte ihn in den vergangenen paar Tagen für sich selbst aufgebraucht, jetzt aber beschlossen, dass damit Schluss war.

Skall wuschelte seiner Tochter durchs Haar und setzte sich auf seinen Stuhl. Zwischen ihm und Poki stand es momentan nicht zum Besten, und das lag definitiv nicht daran, dass er so lange gezögert hatte, sie und Trikka herzuholen. Ungeübte Beobachter würden den Unterschied im Verhalten der beiden miteinander nicht registrieren, hier in diesem Raum war Trikka die Einzige, die bis jetzt noch nichts davon mitgekriegt hatte.

»Vielleicht sollte Krus mit Simon reden.«

Von Poki in bester Absicht vorgeschlagen, aber keine gute Idee.

Er sah nicht mal von seinem Teller auf. »Wozu? Der kriegt sich auch wieder ein.«

Inkia stand auf und kam, mit ihrem Wasserglas in der Hand, um den Tisch herum. Neben ihm blieb sie stehen. Er reagierte nicht auf sie. Was immer sie wollte, es war ihm egal. Er reagierte immer noch nicht, als sie den Arm hob. Erst als der Inhalt des Glases auf seinem Kopf landete, sprang er mit einem Satz auf die Füße.

»Spinnst du?«

»Wenn hier einer spinnt, bist du das, Krus. Simon ist ein zehnjähriges Kind.«

»Ich wäre froh, hätte ich in dem Alter schon lernen dürfen, dass Träume die größte Zeitverschwendung sind, der man sich hingeben kann. Je eher er begreift, dass er vom Leben nichts zu erwarten hat, umso besser für ihn. Wird ihm einiges an Enttäuschungen ersparen.«

Inkia stellte das Glas ab und betrachtete ihn, als hätte sie ihn nie zuvor gesehen. »Wer bist du? Ich will Krus zurückhaben. Dich kenn ich nicht.«

»Noch einen mehr zum Bemitleiden? Reicht's dir noch nicht? Pech.«

Langsam hievte sich Gor von seinem Stuhl hoch.

»Hey, mein Freund«, mischte sich Temm ein. »So kannst du mit Inkia nicht reden.«

Er fuhr zu Temm herum. »Ich bin nicht dein Freund, also halt gefälligst die Fresse.«

Jetzt hielt auch Temm nichts mehr auf seinen vier Buchstaben, aber mit dem würde er sich nicht weiter befassen. Stattdessen wandte er sich wieder Inkia zu.

»Widme dein Mitleid lieber jemandem, der es nötig hat, bei mir bist du damit an der falschen Adresse. Ich brauch es nicht, und ich will es nicht.«

Sanft legte sie ihm eine Hand auf den Unterarm.

»Krus, bitte.«

Energisch hob er seinen Arm, um ihre Hand abzuschütteln. »Fass mich nicht an.«

Gor reagierte und war schnell, aber Skall war schneller. Mit einem olympiaverdächtigen Hechtsprung sah Krus ihn über den Tisch auf sich zuspringen. Schon wirbelte Skalls Hand auf seiner Schulter ihn herum.

»Du Arsch!«

Krus konnte der zur Faust geballten Hand nicht ausweichen. Sie traf ihn hart am Kinn und brachte ihn für einen Moment sogar zum Wanken. Wie durch einen roten Nebel bekam er mit, wie Trikka schrie. Poki schlug die Hand vor den Mund. Zyde griff sich an die Kehle. Inkia stand da wie vom Donner gerührt.

Er ignorierte das alles, ging mit vorgebeugtem Oberkörper zum Gegenangriff über und rammte Skall die Schulter gegen die Brust. Sie krachten gegen die Wand. Eine Salve von Faustschlägen traf Skall in den Magen. Der revanchierte sich mit gezielten Schlägen ins Kreuz. Um dem ein Ende zu setzen, packte er Skall an einem Arm und zog ihn von der Wand weg, um ihn in irgendeine andere Ecke des Raums zu schleudern. Er drehte sich mit ihm um zu sehen, wo Skall hinflog.

Die folgenden zehn Sekunden wurden zu den längsten seines Lebens. Sie dehnten sich zu Stunden aus.

Er hatte Skall so viel Schwung verpasst, dass der seine „Flugbahn" nicht koordinieren konnte. Mit vollem Karacho prallte er gegen Inkia. Die verlor das Gleichgewicht und knallte gegen die Tischkante. Mit dem Bauch voran. Das Rumpeln, das dabei entstand, klang wie die Detonation einer Bombe. Alle Geräusche im Raum verstummten, keiner schien mehr zu atmen, während Inkia langsam, wie in Zeitlupe, zu Boden fiel.

»Inkia!«

Dass Gor den Tisch umrundete, anstatt ihn einfach niederzutrampeln, um zu ihr zu gelangen, grenzte an ein Wunder. Neben ihr fiel er auf die Knie. Sie rührte sich nicht. Sanft versuchte er, sie umzudrehen, schaffte es aber nur bis zur Seitenlage. Stöhnend legte Inkia eine Hand auf ihren Bauch und zog die Beine an. Ihr Gesicht war schmerzverzerrt.

»Es tut weh.«

»Wir brauchen einen Arzt.«

Die Panik in seiner Stimme ließ Gors Worte unverständlich klingen, trotzdem kam die Botschaft an. Poki griff zum Handy und wählte den Notruf. Skall war als Erster bei seinem Cousin, widmete sich aber Inkia. Vorsichtig schob er seine Arme unter ihren Körper und hob sie auf, um sie wegzutragen.

Das alles bekam Krus nur wie durch Watte mit. Es war, als würde er sich einen schlechten Film ansehen. Er wollte blinzeln, um die unwirkliche Szenerie zu vertreiben, sich kneifen, um aus dem Albtraum zu erwachen. Aber das hier war real.

Gor sprang auf die Füße, und es war nur Temms blitzartigem Eingreifen zu verdanken, dass er sich nicht sofort auf Krus stürzte. Gor prallte gegen Temm, der wie eine Mauer zwischen ihnen beiden stand. Genauso fest, genauso unverrückbar. Gor kam nicht an ihm vorbei. Mit einem Blick, der Stahl zum Schmelzen brachte, funkelte er Krus an und streckte den Zeigefinger nach ihm aus, während Temm sich in Bewegung setzte, um ihn aus dem Zimmer zu drängen.

»Ich bring dich um!«, schrie Gor. »Ich schwör's dir, ich mach dich kalt!«

30

Der Esszimmerboden war hart und kalt, aber Krus spürte das schon lange nicht mehr. Seit Stunden saß er an der Wand, gegen die er Skall gedonnert hatte. Mit angezogenen Knien, auf die er die Arme stützte, und gesenktem Kopf. Er hatte kein Gefühl mehr im Hintern, und selbst wenn, wär's ihm egal.

Gegen elf war Temm erschienen. Zuerst hatte er geglaubt, der alte Recke würde ihm den Schädel abreißen. Zu recht. Temm hatte ihn nicht mal zur Schnecke gemacht. Wahrscheinlich, weil das Gors Vorrecht war, das dem Chef keiner streitig machen würde.

Mit vor der Brust verschränkten Armen war Temm breitbeinig vor ihm gestanden und hatte auf ihn hinuntergestarrt. Fünf Minuten oder zehn. Vielleicht auch länger oder kürzer. Seine kleine Ansprache hallte noch in seinem Kopf.

»Ich weiß, was du vorhast, Krus. Innerlich zu sterben ist nicht deine Lösung. Ab einem bestimmten Punkt gibt es nämlich kein Zurück mehr. Glaub mir, ich weiß, wovon ich spreche. Und du bist nicht der Typ dafür, also lass es.«

Mehr hatte Temm nicht gesagt und auch nicht auf eine Antwort gewartet, die er ohnehin nicht bekommen hätte. Er war einfach wieder gegangen, nachdem er seine Botschaft losgeworden war. Ein kostenloser, unaufgeforderter Ratschlag von Temm. Das hatte Seltenheitswert. Unter anderen Umständen hätte er sich geehrt gefühlt.

Innerlich sterben. Temm hatte punktgenau ins Schwarze getroffen. Exakt das hatte er vor. Oder vorgehabt. Nichts mehr fühlen. Eine verlockende Vorstellung und ein erstrebenswerter Zustand. So hatte er geglaubt. Dumm nur, dass es nicht funktionierte. Und jetzt war alles noch viel schlimmer als vorher.

Seine Augen brannten von den Tränen, die er nicht weinen konnte. Inkia. Wieso hatte er sich ihr gegenüber wie ein gottverdammtes Arschloch benommen? Sie war immer korrekt zu ihm gewesen. Und wie hatte er es ihr gedankt?

Wenn sie seinetwegen ihr Baby verlor ... Nochmal verkraftete er das nicht. Er war beim ersten Mal schon fast daran zugrunde gegangen. Ein weiteres unschuldiges Wesen auf dem Gewissen zu haben, das sein Leben noch nicht hatte leben dürfen ...

Gor würde ihn nicht umbringen, weil er dazu nicht schnell genug wäre. Diese Arbeit würde er seinem Chef abnehmen, der nach dieser Nacht vermutlich die längste Zeit sein Chef gewesen war.

Der Himmel, den er im Fenster sah, wenn er hinüberschielte, färbte sich allmählich grau. Noch eine Stunde oder anderthalb, bis die Diener kämen, um für das Frühstück einzudecken. Sie würden vorgeben, ihn nicht zu bemerken, so tun, als wäre er nicht da, wie sie es beim Abdecken nach dem Abendessen getan hatten.

Er wünschte, er wäre wirklich nicht hier. Er wünschte, er könnte davonlaufen, aber vor den eigenen Schuldgefühlen gab es kein Entrinnen. Kein Versteck war gut genug, kein Loch tief genug, und niemand da, der einem vergab. Könnte er doch die Zeit zurückdrehen, aber das war ebenso unmöglich, wie ungeschehen zu machen, was geschehen war.

»Hör auf, dich zu zerfleischen, Krus. Überlass das Gor, der macht's gründlicher.«

Er sah nicht auf, es war nicht nötig.

»Was willst du, Manus?«

»Ich dachte, es interessiert dich, wie es Inkia geht.«

Jetzt blickte er doch hoch. Nicht der Hauch von Bartstoppeln verriet die durchwachte Nacht im Gesicht des

Angerol. Die schwarzen Ringe unter seinen Augen waren beredter.

»Und?«

»'Ne Weile sah's übel aus. Zu starke Aktivitäten beim Baby und unregelmäßiger Herzschlag. Poki hat sicherheitshalber die Hebamme kommen lassen, als Inkia Krämpfe bekam. Sie haben gedacht, sie müssten das Kind vorzeitig holen.«

Was das Kleine nicht überlebt hätte. Dafür war es noch zu früh.

»Zum Glück blieben die befürchteten Blutungen aus, und mittlerweile hat die Hebamme Entwarnung gegeben. Inkia und dem Baby geht's gut.«

Dessmon sei Dank. Die Erleichterung, die ihn überschwemmte, fühlte sich besser an, als alles, was er seit Langem empfunden hatte. Inklusive des Sex mit Ara, und der war phänomenal gewesen.

»Vor einer halben Stunde ist Inkia eingeschlafen, und der Rest der Mannschaft ist vor ein paar Minuten ins Bett gegangen. Das solltest du ebenfalls tun. Wenn Gor wieder wach ist, wird er dich zur Verantwortung ziehen, und dann solltest du lieber fit sein.«

Als ob er ein Auge zubekäme. Er war zu weit über den toten Punkt hinaus. Und außerdem irrte sich Manus. Der Klang unterschiedlich schwerer Schritte, die auf das Esszimmer zukamen, sagte nämlich, dass der Rest der Mannschaft keineswegs ins Bett gegangen war, sondern sich auf direktem Weg zu ihm befand.

Schon wurde die Tür aufgestoßen und im Rahmen stand ein Racheengel, der Ähnlichkeit mit Gor hatte, wobei er Gor noch nie mit blutunterlaufenen Augen und gefletschten Zähnen gesehen hatte. Würde er Feuer speien, es wäre nicht verwunderlich. Mit Zerfleischen hatte Manus wahrlich das richtige Wort gewählt.

Hinter Gor standen Temm, Skall und Mera. Temm und Skall hingen an Gors Armen, Mera hatte ihm ihre um die Taille geschlungen. Die drei bemühten sich, ihren Boss aufzuhalten oder zumindest zu entschleunigen. Wie lang die hinterlassene Bremsspur ihrer Schuhsohlen wohl war?

Langsam hievte sich Krus in die Senkrechte. Ein anstrengender Prozess. Seine eingeschlafenen Beine waren taub, und er musste aufpassen, um nicht gleich wieder in sich zusammenzusacken. Es dauerte einen Moment, bis er halbwegs standsicher war, und gelang ihm bloß, weil er es nicht mit geschlossenen Beinen versuchte.

»Krus ist so weit, ihr könnt Gor jetzt loslassen«, sagte Manus, sobald er nicht mehr schwankte.

Die drei zögerten nicht, und Gor schoss nach vorn wie ein Pfeil aus einem Langbogen. Mit ähnlicher Wucht traf er auf sein Ziel.

Lang hatten seine Beine, die mittlerweile zu kribbeln begannen, sein Gewicht nicht tragen müssen. Gors erster Kinnhaken schickte ihn zurück auf den Boden. Sofort war Gor über ihm. Ein Fausthieb folgte auf den anderen. Unablässig und überall. Er wehrte sich nicht. Was ihm gerade widerfuhr, hatte er verdient, und mehr als das.

Er schmeckte Blut, als der x-te Hieb ihn traf. Es tat nicht mal weh. Noch nicht. Hoffentlich schlug Gor ihn nicht bewusstlos. Wär schade, wenn er von der gerechten Abreibung, die ihm zuteilwurde, nichts mehr mitbekäme.

»Gor! Um Himmels willen, hör auf damit, du bringst Krus noch um.«

~ * ~

Die Maschine, die Ara nach London brachte, setzte pünktlich auf britischem Boden auf. Draußen war es noch dunkel, aber das kümmerte sie nicht. Der Fußmarsch vom Gate zum Ausgang zog sich ganz schön. Heathrow war ein mächtig großer Flughafen, mit dem sie heute zum ersten Mal zu tun hatte. Bisher, wenn sie mit ihren Eltern nach London geflogen war, war es nach Gatwick oder Stansted gegangen, weil die für die Geschäfte ihres Vaters günstiger lagen. Wobei sie sich stets gefragt hatte, welchen Geschäften ein Jäger, dessen Einsatzgebiet nicht in Großbritannien lag, dort wohl nachging.

Sie hatte keine Ahnung über den geplanten Ablauf. Würde der Tätowierer selbst sie abholen oder irgendein Lakai des Rats? Sie konnte kein Taxi nehmen, da sie nicht über einen Treffpunkt informiert war. Aber der Rat hatte bestimmt für alles gesorgt, daher machte sie sich keine großen Gedanken.

Das änderte sich, als sie aus dem gesperrten Bereich in die Wartezone der Angehörigen und Abholer trat. Sie erkannte ihren Chauffeur nämlich sofort. Theo. Soviel zur Theorie, Krus nicht zu begegnen.

»Madame Ara.« Der Diener lächelte verbindlich höflich. »Wie schön, Euch zu sehen. Ich wünschte, die Umstände wären erfreulicher.«

Sie wünschte, es gäbe überhaupt keine Umstände.

»Ist es denn nicht erfreulich, dass dein Herr eine neue Partnerin bekommt, die ihm endlich den gewünschten Nachwuchs schenkt und hoffentlich besser zu ihm passt als ich?«

Wüsste sie es nicht besser, sie würde einen leicht entrüsteten Ausdruck in Theos Miene hineininterpretieren. Was er vor sich hin nuschelte, verstand sie leider nicht.

Auf dem Weg zum Wagen sprachen sie kurz über Simon und dessen Umstellungsschwierigkeiten.

Die einstündige Fahrt verlief zunächst schweigend. Sie blickte aus dem Fenster und genoss die Landschaft, die sich allmählich aus der Dämmerung schälte. Bis sie merkte, dass sich Theo irgendwie anders verhielt, als sie es von ihm kannte. Gar nicht souverän wie üblich, sondern eher zutiefst beunruhigt. Als sie den Grund dafür erfuhr, den er nur ungern und stockend preisgab, verstand sie seine Sorge, und teilte sie. Gütiger Dessmon, Inkia. Hoffentlich ging alles gut. Das stellte ihre eigenen Probleme weit in den Schatten, ließen sie völlig bedeutungslos erscheinen. Jedoch nur, bis sie in die Nähe ihres Ziels gelangten.

Schon als sie durch das schmiedeeiserne Tor fuhren, das in etwa die Größe der Hausfront ihres neuen Zuhauses aufwies, bildete sich ein mächtiger Betonklotz in ihrem Magen. Und als der Landsitz in Sicht kam. Meine Güte. Sie fühlte sich wie eine Ameise vor einer hundertjährigen Eiche. Oder eine Maus vor einem Elefant. Und wie eine Maus wollte sie am liebsten davonlaufen und sich verstecken.

Theo parkte neben zwei anderen Fahrzeugen auf dem Kiesplatz vor dem Eingang. Trotz seiner Anspannung galant und dienstbeflissen öffnete er ihr die Wagentür. Jeder Schritt auf das Haus zu war eine Qual, die beständig zunahm. Mit jedem Schritt fühlte sie sich ein Stück weiter in den Boden gestampft. Als sie die Treppe erreichte, die in fünf flachen Stufen zur Tür hinaufführte, kam es ihr schon so vor, als würde sie kriechen statt zu gehen. Ein Wunder, dass sie die Füße anheben konnte, um die Stufen zu erklimmen.

Genauso musste sich der Weg zum Schafott anfühlen, und es war ihr, als ginge sie ihn. Weil sie nämlich gerade starb.

Sie betrat das Haus, dessen mächtige Eingangshalle sie vielleicht beeindruckt hätte, wenn sie einen Blick dafür gehabt hätte. Aus einer offen stehenden Tür drangen sonderbare Geräusche. Klang, als würde jemand einen riesigen Berg Schnitzel klopfen. Vielleicht befand sich hinter der Tür die Küche. Aber Schnitzel zum Frühstück?

»Gor! Um Himmels willen, hör auf damit, du bringst Krus noch um«, hörte sie Inkia aus dem Raum rufen.

Da gab es für Ara kein Halten mehr. Sie stürzte in das Zimmer, doch der Anblick, der sich ihr bot, brachte sie abrupt zum Stehen. Neben einem ovalen Esstisch lag Krus auf dem Rücken am Boden, Gor über ihn gebeugt mit einem Arm zum Schlag erhoben. Doch er schlug nicht zu, weil Inkia, nur mit einem Nachthemd bekleidet und nackten Füßen, neben ihm stand und ihn daran hinderte. Während Gor sich aufrichtete, drehte Krus sich um und hievte sich auf die Knie. Mit den Händen stützte er sich am Boden ab. Sein Kopf hing herab und Blut tropfte auf die Steinfliesen. Jede Menge Blut. Als seine Schultern zu zittern begannen, wusste Ara, dass es an der Zeit war, sich einzumischen. Aus irgendeinem ihr noch nicht bekannten Grund stand Krus kurz davor zusammenzubrechen, und dafür brauchte er ganz bestimmt keine Zeugen.

»Raus hier! Alle!«

Die Jäger, Manus und Inkia fuhren zu ihr herum und starrten sie erschrocken an. Klar, bei dem Trubel hatten sie ihre Ankunft nicht bemerkt, und ein höfliches „Guten Morgen" hörte sich anders an. Gor hatte nicht einen Kratzer, was bedeutete, Krus hatte sich nicht gegen die Schläge gewehrt. Und Gor war es auch, der auf ihre nette Begrüßung reagieren wollte. Er öffnete den Mund, doch sie ließ ihn nicht zu Wort kommen.

»Sofort.« Es drängte, denn aus dem Zittern war bereits ein Beben geworden.

Und tatsächlich, die vier Männer und zwei Frauen trollten sich kommentarlos. Was ein Glück. Kaum war sie mit Krus allein in dem Zimmer, eilte sie zu ihm und sank neben ihm auf die Knie.

»Krus?« Er reagierte nicht, stierte einfach nur auf die immer größer werdende Blutlache vor ihm. »Krus.«

»Tut mir leid. Oh Gott, Lekti, es tut mir so leid.«

Wer war Lekti? Niemand, den sie kannte.

31

Blut auf Stein. Krus starrte auf die Lache vor ihm. Das hatte er schon einmal gesehen. Blut auf Stein.

In diesem Moment brach die Barriere aus Zeit in sich zusammen, Gegenwart und Vergangenheit vermischten sich, und er wurde an einen anderen Ort geschleudert. Er befand sich nicht mehr im Jahr 2014 in einem Speisesaal auf dem Boden kniend, sondern zweihundert Meilen entfernt in der Bibliothek seines Hauses in Truro, Cornwall, im Jahr 1812.

Die vielen Bücher, die die Regale füllten, die vom Boden bis zur Decke reichten, waren Krus' größter Schatz, sein wertvollster Besitz. Für die meisten anderen waren das die Antiquitäten und Kunstobjekte, die sein Haus zierten, das viele Geld oder der Schmuck, mit dem er seine Tasha beschenkt hatte. Nicht für ihn. Er liebte Bücher. In seiner Sammlung fand sich manches Stück, für das es sich zu töten lohnte. Aus seiner Sicht zumindest. Nicht nur rare Erstausgaben desslanischer oder menschlicher Dichter, sondern auch handgeschriebene Originalmanuskripte. Was um ihn herumstand, war ein Vermögen wert, aber das war nicht das Entscheidende. Das war der Inhalt, das, was sich auf den Seiten befand. Er konnte sich stundenlang in seine Bücher vergraben und von ihnen in eine andere Welt tragen lassen. Vor allem von den Klassikern, den Sagen sowohl seiner Gattung als auch der menschlichen. Heute schaffte es selbst Homer nicht, ihn abzulenken. Denn heute hatte er etwas erfahren, das ihn in den Grundfesten seines Glaubens, seiner Existenz erschütterte.

Lekti und Laer.

Gerüchte über die beiden gab es schon lang. Er hatte

ihnen nie Bedeutung beigemessen. Dass sich die beiden nahestanden, war normal. Laer kannte Lekti ebenso lange wie Krus. Dass seine Tasha und sein Freund Zeit miteinander verbrachten, lag in der Natur der Sache. Das war nicht ungewöhnlich in dieser Konstellation. Im Grunde waren sie ein Dreiergespann. Wieso hätte er sich also Gedanken oder gar Sorgen darüber machen sollen? Heute hatte sich das geändert.

Laers Partnerin war hier gewesen und hatte ihm gesagt, dass die Gerüchte nicht bloß Gerüchte waren. Lekti und Laer trafen sich wirklich heimlich hinter seinem Rücken. Wenn es aufgrund der Zeugungsumstände bei den Dessla nicht unmöglich wäre, Laers Partnerin würde sogar vermuten, das Kind, das Lekti erwartete, wäre von ihm nicht von Krus. Zuerst hatte er darüber gelacht. Das Lachen war ihm vergangen, als er erfahren hatte, dass Lekti gerade jetzt mit Laer zusammen war. Laers Partnerin hatte die beiden in der Stadt gesehen. Und ihm hatte Lekti erzählt, sie würde eine Freundin besuchen.

»Hier bist du. Ich hab dich schon überall gesucht.«

Er fragte sich, warum. Und warum sie so strahlte. Nein, das fragte er sich nicht, weil seine Nase ihm diese Frage bereits beantwortet hatte. Sie roch nach Laer. Von Kopf bis Fuß.

Verdammt. Es war also wirklich wahr.

Er war nicht mal wütend. Seltsam. Möglicherweise, weil es bei den Dessla den Absolutheitsanspruch innerhalb einer Partnerschaft nicht gab. Selbst nach einer Vereinigung nicht. Jeder Partner durfte auch mit anderen schlafen. Einen Liebhaber oder eine Geliebte zu haben, war in der Gesellschaft der Dessla nicht verpönt. Würden die beiden offen dazu stehen, er hätte vermutlich kein Problem damit. Aber sie taten es heimlich. Er liebte diese Frau, und er liebte Laer, und beide wussten das, trotzdem hintergingen sie ihn. Nein, wütend war er nicht, nur maßlos enttäuscht und verletzt.

»Wie war dein Tag?« Himmel, der drohende Unterton in seiner Stimme fiel sogar ihm auf. Hoffentlich merkte Lekti es auch und verstand den Wink, ihm jetzt endlich reinen Wein einzuschenken.

»Zuerst nicht gut.« Sie kam zu ihm herüber und griff ihn bei den Händen. Er stand aus seinem Sessel auf, um sie nicht von unten anzusehen. Sie drückte seine Hände fester und strahlte noch mehr. »Aber dann habe ich wundervolle Nachrichten erhalten.«

Wundervolle Nachrichten? Was? Dass Laer ein noch besserer Liebhaber war als gedacht? Dass er es ihr trotz fortgeschrittener Schwangerschaft immer noch besorgen konnte, bis ihr der Kopf wegflog? Also, das wollte Krus garantiert nicht wissen.

»Ich war bei ...«

Ruckartig entzog er ihr seine Hände und unterbrach sie so. »Ich will's nicht hören.«

»Wie bitte?«

»Ich. Will. Es. Nicht. Hören.«

»Aber ... Was ist denn mit dir los?«

Ihr Blick, ehrlich fragend und erstaunt, traf ihn mehr als sonst etwas, weil er ihm zeigte, für was sie ihn hielt. Einen Trottel, der vor lauter Liebe zu ihr blind war. Was bisher ja sogar gestimmt hatte. Auf den Gedanken, er könne sein Sehvermögen irgendwann zurückerlangen, war sie wohl noch nicht gekommen, und ging offensichtlich auch nicht davon aus. Das tat weh.

»Was los ist? Ihr seid aufgeflogen, das ist los. Schluss mit der Heimlichtuerei, Lekti. Ich weiß Bescheid.«

»Worüber?«

Heiliger Dessmon. Wieso konnte sie es nicht einfach zugeben? Wieso musste sie dieses grausige Spiel fortsetzen, in dem sie weiterhin die Ahnungslose gab? Sah sie denn nicht, verstand sie denn nicht, dass das schlimmer war als ein Geständnis?

»Über dich und Laer.«

Vollkommene Verständnislosigkeit trat in ihr Antlitz und mit diesem Ausdruck schlug sie ihm mitten ins Gesicht. Sie sagte nichts, kein Wort, drehte sich einfach nur um und ging zur Tür.

»Wo willst du hin?«

Sie blieb nicht mal stehen. »Diesen Unsinn werde ich mir nicht anhören. Nicht von dir, Krus.«

Er blickte auf die Tür, die sie hinter sich geschlossen hatte.

Unsinn? Das Grummeln, das sich in seinem Magen zusammenbraute, verriet ihm, dass er das mit dem nicht wütend revidieren musste. Sie leugnete immer noch. Verdammt nochmal. Aber damit würde er sie nicht durchkommen lassen. Er lief ihr hinterher und erreichte sie am Kopf der Treppe ins Erdgeschoss. Grob packte er sie am Arm und drehte sie zu sich herum.

»Lass mich los, Krus. Du tust mir weh.«

Er dachte gar nicht daran. »Du wirst jetzt nicht weggehen. Schon gar nicht zu ihm. Das erlaube ich nicht.«

Wütend funkelte sie ihn an, versuchte, sich aus seinem Griff zu winden. »Du sollst mich loslassen.«

Auf keinen Fall. Dass sie zu Laer rannte, um von dem getröstet zu werden, unter vollem Körpereinsatz, würde Krus nicht zulassen.

Sie stemmte sich gegen ihn, zog und zerrte, um sich zu befreien.

»Lass. Los.«

Er gehorchte. Was danach geschah, würde ihn noch jahrzehntelang im Schlaf verfolgen.

Lekti kippte nach hinten. Sie ruderte mit den Armen, um das Gleichgewicht nicht zu verlieren. Vergeblich. Er versuchte noch, sie zu halten. Es gelang ihm nicht. Nur um Millimeter griff er ins Leere, bevor seine Tasha rückwärts die Treppe hinunterstürzte. Er sah, wie sie sich mehrmals überschlug, während sie eine Stufe um die andere hinunterpolterte. Jeder Aufschlag ihres Körpers ließ ihn zusammenzucken. Als sie schließlich am Fuß der Treppe aufkam, klang der Aufprall wie ein Donnerschlag. Seltsam verdreht blieb sie liegen und rührte sich nicht.

»Lekti!«

So schnell ihn seine Füße trugen, sprang er die Treppe hinunter. Als er bei ihr ankam, versuchte sie stöhnend, sich umzudrehen. Er fiel neben ihr auf die Knie. Und dann roch er es. Blut.

Es fing mit einem kleinen Fleck in Schoßhöhe ihres Kleides an, der schnell größer wurde. Als der Diener Theo, durch den Lärm alarmiert, aus dem Gesindeteil des Hauses kam, war schon der halbe Rock durchtränkt.

»Ich hole einen Arzt«, rief Theo, ohne zu fragen, was passiert war.

Krus nickte nur, dann hob er Lekti auf, um sie ins Schlafzimmer zu tragen. Wo sie gelegen hatte, befand sich eine wahre Pfütze auf dem Steinboden. Der Anblick all des vielen Blutes, ließ ihm sein eigenes in den Adern gefrieren. Gott, was hatte er getan?

Die folgenden vier Stunden wurden zu den grausamsten seines Lebens. Juschka, Theos Frau, hatte das Blut weggewischt, aber er sah es immer noch, während er im Empfangsbereich auf und ab ging, wie ein eingesperrtes Tier in einem Käfig, und auf Nachricht wartete.

Die Stille, die eingekehrt war, machte ihm mehr Angst als die furchtbaren Schreie, die Lekti bis vor kurzem noch ausgestoßen hatte und die bis zu ihm hinuntergeschallt waren.

Als der Arzt und die Hebamme endlich auf ihn zukamen, erkannte er an ihren Gesichtern sofort, was passiert war. Lekti hatte das Baby verloren. Doch was der Arzt dann sagte, war sogar noch schlimmer.

»Es tut mir leid, aber wir konnten sie nicht retten.« Sie? Wen meinte er mit sie? »Eure Tasha hat zu viel Blut verloren. Sie starb, noch bevor wir das Kind holen und sie damit vielleicht hätten retten können.«

Lekti war gestorben? Nein. Nein, das konnte nicht sein. Das durfte nicht sein. Was die Hebamme über das Baby sagte, das natürlich auch nicht überlebt hatte, bekam er nicht mehr mit. Um ihn herum drehte sich alles. Lekti war tot. Seine wundervolle, wunderschöne Lekti war tot. Und es war seine Schuld. Er hatte sie umgebracht.

32

»Nein, hast du nicht. Es war ein Unfall.«

Krus erstarrte, als er mit einem Paukenschlag in die Gegenwart zurückkehrte. Ara? Ja, sie war es, wie der unverkennbare Geruch nach frisch aufgeschnittenen Erdbeeren verriet, der ihn jetzt überflutete. Und sie war nicht nur hier, sondern ...

Liebe Güte, lag er wirklich zusammengerollt auf dem Fußboden, mit dem Kopf in ihrem Schoß und das Gesicht gegen ihren Bauch gepresst? Wie peinlich, aber irgendwie auch schön. In gewisser Weise. Er hatte sie im Schwimmbecken des Krankenhauses in ihrem Moment der größten Schwäche erlebt, als sie von ihrer Panik übermannt worden war. Jetzt erlebte sie ihn im Moment seiner größten Schwäche. Wie nannte sich das? Quitt sein? Ausgleichende Gerechtigkeit? Vielleicht. Er nannte es schön.

Anscheinend hatte er seine Erinnerungen auch nicht nur wiedererlebt, sondern ihr erzählt. Ihre Ohren hatten gehört, was er noch niemals irgendjemandem erzählt hatte. Seltsam. Er hatte immer gewusst, dass sie die Einzige wäre, der er dieses Geheimnis würde anvertrauen können, war aber nicht davon ausgegangen, dass es jemals geschehen würde. Jetzt war es doch passiert. Am Morgen des Tages, an dem sie voneinander getrennt wurden. Wie passend.

Ihre Hände streichelten durch sein Haar. Sie versuchte, ihm Trost zu spenden, und das war mehr als schön. Es war ein Gefühl, in das er sich fallen lassen wollte. Bis zu dem Moment, in dem ihm der salzige Geruch von Tränen in die Nase stieg.

Gütiger Gott, heulte er jetzt auch noch? Nein. Seine

Augen fühlten sich trocken an. Von ihm ging der Geruch nicht aus. Ara weinte. Wieso?

»Hast du dich deshalb von Gor verprügeln lassen, ohne dich zu wehren? Weil du denkst, du hättest das verdient wegen dem, was mit deiner Tasha passiert ist? Das stimmt nicht, Krus. Es war nicht deine Schuld. Du hast das nicht mit Absicht getan. Du wolltest ihr doch nicht wehtun oder sie verletzen. Es war ein Unglück. Ein furchtbar schreckliches Unglück, aber nicht deine Schuld.«

Hätte er eine Begründung gebraucht, warum er diese Frau so sehr liebte, gerade hätte sie sie ihm geliefert. Allerdings teilte er ihre Meinung nicht. Es war sehr wohl seine Schuld. Und es war an der Zeit, die traute Zweisamkeit zu beenden, vor allem, mehr Abstand zu Ara zu gewinnen. Ihr so nah zu sein, war zu gut, zu schön, brachte ihn zu sehr in Gefahr, sie nicht mehr loslassen zu wollen. Was er zwangsläufig tun musste, spätestens in ein paar Stunden, um der Partner von Zyde zu werden.

»Ich sehe das anders«, sagte er eine Spur härter als nötig und richtete sich auf, um sich von ihr zu lösen, bevor die Gelegenheit, die Kurve zu kriegen, vorbeizog.

~*~

Nie zuvor hatte sich Ara Krus näher gefühlt als in den vergangenen Minuten. Nicht mal, als sie miteinander geschlafen hatten. Er hatte ihr erzählt, was mit seiner Tasha passiert war, und da die offizielle Version der damaligen Geschehnisse weit von dem Gehörten abwich, konnte das nichts anderes bedeuten, als dass es nicht viele gab, die davon wussten. Er hatte sich ihr anvertraut. Der Mann, der sie vor elf Jahren zurückgewiesen hatte, der sie elf Jahre lang unverkennbar nicht hatte haben wollen, hatte sich ihr geöffnet. Zum ersten Mal seit ihrer Zusammenführung hatte sie das Gefühl, sie hätten Zugang zueinander gefunden. Jetzt, wo es zu spät war, wo er der Partner einer anderen werden würde. Was mit Sicherheit der einzige Grund war, warum er es zugelassen hatte.

Jetzt, nachdem er sich von ihr gelöst hatte, wurde er wieder der alte Krus. Aus der Nähe, die für einen winzigen Moment zwischen ihnen aufgeflackert war, wurde die altbekannte Distanz. Gut, wenn er es so haben wollte.

»Gor hat dich ganz schön zugerichtet.« Womit sie nicht übertrieb. Krus sah aus, als wäre er mit beiden Klitschko-Brüdern gleichzeitig in den Ring gestiegen.

»Und ich dich«, erwiderte er mit einem Blick auf ihren Pulli.

Stimmte. Da, wo sich sein Gesicht befunden hatte, war der Pulli mit Blut verschmiert. Aber das war nicht schlimm. Das konnte man rauswaschen. Sie würde sich solange nur ein Ersatzkleidungsstück leihen müssen, weil sie nichts zum Wechseln mitgebracht hatte. Wozu auch? Am Abend flog sie schließlich zurück.

»Setz dich da hin.« Mit dem Kinn deutete sie auf einen der Stühle, ohne auf das Thema Pulli einzugehen. »Ich organisiere schnell was, um dich zu verarzten.«

Sie verließ das Esszimmer, musste aber nicht nach Verbandszeug fragen. Theo stand direkt vor der Tür. In den Händen ein Tablett, auf dem sich alles Notwendige befand, inklusive eines Kübels, in dem bestimmt Eis zum Befüllen von Beuteln war, um die Schwellungen schneller abklingen zu lassen.

»Manchmal denke ich, du kannst hellsehen«, sagte sie zu dem Diener und nahm ihm das Tablett ab. Er schien überrascht. Noch mehr, als sie ergänzte: »Ich mach das schon.«

Zurück im Esszimmer stellte sie fest, dass sich Krus tatsächlich hingesetzt hatte. Damit hatte sie eigentlich nicht gerechnet. Gut, dann musste sie nicht mit ihm diskutieren. Zumindest nicht darüber. Sie stellte das Tablett auf den Tisch und griff nach einem der darauf liegenden feuchten Tücher, um ihm das Blut aus dem Gesicht zu wischen. Dafür wäre es hilfreich, würde er ihr das Gesicht zuwenden. Doch, wie immer, hielt er es seitlich verdreht. Sie seufzte, während sie eine Hand unter sein Kinn legte, um seinen Kopf zu drehen.

»Ara, ich will nicht ...«

»Was?«, unterbrach sie ihn. »Dass ich das mache? Sag's ruhig. Theo steht bestimmt noch vor der Tür.« Keine Antwort, wenn man von einem tiefen Durchatmen absah. »Dass ich deine Narbe sehe? Als wäre es das erste Mal. Ich kenne das blöde Ding jetzt seit über dreißig Jahren. Also, hör auf, dich anzustellen und sieh mich an.«

Ja, die bevorstehende Trennung hatte durchaus ihr Gutes. Sie nahm ihr die Befangenheit ihm gegenüber. Es war nicht mehr nötig, die Worte abzuwägen, um ihn nicht gegen sich aufzubringen, denn ob er böse auf sie war oder nicht, spielte jetzt keine Rolle mehr.

Sobald er den Kopf zu ihr gedreht hatte, machte sie sich ans Werk. Blut abwischen, vorsichtig die Wunden mit Desinfektionsmittel betupfen, anschließend mit Wund- und Heilsalbe bestreichen und bei den größeren ein Pflaster draufkleben. Gebrochene Nase, mehrfach aufgeplatzte Lippen und ein mehr und mehr zuschwellendes Auge. Ja, Gor hatte ganze Arbeit geleistet. Krus ließ alles schweigend über sich ergehen. Als sie fertig war, befüllte sie einen Beutel mit dem Eis aus dem Kübel, für sein Veilchen, und hielt ihn ihm hin.

Er hob den Arm, um danach zu greifen, umschloss stattdessen jedoch ihre Hand.

»Wieso tust du das?«

Weil sie wollte, dass es ihm gut, zumindest besser ging. Weil sie alles tun würde, um dieses Ziel zu erreichen. Weil sie sich selbst davon überzeugen musste, dass es so war. Weil sie ihn liebte.

»Willst du vielleicht aussehen wie ein Nachtkrapp, wenn du heute Abend in den Tempel gehst?«

Wow. So zusammengezuckt war er nicht mal, als sie

seine Wunden mit dem Desinfektionsmittel bearbeitet hatte.

Er nahm ihr den Beutel aus der Hand und drückte ihn sich aufs Auge.

»Ich will Zyde nicht.«

So sehr es ihr auch auf der Zunge lag, sie verkniff sich die Frage, wen er sonst wollte. Weil sie die Antwort kannte. Angesichts dessen, was sie aus seinem Mund gehört hatte, bestand kein Zweifel daran, wen er wollte. Nicht Zyde, nicht sie, nicht irgendeine andere Frau. Weder gestern noch heute oder in der Zukunft. Er wollte nur eine, hatte immer nur eine gewollt. Die einzige Frau, die er nicht haben konnte, weil sie nicht mehr am Leben war. Lekti.

33

Das Erste, was Krus nach dem Aufwachen getan hatte, war Inkia und Gor um Verzeihung zu bitten, die ihm glücklicherweise erteilt worden war. Danach hatte er gehofft, nochmal auf Ara zu treffen, doch sie hatte sich den ganzen Tag nicht aus dem Gästezimmer bewegt, in das sie sich zurückgezogen hatte, während ihr Pulli gewaschen wurde.

Jetzt saß er im kleinen Salon und betrachtete die Ansammlung Leute, die sich mit ihm hier befanden. Außer ihm saß nur Inkia noch in einem Sessel. Ihr und dem Baby ging es Dessmon sei Dank gut.

Er kam sich sonderbar fehl am Platz vor, obwohl all diese Leute seinetwegen hier waren. Gor, Inkia und Manus auf seinen ganz besonderen Wunsch hin.

Gor stand mit Manus in einer Ecke. Die beiden tuschelten miteinander, und zwar in einer Lautstärke, die sein feines Desslagehör nicht mal dann zu verstehen in der Lage wäre, wenn es ihn interessieren würde, was sie sich sagten.

In der anderen Ecke, Gor und Manus gegenüber, standen Obbs und der Ratstätowierer. Obbs fühlte sich in seiner Haut alles andere als wohl. Es war ihm weithin anzusehen. Bisher hatte Krus dem Tätowierer sein Kinn verweigert. Er wartete auf Ara. Er musste sie noch ein letztes Mal sehen, bevor sie aus seinem Leben verschwand. Vor allem musste er ihre Erleichterung sehen, sobald der Querstrich durch ihre Partnerschaftslinie sie endgültig von ihm befreit hatte. Sonst würde er Zyde niemals auch nur annähernd akzeptieren können.

Der am wenigsten willkommene Gast war Donk, der am Fenster lehnte und selbstzufrieden vor sich hin lächelte. Donk glaubte, den ganz großen Coup gelandet zu haben. Wie es den anderen Beteiligten ging, war ihm egal, und er machte nicht mal einen Hehl daraus.

Vordergründig war er gekommen, um Zyde abzuholen und in den Tempel zu begleiten. Um diese Aussage zu untermauern, hatte er seine Frau Hurtas mitgebracht. Reines Alibi. In Wahrheit war Donk hier, um seinen Triumph auszukosten. Das Arschloch wusste, er konnte ihn im Zweikampf nicht besiegen, trotzdem hatte er ihn in die Knie gezwungen, indem er seinen Willen durchgesetzt hatte.

Hurtas, mit der Zyde große Ähnlichkeit aufwies, stand wie ein graues Mäuschen neben ihm und wirkte völlig eingeschüchtert. Warum, war ihm schleierhaft. An Donk war nichts Einschüchterndes. Er war ein arrogantes Arschloch, das Brechreiz auslöste. Die Autorität und erhabene Präsenz, die Zyde mal beiläufig erwähnt hatte, suchte er an Donk vergeblich. Wahrscheinlich führte er sich zu Hause auf wie ein Pascha oder, noch schlimmer, wie ein Choleriker. Das für eine Jägerin absolut abnorme Verhalten seiner Frau deutete zumindest darauf hin, dass es in Donks Haushalt drakonisch zuging, wenn er seinen Willen nicht bekam. Aber das hatte nichts mit Autorität und noch weniger mit Präsenz zu tun.

Krus fühlte sich nicht nur fehl am Platz, er war unentspannt, was er daran erkannte, dass er eine seiner Hände um die Armlehne gekrallt hielt. Das war ihm bisher gar nicht aufgefallen. Mit der anderen kraulte er den Nacken von Wuff, der neben ihm lag.

Unvermittelt hob Wuff den Kopf und blickte zur Tür, die einen Spaltbreit offen stand. Donk hatte sie offen gelassen um zu hören, wenn Zyde herunterkam. Hatte er gesagt. Wer's glaubte. Wuff schnüffelte, und Krus wusste genau, wen der Hund wahrnahm. Ara. Ihr Geruch eilte ihr voraus. Es war soweit. War er bisher unentspannt gewesen, so verkrampften sich seine Muskeln nun vollends. Die Knöchel seiner Finger, mit denen er die Lehne umgriff, weil er hoffte, dass ihm das Halt bot, wurden weiß.

»Was sehen meine Augen da?« Die Stimme, die aus der Eingangshalle in den Salon drang, gehörte zu Zegg, der anscheinend gerade von seinem Ausflug zurückkehrte. »Man hätte mich warnen sollen, dass heute die Sonne zu Besuch kommt, dann hätte ich mich darauf vorbereitet und eine Sonnenbrille aufgesetzt. Jetzt bin ich geblendet von strahlendem Liebreiz, der unverhofft meinen Weg gekreuzt hat.«

Krus spürte, wie sich sämtliche Farbe aus seinem Gesicht verabschiedete.

»Ich heiße Zegg. Und wer ist die Schönheit, der ich das Vergnügen habe zu begegnen?«

»Ara.«

Knapp und emotionslos. Zumindest sprang sie nicht sofort auf Zeggs Süßholzgeraspel an. Aber was nicht war, konnte noch werden. In ein paar Minuten war sie frei.

»Ara?« Räuspern. »Krus', ähm, bald ex-Ara?« Pause. Und dann, mit wesentlich nüchternerer Stimme. »Mann, der Kerl hatte schon immer mehr Glück als Verstand, und wie ich sehe, weiß er es heute noch genauso wenig zu schätzen wie früher.«

Krrk.

Oha. Dem Sessel, auf dem er saß, ein antikes Möbelstück aus dem siebzehnten Jahrhundert, war gerade eine Armlehne verlustig gegangen.

»Wie dem auch sei«, fuhr Zegg unbeirrt dadurch, dass Ara nichts erwiderte, fort. »Zufällig habe ich heute nichts weiter vor. Was hältst du davon, wenn wir beiden Hübschen einen Kaffee trinken gehen, sobald du hier fertig bist?«

Okay, die Inventarbezeichnungen mussten korrigiert werden. Das Möbel unter ihm war kein Sessel, sondern ein Katapult, aus dem er schoss wie eine Kanonenkugel kurz nach Entzünden der Lunte. Oh nein. Trennung hin oder her. Zegg würde mit Ara nicht Kaffee trinken gehen. Er wusste zu gut, was Zegg unter Kaffee trinken verstand. Diese Frau würde der Mistkerl nicht bekommen. Nur über Krus' Leiche. Nicht mal Wuffs Jaulen, der durch sein abruptes Aufstehen vom Sessel geschubst worden war, hielt ihn zurück, als er auf die Tür zu stapfte.

»Bedaure, mein geplanter Rückflug lässt mir kein Zeitfenster für Kurzweil.«

Aras frostige Stimme wirkte auf ihn wie das Anziehen einer Handbremse mitten während der Fahrt auf ein Auto. Zwei Schritte vor der Tür kam er derart unvermittelt zum Stehen, dass er beinahe vornüberfiel.

»Und selbst wenn, würde ich sie in anderer, angenehmerer Gesellschaft verbringen wollen.«

»Schade«, antwortete Zegg in keineswegs beleidigter Manier. »Na, dann. Ich würd dir ja noch nen schönen Tag wünschen, aber das wäre wohl nicht angebracht.«

»Sehr richtig.«

Schritte entfernten sich. Das musste Zegg sein. Jetzt könnte er sich eigentlich wieder hinsetzen. Es würde für Ara bestimmt blöd aussehen, wenn sie reinkam und er nahm sie direkt hinter der Tür in Empfang. Aber er rührte sich nicht vom Fleck und wusste selbst nicht wieso.

Wuff hatte sich inzwischen von seinem unfreiwilligen Abgang vom Sessel erholt. Er humpelte zwischen seinen Beinen durch und drückte sich durch den Türspalt. Schon war er draußen.

»Wuff.«

Jetzt klang Ara deutlich erfreuter. Man hörte Wuff bis in den Salon freudig winseln und die Tapser seiner Pfoten. Er konnte sich das Bild, wie der kleine Dreibeiner mit dem Hinterteil wackelnd um Ara herumscharwenzelte, regelrecht und sehr gut vorstellen. Der Glückliche. Er beneidete ihn.

»Ja, ich hab dich auch vermisst, mein Süßer.«

»Wuff ist ein Lieber, aber süß?« Das war Zyde. Er hatte sie gar nicht die Treppe herunterkommen hören. »Mit süß verbindet man eher ein angenehmes Äußeres. Und, sei mir nicht böse, aber dieser Hund ist grottenhässlich.«

»Ist er nicht«, widersprach Ara ernst, was nicht mal er tun würde, denn im Grunde hatte Zyde Recht. Wuff war grottenhässlich.

»Hör gar nicht hin, Wuff. Du bist nicht hässlich«, sagte Ara nun unüberhörbar an den Hund gewandt. »Nur für Leute, die bloß Äußerlichkeiten betrachten und mit nichts anderem als ihren Augen sehen, und die sind nicht wichtig. Wenn ich dich ansehe, tue ich es mit meinem Herzen, und ich betrachte dein Wesen und dein Herz, und dann bist du der schönste Hund auf der ganzen Welt.«

Schade, dass dasselbe nicht auch für ihn galt. Was gäbe er nicht dafür, könnte er mit Wuff tauschen.

»Der schönste Hund auf der Welt?« Zydes verächtlich abgehacktes Lachen klang zu gekünstelt, um echt zu sein. »Ja, klar. Und gleich wirst du behaupten, Krus wäre nicht hässlich.«

Würde Ara definitiv nicht. Sie würde gar nicht weiter darauf eingehen. Darauf war er bereit, alles zu verwetten, was er besaß.

»Ist er auch nicht.«

Was? Okay, gerade hatte er Haus und Hof verloren, aber ... Großer Dessmon, hatte sie das wirklich gesagt?

»Das kannst du nur sagen, weil du nicht täglich mit seinem Konterfei konfrontiert warst.«

Kurze Pause.

»Nein, sag jetzt nicht, dass er es mit den Haaren kaschiert. Das weiß ich, und wenn man ihm nur ab und an begegnet, mag das reichen. Für jemanden wie mich, der die Räumlichkeiten und, mehr noch, das Schlafzimmer mit ihm teilen muss, sieht die Sache ein bisschen anders aus. Du weißt ja nicht, wie es ist, wenn das Erste, was man auf nüchternen Magen sieht, dieses kaputte Gesicht ist, wenn man morgens neben ihm aufwacht.«

Das konnte er nachvollziehen.

»Und du weißt nicht, wie sehr ich dich genau darum beneide.«

Die Traurigkeit in Aras Stimme traf ihn wie ein Schwall Wasser.

»Du tust bitte was?«

Komisch, das hatte er auch gerade fragen wollen. Zyde war nur ein bisschen schneller gewesen.

»Ich hätte alles darum gegeben, wenn Krus mir nur ein einziges Mal erlaubt hätte, neben ihm einzuschlafen und neben ihm aufzuwachen. Alles.«

Ein Erdbeben lief durch seinen Körper und er spürte, wie seine Knie weich wurden. Bestimmt gaben sie gleich unter ihm nach. So fühlte es sich zumindest an. Besser, er hielt sich am Türrahmen fest.

»Weinst du etwa?« Zyde erhielt von Ara keine Antwort, jedenfalls keine, die er hören konnte. »Gütiger Dessmon. Du liebst ihn.«

Krus keuchte, als hätte ihm irgendjemand die Luft aus den Lungen gepresst. Sein ganzer Körper begann zu zittern. Hoffentlich wurde er nicht ohnmächtig.

»Seit ich fünfzehn bin.«

Es wurde Zeit, die Kontrolle über seine schlotternden Beine zurückzuerlangen, denn hier wollte und würde er nicht stehen bleiben. Hier hatte er nichts mehr zu suchen. Sein Platz war jetzt woanders.

34

Zuzugeben, was sie empfand, war nicht so schwierig gewesen, wie Ara es sich vorgestellt hatte. Erstaunlich leicht war es ihr über die Lippen gekommen. Noch dazu der Frau gegenüber, die ihren Platz einnehmen würde. Eingenommen hatte, korrigierte sie sich in Gedanken.

»Es tut mir so leid für dich.«

Zydes Mitleid brauchte sie ungefähr so dringend wie Magenschmerzen oder einen Kropf. Auf dieses Gefühl reagierte sie grundsätzlich allergisch, und heute machte sie keine Ausnahme.

»Wieso? Du kannst nichts dafür. Ist doch nicht deine Schuld, dass ich mich in einen Mann verliebt habe, der mich nie gewollt hat, weil er meine Gefühle nicht erwidert.«

Sie begegnete Zydes Blick. Die überlegte krampfhaft, was sie antworten sollte, das war ihr anzusehen. Eine schlaue Idee schien ihr nicht kommen zu wollen. Und was sollte Zyde auch sagen? Da gab es nichts zu sagen. Punkt. Trotzdem setzte sie zu einer Erwiderung an, öffnete die Lippen für irgendeinen Trost oder Ähnliches. Aber sie sollte nicht erfahren, was Zyde sagen wollte, weil jemand anders schneller war.

»Ara.«

Heiliger Himmel, Krus.

Zyde erbleichte und Ara spürte, dass sie es ebenfalls tat. Schön, waren sie zu dritt weiß wie die Wand, denn Krus' Teint sah auch nicht gerade gesund aus. Wie lange stand er da? Was hatte er gehört? Genug, wenn nicht gar alles, das verriet sein Gesicht.

»Das hättest du nicht hören sollen«, stammelte sie und senkte den Blick.

Wie immer, wenn er in der Nähe war. Als könnten ihre Schuhe ihr einen Tipp geben, wie sie sich ihm gegenüber verhalten sollte. Und sie hatte sich eingebildet, das läge hinter ihr. Da hatte sie sich wohl geirrt. Sie hörte Schritte, die auf sie zukamen. Dann gesellten sich seine Schuhspitzen zu ihren, als er direkt vor ihr stehen blieb. Ihr Herz konnte sich nicht entscheiden, ob es schneller schlagen oder damit aufhören sollte, darum tat es beides. Abwechselnd.

Eine Hand, seine Hand, kam von unten in ihr Sichtfeld, also hatte er nicht vor, ihr eine runterzuhauen. Was schon mal beruhigend war. Oder auch nicht. Auf jeden Fall wäre es beruhigender, stünde er weiter weg. Krus legte den gekrümmten Zeigefinger unter ihr Kinn und hob ihren Kopf an, bis sie ihn direkt ansah. Ihr Herz entschied sich, nicht stehen zu bleiben, sondern sich einen Weg aus ihrer Brust zu sprengen.

»Ist das dein Ernst?«, fragte er leise, beinahe flüsternd, als hätte er Angst vor der Antwort.

Komisch, sie fürchtete sich nicht mehr. All die Jahre, in denen sie sich nicht getraut hatte, ihm zu sagen, was sie fühlte - weggewischt.

»Ja, es ist mein Ernst.«

Tief atmete er durch und deutete auf seine linke Gesichtshälfte. »Und das stört dich nicht?«

Großer Dessmon, er hatte wirklich Angst. Dabei machte seine Narbe ihr nichts aus, sie nahm sie nicht mal wahr. Sie hob die Hand und schob sie unter die Haarsträhne, mit der er die Entstellung bedeckte. Er zuckte, entzog sich ihr aber nicht.

»Hat es nie.«

Sie erhob sich auf die Zehenspitzen und hauchte einen Kuss auf die zerstörte Wange. Der kurze Atemzug, den er bei dieser Geste ausstieß, streifte ihr Ohr. Seine Hände umgriffen ihre Oberarme, als sie sich auf die Füße zurücksinken ließ. Fest, nicht grob. Eher, als würde er sich an ihr festhalten müssen, um nicht umzufallen. Zärtlich glitten ihre Fingerspitzen über die Vernarbung. Die Haut fühlte sich seltsam glatt an, die leichten Erhebungen unerwartet weich.

»Das gehört zu dir, ist ein Teil von dir, den ich nicht weniger liebe als alle anderen Teile.«

Er schloss die Augen und schmiegte seine Wange in ihre Handfläche. An seinen Wimpern glitzerten Tränen, als er seine Lippen auf ihr Handgelenk presste.

»Was du gesagt hast, stimmt nicht«, hauchte er.

Wieso zweifelte er an ihren Worten? Was sollte sie, seiner Meinung nach, denn tun, damit er es glaubte? Er öffnete die Lider und die beiden Tränen, die seine Wimpern aufgefangen hatten, rollten über seine Wangen. Der Ausdruck in seinen Augen strafte seine Worte Lügen. Sie leuchteten. Er glaubte ihr. Wieso behauptete er dann das Gegenteil?

»Dass ich dich nie gewollt habe, weil ich deine Gefühle nicht erwidere, ist nicht wahr.«

Träumte sie, oder kam sein Gesicht näher? Nein, sie träumte nicht. Auch nicht, als sein Mund zärtlich ihren berührte.

»Ich liebe dich«, raunte er gegen ihre Lippen, bevor aus der zärtlichen Berührung ein richtiger Kuss wurde.

Okay, ihr Herz hatte sich umentschieden und ging doch in Richtung stehen bleiben. Allerdings lediglich für eine Sekunde. Dann brachte seine Zungenspitze, die sich sanft zwischen ihre Lippen schob, es wieder in die Gänge. Ihre Hände fanden den Weg zu seiner Taille von allein, seine glitten von ihren Armen zu ihrem Rücken.

Allzu schnell brach Krus ab, was er begonnen hatte, hörte auf, ihren Mund zu erforschen. Seine Lippen wanderten über ihre Wange zu ihrem Ohr.

»Und ich will dich.« Seine Stimme hätte wohl ebenso heiser geklungen, wenn er nicht geflüstert hätte. »Jetzt gleich.«

Sie zog den Kopf zurück, um ihm erneut in die Augen zu sehen, in denen eine Flamme glomm, die ihre Haut kribbeln ließ. Er meinte das todernst. Sie lächelte. »Wer hindert dich?«

Aus der Flamme wurde ein Flächenbrand. »Niemand.«

Wieder presste er den Mund auf ihren, von zart und sanft fehlte jetzt jede Spur. Er küsste sie derart wild, dass ihre Knie nachgaben. Kein Problem. Schon fand sie sich auf seinen starken Armen wieder, und noch ehe sie sich's versah, waren sie auf der Treppe, an Zyde vorbei, die ihnen erstaunt hinterhersah, und auf dem ersten Absatz, auf dem er noch lange nicht haltmachte.

Wie er es schaffte, mit ihr auf dem Arm die Tür zu seinen Räumlichkeiten aufzumachen, war und blieb ein Rätsel. Zumachen war einfach - ein gezielter Fußtritt genügte. Und immer noch setzte Krus sie nicht ab. Erst im Schlafzimmer stellte er sie auf ihre eigenen Beine. Er nahm ihr Gesicht in die Hände, küsste ihre Stirn, die Augen, die Nasenspitze, und hauchte natürlich auch einen Kuss auf ihren Mund. Doch dann, ganz unerwartet, löste er sich von ihr und verschwand durch eine Tür.

Da er sie offen ließ, erkannte sie, dass sich dahinter das Badezimmer befand. Sie hörte, wie eine Schublade aufgezogen und wieder zugeschoben wurde. Als er aus dem Bad kam, hielt er die Dose in der Hand, die er bei ihrer Fruchtbarkeit immer dabeihatte. Nochmal hauchte er einen Kuss auf ihre Wange.

»Ich muss noch schnell was Wichtiges erledigen. Nicht weglaufen, ich bin sofort zurück.«

Schon war er draußen, und sie hörte ihn nach Theo rufen.

Weglaufen? Nichts lag ihr ferner. Sie sah sich um. Das Schlafzimmer war praktisch eingerichtet, mehr nicht. Ein Bett, zwei Nachttischchen, ein Kleiderschrank. Fertig.

Das Bett war gemacht, nichts deutete darauf hin, dass hier zwei Leute schliefen, dennoch bereitete ihr der Gedanke an Zyde in diesem Bett ein mulmiges Gefühl. Sie schob ihn beiseite, ließ die Vorstellung dazu nicht zu. Zyde hatte jetzt hier drin nichts zu suchen, und sie würde sich den Moment nicht durch die andere Frau verderben lassen.

Keine fünf Minuten vergingen, bis Krus zurückkehrte. Ohne Dose. Sie stand noch genauso da, wie er sie verlassen hatte. Das schien ihn zu überraschen. Die Irritation, falls er eine solche verspürte, löste sich auf, als er sie in die Arme nahm.

»Wo waren wir stehen geblieben?«

Sie antwortete nicht, weil er keine Antwort zu brauchen schien. Erneut hob er sie hoch, trug sie das letzte Stück zum Bett und ließ sich mit ihr hineinfallen.

»Ach ja, ich wollte dir beweisen, wie sehr du dich geirrt hast.«

Er lachte. Ein Geräusch, das sie noch nie von ihm gehört hatte. Schön. Wunderschön. Kein Konzert konnte melodiöser klingen und ihren Ohren mehr schmeicheln.

Aber Musik, Klang, Geräusche, alles wurde unwichtig, als sie seine Lippen auf dem Mund und seine Hände auf der Haut spürte. Empfindungen traten an die Stelle von Wahrnehmungen und stießen sie in einen Rausch, in den sie sich nur zu gern fallen ließ.

35

Die Tür öffnete sich und Zyde betrat den Salon. Sie kam Gor verändert vor, obwohl er die Art der Veränderung weder benennen noch erfassen konnte.

»Wo ist Krus?« Donk fragte nicht, er schnauzte.

Den Ton, den dieser Unsympath gegenüber seiner Tochter anschlug, wollte Gor ihm am liebsten in den Rachen zurückstopfen. Leider stand ihm das nicht zu.

Zyde reagierte nicht, sondern ging schnurstracks auf Inkia zu. Vor deren Sessel blieb sie stehen und legte den Kopf schief.

»Gilt dein Angebot von neulich Nacht noch?«

Donk ließ Inkia keine Chance zu antworten. »Ich hab dich was gefragt, Tochter.«

Mit einem Seufzen drehte sich Zyde zu ihrem Vater um. »Siehst du nicht, dass ich mit Inkia spreche?«

Donk schnappte nach Luft, aber diesmal war Inkia schneller.

»Natürlich gilt es noch.«

»Gut, dann nehme ich es an.«

Gor wünschte, er hätte eine Ahnung, wovon die beiden Frauen da sprachen.

»Verdammt nochmal«, polterte Donk los, als er, gemessen an seiner Gesichtsfarbe, die richtige Betriebstemperatur erreicht hatte. »Du wirst mir jetzt gefälligst meine Frage beantworten. Wo ist Krus?«

»Als ich ihn zuletzt gesehen habe, trug er Ara die Treppe hinauf.« Zyde antwortete seelenruhig und mit einem Lächeln. »Das war vor etwa einer halben Minute. Wo er jetzt ist? Bei dem Tempo, das er draufhatte, würde ich sagen, inzwischen dürften sie im Bett angekommen sein.«

Erstaunlich, wie schnell man von Puterrot zu Kalkweiß wechseln konnte. Donk schnappte nicht mehr einfach nur nach Luft, er sah aus wie ein Fisch, den man aus dem Wasser gezogen und an Land geworfen hatte. Und dann explodierte er.

»Willst du ihm das etwa durchgehen lassen?«

Der Zorn richtete sich gegen Obbs, der davon sichtlich unbeeindruckt blieb. Möglicherweise täuschte er sich und der Wunsch war Vater des Gedankens, aber auf ihn wirkte das Ratsoberhaupt zufrieden. Absolut entspannt und in keiner Weise überrascht, schenkte er Donk ein zuckersüßes Lächeln, das keine Frau besser hinbekommen hätte.

»Reg dich nicht auf, Donk, das ist ganz schlecht für deinen Magen«, sagte er mit geradezu einlullender Stimme. »Was bedeutet schon eine kleine Verzögerung?«

»Soll meine Tochter etwa mit einem Kerl zusammengeführt werden, dem noch der Geruch einer anderen anhaftet?«

Als gäbe es in diesem Haus keine Duschen.

»Das mit der Zusammenführung könnt ihr vergessen.«

Beide Männer fuhren zu Zyde herum. Donk starrte sie an, als hätte sie sich in einen Pferdeapfel verwandelt. In Obbs' Gesicht spiegelte sich Amüsement und eine Spur Stolz wieder, und das war kein Wunschdenken.

»Krus und Ara lieben sich, und ich werde mich nicht zwischen sie stellen. Ich verweigere die Zusammenführung.«

»Was hab ich verpasst?«, fragte er, weil es Donk, dem dieselbe Frage im Gesicht stand, die Sprache verschlagen hatte.

»Wir werden bald alles an Hilfe brauchen, das wir bekommen können«, erklärte Inkia. »Ich hab Zyde gesagt, dass es für sie ganz bestimmt eine Aufgabe bei uns gibt, auch wenn sie nicht Krus' Partnerin ist.«

Für einen Moment war er irritiert, dann formte er seine Lippen zu einem belustigten Grinsen. Er wandte sich Zyde zu und grinste noch einen Tick breiter.

»Na, dann. Willkommen im Team.«

Donk eins auszuwischen und ihm die Pläne zu durchkreuzen, gefiel ihm nicht nur, es bereitete ihm das größte Vergnügen.

Zydes Vater verspürte alles andere als Vergnügen. Erneut ging er Obbs an.

»Das wirst du hoffentlich nicht zulassen.«

»Was soll ich machen? Ich kann Zyde nicht zwingen, das wäre gegen das Gesetz, und meine Aufgabe besteht darin, das Gesetz zu wahren, nicht, es zu brechen.«

Aha. Er war also nicht der Einzige, der in Sachen Vergnüglichkeit auf seine Kosten kam.

»Das ist unerhört«, zischte Donk durch zusammengepresste Zähne. »Komm, Frau, wir gehen.«

Er lief los, ohne sich um seine Partnerin zu scheren, und bemerkte zuerst nicht, dass sie ihm nicht folgte. Erst auf halber Strecke zur Tür fiel es ihm auf.

»Wartest du auf schöneres Wetter? Ich sagte, komm.«

Zydes Mutter schüttelte mit dem Kopf. »Ich bleibe.«

Sie drehte sich zu ihm um. »Gibt's bei euch auch noch einen Platz für mich?«

»Klar.« Okay, seine Stimme klang ein bisschen tonlos. Nichts, was man durch ein Räuspern nicht beseitigen konnte. Dann nickte er. »Das Haus ist groß genug.«

»Gut«, meinte Hurtas, bevor sie sich Donk zuwandte. »Ich hab die Nase gestrichen voll von dir. Leb wohl, und ich hoffe, wir sehen uns nie wieder.«

»Das wirst du noch bereuen.«

»Glaube ich nicht.«

Donk schnaubte, Spucketropfen flogen aus seinem Mund. Die Bewegung, mit der er den Kopf nach oben riss, mutete lächerlich an, angesichts der Niederlagen, die er einstecken musste. Auf dem Absatz drehte er sich um und stapfte zur Tür. Im Raushasten rannte er beinahe Theo über den Haufen, der den Salon soeben betrat.

»Geh mir aus dem Weg«, herrschte er den Diener an.

Der beeilte sich, der Forderung nachzukommen. Nicht aus Folgsamkeit, sondern aus reinem Selbstschutz. Theo sah Donk verwundert hinterher, bevor er richtig in den Raum kam und geradewegs auf Obbs zuging.

»Verzeiht die Störung.« Er verbeugte sich vor dem Ratsoberhaupt. »Mein Herr lässt Euch sagen, dass er sich weigert, sich von Madame Ara zu trennen, weil es für eine Trennung keinen Grund gibt. Er hat mich beauftragt, Euch das hier zu geben.«

Theo reichte Obbs die Dose, die er in der Hand hielt. »Mein Herr sagt, wenn Ihr da hineinseht, werdet Ihr verstehen, was er meint.«

»Danke, Theo.«

Der Diener verbeugte sich nochmals und ging.

Alle wandten ihren Blick jetzt Obbs zu.

»Dann wollen wir doch mal sehen, was wir hier haben«, meinte Obbs, nachdem er die Spannung zur Genüge auf die Spitze getrieben hatte. Er öffnete den Deckel der Dose eine Spur umständlicher, als notwendig wäre, und sah hinein.

»Dieser Vollidiot«, hauchte er, solange er noch konnte, sprich, bevor sein Unterkiefer nach unten klappte.

Was, verdammt nochmal, war in der Dose? Der Geist aus Aladdins Flasche? Man konnte es meinen, so, wie Obbs hineinstarrte.

Zuerst bebten nur die Schultern des Ratsoberhaupts, dann sein Zwerchfell. Zum Schluss erreichte das Lachen, das aus ihm herausbrach, auch seinen Mund. Obbs schlug sich eine Hand vor die Augen und lachte derart herzhaft, dass es die anderen im Raum sicherlich angesteckt hätte, wenn sie wüssten, worüber er sich so köstlich amüsierte.

»Das hier ändert alles.«

Er hielt die Dose wie ein Souvenir hoch, als würde das irgendetwas erklären.

36

Situationen schlugen verflucht schnell um. Gerade noch wohlig ermattet an Krus' Brust gekuschelt, kniete Ara jetzt neben ihm und von wohlig konnte keine Rede mehr sein. Sein Geständnis übertraf alles, was sie sich nach ›Ich muss dir was sagen‹ ausgemalt hatte. »Du hast bitte was getan?«

»Kondome benutzt.« Krus konnte ihrem Blick nicht standhalten, sah betreten zur Seite. Dass er sich besch...eiden fühlte, war ihm anzumerken. Geschah ihm Recht.

»Willst du keine Kinder mit mir?«

»Doch.« Wie aus der Pistole geschossen und darum glaubhaft. Um das Wort zu unterstreichen, griff er nach ihren Händen. »Natürlich will ich das.«

»Aber warum hast du es dann verhindert?«

Jetzt setzte er sich ebenfalls auf und drückte ihre Hände. »Diese drei Tage waren alles, was ich hatte. Die wollte ich nicht verlieren. Ich dachte, wenn du schwanger wirst und das Soll damit erfüllt ist, seh ich dich nie wieder, weil Ryst mich nicht mehr anruft. Hätte ja keinen Grund mehr gegeben.«

Sie entzog ihm ihre Hände und legte sie stattdessen um sein Gesicht.

»Wenn ich ein jugendlicher Mensch wäre, würde ich dich jetzt einen Vollpfosten nennen. Wieso hast du nicht mit mir geredet?«

»Aus dem gleichen Grund, aus dem du nicht mit mir gesprochen hast. Ich hab geglaubt, ich widere dich an. Was gab es da noch zu reden?«

»Wie bist du eigentlich auf diese Schnapsidee gekommen? Du kennst mich, seit ich fünf bin. Hab ich dir je einen Grund gegeben, so was von mir zu glauben?«

Er seufzte. »Lukas' Frau. Ich hab gehört, wie sie über deine Albträume gesprochen hat, und dass ich der Grund dafür wäre. Sie meinte, es wäre kein Wunder, dass du schlecht träumst, wenn du bald mit einem Scheusal wie mir zusammenleben musst.«

»Das war ihre Meinung, nicht meine.«

Der Gedanke war gruselig, trotzdem konnte sie nicht verhindern zu denken, dass Lukas' Frau verdammtes Glück hatte, tot zu sein. Andernfalls hätte sie ihr jetzt den Kopf abgerissen. All die vergeudeten, einsamen Jahre, und das nur, weil diese Frau sich eingebildet hatte, deren Ansicht wäre auch die ihre.

»Jetzt weiß ich das, aber damals und all die Jahre danach.« Er versuchte zu lächeln, es gelang ihm nicht. »Nach unserer Zusammenführung hast du mich nicht mehr angesehen. Das passte so gut zu dieser Aussage. Was hätte ich denken sollen, außer, dass es stimmt?«

»Du hast meinem Vater gesagt, du würdest unter keinen Umständen mit mir zusammenleben wollen, und bist einfach abgehauen. Natürlich hab ich dich nicht mehr angesehen. Ich wollte die Abneigung in deinem Blick nicht sehen. Und ich wollte nicht, dass du siehst, wie fertig mich das macht.«

»Oh Gott, Ara. Wir haben so viel Zeit verschwendet, wegen nichts und wieder nichts.«

Weil sie nicht miteinander gesprochen hatten. Beide waren sie Vollpfosten, da führte kein Weg dran vorbei. Sie konnte ihm nicht den Schwarzen Peter zuschieben, weil sie die Zähne auch nicht auseinanderbekommen hatte. Sie trug einen ebenso großen Anteil an der Misere wie er.

»Lass uns heute ganz von vorn anfangen, ja?« Er sah sie an, als würde er zweifeln, ob sie das überhaupt wollte.

»Unter zwei Bedingungen.«

Himmel, seine Selbstzweifel saßen tief, denn er zuckte tatsächlich zusammen.

Sie lächelte, um ihm die Furcht zu nehmen. »Nummer eins. Kein Schweigen mehr. Ab sofort werden wir uns alles sagen. Vor allem, wenn wir uns einer Sache nicht gewiss sind.«

Er entspannte sich sichtlich, wenn auch noch nicht vollständig, und nickte. »Und Nummer zwei?«

»Keine Kondome mehr.«

Aus dem Lächeln wurde ein Grinsen, damit er begriff, dass sie nicht böse war.

»Wir müssen doch dafür sorgen, dass Inkias und Gors Nachwuchs baldmöglichst einen Spielkameraden bekommt.«

Meine Güte. Wenn man Erleichterung essen könnte, die Portion wäre ein echter Magenkiller, prädestiniert, sich hinterher vor Schmerzen zu krümmen, weil man sich überfressen hatte.

»Einverstanden.«

Krus setzte seinerseits ein spitzbübisches Grinsen auf.

»Und damit es nächstes Jahr auch sicher klappt, schlage ich vor, wir üben noch ein bisschen.«

Bevor sie sich äußern konnte, verschlossen seine Lippen ihren Mund. Ein Kuss, der ihr sofort durch Mark und Bein schoss. Und seine Finger auf ihrer Haut entzündeten das Feuer von neuem, das noch gar nicht erloschen war.

»Jetzt, nachher, morgen, übermorgen und an jedem anderen Tag«, hauchte er ihr ins Ohr, bevor er das Ohrläppchen zwischen die Zähne nahm und daran knabberte.

Verflucht, er wusste zu gut, was sie antörnte. Und, Himmel hilf, das mit dem Üben war mehr als bloßes Dahingerede. Anscheinend wollte er die vergangenen elf Jahre innerhalb kürzester Zeit aufholen. Prost Mahlzeit. Aber dagegen einzuwenden hatte sie nichts.

Sie schwang ein Bein über seine Schenkel und genoss den Anblick seiner Vorfreude. Er keuchte auf, als sie ihr

Gesäß anhob und sich über seinem mittlerweile wieder erstaunlich lebendigem Geschlecht in Position brachte. Und als er in sie eintauchte, seufzten sie beide.

Das für den Rest ihres Lebens. Konnte es eine schönere Zukunftsperspektive geben?

Epilog

Fünf Wochen später …

Gor saß auf seinem angestammten Platz an der Stirnseite des Esstischs und blickte in die Runde, während er gleichzeitig das Stück Fleisch kleinschnitt, das vor ihm auf dem Teller lag. Multifunktionalität war etwas, das sie alle sich angewöhnt hatten. Nichts erinnerte mehr an den unkoordinierten Haufen Jäger, der vor ein paar Wochen hier angekommen war. Sie hatten seitdem viel erreicht.

Die ersten britischen Krieger- und Jägeranführer hatten ihren Grundschliff erhalten und führten in den geplanten Zweierteams ihre eigenen kleineren Trainingslager. Erfolgreich. Die befürchteten gegenseitigen Beschwerden waren bisher ausgeblieben, stattdessen trudelten wahre Lobeshymnen ein. Inzwischen waren die Zweierkombis aufeinander eingeschworen, als wäre es nie anders gewesen. Seit anderthalb Wochen befand sich die zweite Gruppe hier, um ihrerseits geschliffen zu werden. Da zeichneten sich ähnliche Entwicklungen ab.

Die einfachen „Soldaten", auf diese Bezeichnung hatten sie sich vorläufig geeinigt, waren mit Feuereifer bei der Sache. Letztlich kein Wunder. Die Lykomorphe hatten Lunte gerochen und ihre Angriffe und Überfälle noch weiter verstärkt. Da war jedem klar, Standesdünkel hatten keinen Platz mehr. Die Devise lautete: zusammen stehen oder zusammen untergehen. Dessmon sei Dank, alle hatten sich fürs Stehen entschieden, obwohl jedem bewusst war, dass es nicht leicht werden würde.

Die Position der Wempyre war noch unklar. Als Busenfreunde der Lyks tendierten sie dazu, sich auf deren

Seite zu schlagen. Andererseits hatten sie genug eigene Probleme, vor allem das Gros der Wempyre in den USA. Schwierigkeiten, von denen die europäischen weitestgehend verschont blieben, die aber dennoch nicht spurlos an ihnen vorbeizogen.

Er hoffte, die Wempyre würden sich entschließen, sich aus dem Konflikt rauszuhalten, und er stand damit, weiß Gott, nicht allein da. Wenn die Wempyre an der Seite der Lyks in den Krieg zogen, hatten die Dessla keine Chance. Die war schon ohne Beteiligung der blutsaugenden Mentalmanipulierer gering genug.

Stolz erfüllte ihn, während er die Gesichter eines jeden der um den Tisch Versammelten betrachtete. Nicht bloß wegen dem, was sie geschafft hatten. Nein. Das Schicksal hatte verlangt, dass aus einem Haufen bunt zusammengewürfelter Dessla eine Gemeinschaft werden sollte. Und, verdammt nochmal, das waren sie geworden. Eine verflucht starke Gemeinschaft. Eine Familie. Er fühlte sich jedem Einzelnen verbunden und für jeden Einzelnen persönlich verantwortlich, und er wusste, dass jeder Einzelne exakt dasselbe empfand. Keine Individualisten mehr, die versuchten, einigermaßen miteinander klarzukommen, weil sie keine andere Wahl hatten, sondern ein Team, in dem jeder jedem vertraute, sich jeder blind auf die anderen verließ und verlassen konnte. Darauf durfte man stolz sein.

Links neben ihm saß Inkia. Eigentlich sollte sie, als Tasha des Chefs, ihm gegenüber an der anderen Stirnseite sitzen, aber das war zu weit weg, obwohl sie nicht den Tisch benutzten, der ursprünglich im Esszimmer, eher ein Ballsaal, gestanden hatte, sondern eine kleinere Variante. An der anderen Stirnseite saß Temm, sein Stellvertreter und erster Stabschef. Inkia saß da, wo er sie am besten aufgehoben empfand. An der Seite seines Herzens.

Neben Inkia kam Mera, mit der er sich, sehr zur Freude der Jungs, in allerschönster Regelmäßigkeit kabbelte.

Manchmal furchtbar lästig, im Großen und Ganzen allerdings produktiv, weil es den Blick von der eigenen Nasenspitze weglockte. Mera war eine echte Bereicherung der Truppe, unter anderem, weil sie das Training der weiblichen Soldaten unter sich hatte, wodurch es wesentlich reibungsloser ablief als gedacht.

Der Platz neben Mera gehörte Simon. Was für ein Pfundskerl, der aus dem Strahlen gar nicht mehr rauskam, seit Krus und Ara ihn adoptiert hatten. Endlich hatte er die Eltern bekommen, die er sich immer gewünscht und auch verdient hatte.

Apropos Krus und Ara. Die beiden Liebenden turtelten in einer Tour, als wären sie nicht bereits vor elf Jahren zusammengeführt worden. Er vermutete stark, dass sie, wenn sie sich nicht um die ihnen übertragenen Aufgaben kümmerten, nur höchst selten in die Senkrechte kamen. Es sei ihnen gegönnt. Bei ihm und Inkia wäre es ähnlich, würde Inkias zunehmend anschwellender Bauch die Sache nicht verkomplizieren. Noch vier Monate ...

Auf jeden Fall tat Ara Krus gut. Scheiße. Der Jäger war nicht wiederzuerkennen.

Traurigkeit? Schnee von gestern. Ab und an flackerte noch eine Anwandlung auf, vorwiegend im Zusammenhang mit Inkias Schwangerschaft, was mit an Sicherheit grenzender Wahrscheinlichkeit daran lag, was mit seiner früheren Tasha geschehen war. Verständlich und zum Glück selten. Einsilbigkeit? Naja. Ein großer Redner war Krus auch heute noch nicht, aber das war er, Zegg zufolge, ohnehin nie gewesen.

Krus war glücklich. Das spürte man, er verströmte es aus jeder einzelnen Pore, und man sah es ihm an. Seine Augen leuchteten, um seinen Mund stand ein ständiges Lächeln. Das hatte direkte Auswirkungen auf den Rest seines Äußeren. Damit angefangen, dass er seine Haare anders trug. Kein Verstecken der Vernarbung mehr. Krus stand zu den Zeichen, die das Leben ihm aufgebrannt hatte. Und, wer hätte das gedacht, durch das neue Selbstbewusstsein, das Ara ihm schenkte, sah die Verstümmelung überhaupt nicht mehr schlimm aus. Als wäre sie geschrumpft. Hier in diesem Zimmer schien sie niemandem mehr aufzufallen, und sogar in der Öffentlichkeit wurde kein Thema daraus gemacht wie früher, weil es nichts mehr zu tuscheln gab. Eine wunderbare Entwicklung.

Neben Ara saß Zyde. Die beiden verstanden sich gut. Das hätte vor fünf Wochen niemand für möglich gehalten.

Zyde und ihre Mutter Hurtas waren sowieso die Überraschung des Jahres. Was für eine Veränderung, seit sie das Arschloch Donk losgeworden waren. Aus zwei verschüchterten Weibchen waren zwei selbstbewusste, starke Frauen geworden. Zyde hatte eine natürliche Begabung für alles Elektronische, daher teilte sie sich mit Jill, der zwischen ihr und Temm saß, die entsprechenden Aktivitäten. Die beiden arbeiteten gut zusammen.

Rechts von ihm saßen Skall, Trikka und Poki. Irgendwas stimmte mit seinem Cousin nicht. Seit Weihnachten war er eher in sich gekehrt und nachdenklich, nicht mehr der Witzbold, den er seit über dreihundert Jahren kannte. Das Blöde war, Skall sprach nicht darüber, wiegelte alle Fragen ab. Poki hatte Inkia gegenüber erwähnt, dass Skall ein Potenzproblem hätte. Das konnte einen Mann schon aus dem Takt bringen. Es in sich hineinzufressen, war indes keine Lösung. Er wünschte, Skall würde den Schnabel aufmachen, dann ließe sich vielleicht etwas unternehmen. Solange er schwieg, waren alle machtlos.

Manus neben Poki war ganz der alte oder, besser gesagt, neue Manus. Noch anderthalb Jahre plusminus, bis er seine Geschlechtsreife erlangte und sich das volle Potenzial seiner Fähigkeiten zeigte. Neben der Tatsache, dass ab da Leben in dem war, was aus ihm quoll, wenn er abspritzte. Der Sexualtrieb des Angerol war ihm ein Rätsel. Er wusste, dass Manus einen hatte, wie und mit wem er ihn auslebte, war ihm unbekannt. Sicher nicht mit Hurtas, die zwischen ihm und Zegg saß.

Hurtas trieb es vermutlich mit Zegg, oder er mit ihr, je nachdem, wie man es sehen wollte. Seinetwegen, solange es die Leistungen nicht beeinträchtigte. Was Ernstes konnte es sowieso nicht sein. Hurtas wollte bestimmt keinen neuen Mann an der Seite, dazu genoss sie ihre neue Freiheit zu sehr. Und Zegg? Nie und nimmer. Zegg vögelte für sein Leben gern und zuweilen auf Teufel komm raus, aber er band sich nicht. Den Tag, an dem es einer Frau gelang, das Herz dieses Jägers zu erobern, würde wohl niemand von ihnen erleben.

Noch einmal ließ er seinen Blick über alle schweifen. Die Wärme und Zuneigung, die ihn durchströmte, war fast zu viel, wollte ihn überwältigen. Sanft legte er eine Hand auf die seiner Tasha, um sich durch die Berührung zu erden.

»Was ist?«, fragte Inkia mit überrascht in die Stirn gezogenen Augenbrauen.

»Nichts. Alles in Ordnung.«

Und das stimmte. Alles war in bester Ordnung. Wenn man davon absah, dass ein Krieg vor der Tür stand.

Vor der Tür stehen. Ein gutes und zutreffendes Stichwort, wie er feststellte, als just in diesem Moment George den Raum betrat und einen Besucher ankündigte, der, gelinde gesagt, außergewöhnlich sein musste. Der Chefdiener trat von einem Fuß auf den anderen und hatte Mühe, seine Hände ruhig zu halten. Das sah ihm, ansonsten die Gelassenheit in Person, nicht ähnlich.

Außergewöhnlich traf es nicht mal annähernd.

Drei Minuten später trat ein Mann durch die Tür, dessen Auftauchen zwei Dinge auslöste: Gor verschlug es den Atem und er fühlte sich wie paralysiert. Die restlichen Jäger sprangen, im Gegensatz zu ihm, von ihren Stühlen hoch und zückten ihre Waffen, die sie seit der

Verschlimmerung der Lykangriffe ständig bei sich trugen. Man wusste ja nie, ob man sie nicht unverhofft brauchte.

Der Mann hob die Arme.

»Hey, macht keine Dummheiten. Ich bin unbewaffnet.«

»Das ist ein Wempyr doch nie«, meinte Zegg und traf damit ins Schwarze.

Ein Wempyr war nur bewusstlos - oder tot - unbewaffnet. Was seine Jungs anging, brauchte er nicht lange raten, welche Variante sie bevorzugten.

»Auch wieder wahr.« Der Wempyr lächelte, ausnahmsweise nicht das typische Lächeln mit geschlossenen Lippen, sondern ein offenes, bei dem er seine Zähnchen zeigte.

»Ich würde gerne unter vier Augen mit eurem Boss sprechen.«

Falsches Anliegen, das nicht dazu beitrug, dass sich die Jäger entspannten.

»Und worüber gedenkst du zu sprechen? Über unbezahlte Rechnungen?« Wie kam Krus jetzt ausgerechnet darauf?

»Nein, darüber, was er getan hat.«

Wenn der Wempyr so weitermachte, traf er seine Ahnen schneller, als er sich vorstellte. Abzugshähne wurden gespannt, wo es keine gab, wurden die Waffen zielgenauer auf den Mann gerichtet.

»Ich sagte sprechen«, meinte der Wempyr relativ gelassen dafür, dass er in die Läufe von fünf Wummen blickte. »Ach, kommt schon. Wenn ich vorhätte, Gor umzunieten, meint ihr, dann hätte ich an der Vordertür angeklopft?«

Entbehrte nicht einer gewissen Logik, einem Wempyr war indes nicht zu trauen. Wobei, in diesem speziellen Fall ...

Er erhob sich. »Schon gut. Lasst mich mit ihm allein. Er wird mir nichts tun, da bin ich sicher.«

Großes Gemaule und Widerstand, den er mit einem eindeutigen Handzeichen, dem ausgestreckten Zeigefinger in Richtung Tür, beendete. Langsam, einer nach dem anderen, verließen alle das Esszimmer.

»Krümmst du ihm auch nur ein Haar, finde ich dich überall. Damit das klar ist.« Temm. War schön, einen Haudegen wie ihn auf der eigenen Seite zu wissen.

Der Wempyr antwortete mit einem, diesmal stilechten, Lächeln.

Als Mera an ihm vorbeiging, blieb ihm der musternde Blick des Wempyrs nicht verborgen. Ebenfalls nicht das Flackern, das für einen winzigen Moment in dessen Augen aufblitzte. Das gefiel ihm gar nicht. Noch weniger gefiel ihm Meras Reaktion. Ein verstohlenes Grinsen. Jetzt besaß der Wempyr sogar die Frechheit, Mera zuzuzwinkern. Und was machte sie? Anstatt ihn in die Schranken zu verweisen, ließ sie ihren Blick offen über ihn schweifen. Vom Kopf bis hinunter zu den Zehen und wieder zurück. Das Grinsen wurde deutlicher, fast eine Idee anzüglich, während sie die Augenbrauen hob. Scheiße. Darüber würde er mit seiner Ex ein ernstes Wort sprechen müssen.

Inkia war als Einzige sitzen geblieben, aber auch sie komplimentierte er hinaus. Wenn der Wempyr über das sprechen wollte, was er getan hatte, sollte Inkia es besser nicht hören. Irritiert sah sie ihn an, als er sie bat zu gehen, widersetzte sich jedoch nicht.

Als sie endlich allein waren, kam er gleich zur Sache.

»Nun, Maximilian, was genau willst du mit mir besprechen?«

»Ich weiß, was du getan hast, Gor.«

»Davon gehe ich aus. Tut mir leid, wenn du gekommen bist, damit ich mich entschuldige oder so, hast du den Weg umsonst gemacht.«

»Du verstehst nicht oder hörst nicht richtig zu. Ich sagte, ich weiß, was du getan hast.«

Mit todernstem Gesicht kam Maximilian auf ihn zu und streckte ihm die Hand entgegen, als er vor ihm stand.

»Dafür schulde ich dir was.«

Aha. Estobar hatte sich also bei seinem besten Freund gemeldet.

Er schlug ein und legte die zweite Hand noch darüber, um den Deal zu besiegeln. Maximilian tat dasselbe.

»Wenn dir irgendwann etwas einfällt, mit dem ich dir einen Gefallen erweisen kann, sag es.«

Da brauchte er nicht lange zu überlegen.

»Du wirst es nicht glauben, Maximilian, aber da gibt es tatsächlich was.«

Danksagung

Wie die meisten Leute dachte auch ich früher, ein Buch ist das Werk eines Autors. Aber das stimmt gar nicht. Die Entstehung eines Buches ist Teamwork, der Autor hat mit dem Schreiben nur den zeitintensivsten Part daran. Das ist das Team, dem ich für Teil 2 der Jäger danken muss und vor allem danken möchte:

Steffen - Ohne Dich könnte ich meiner Leidenschaft nicht frönen. Du hältst mir den Rücken frei, und (nicht nur) dafür liebe ich Dich.

Silvia - Danke für Deine Zeit und die Mühe, die Du Dir machst, auch wenn Du das jetzt vorliegende Ergebnis nicht wiedererkennen wirst.

5FDP - Ohne deren musikalische Untermalung wären Stimmung und Tempo anders geworden. Ihr seid nicht nur die Besten, sondern auch ein unerschöpflicher Quell der Inspiration.

Mein ganz besonderer und aus tiefstem Herzen kommender Dank gilt dem Katerchen. Aus Zutrauen wurde Zuneigung und schließlich Vertrauen. Danke, dass Du ein Teil meines Lebens warst und es so sehr bereichert hast. Danke, dass ich ein Teil Deines Lebens sein durfte. Rest in Peace, mein kleiner Freund. Ich werde Dich nie vergessen!

Die Autorin

Träume sind Schäume. Das stimmt nicht immer.

Schon als Kind und Jugendliche - ich wurde übrigens 1970 in NRW geboren, wuchs aber bei meinen Großeltern in einem kleinen 600-Seelen-Dorf in BW auf, durch das auch heute noch nur der Schulbus fährt - habe ich es geliebt, meine Mitschüler mit spontan ausgedachten Geschichten zu unterhalten.

Mit Short-Stories in der Realschule fing es an, 1995 begann ich dann, auch längere Geschichten zu schreiben. Als Hobby im stillen Kämmerlein und als Ausgleich zu meinem Beruf als Sekretärin. Von da war es kein langer Weg mehr zu dem Traum, meine Geschichten auch für andere zu schreiben, sie mit anderen zu teilen. Er ist wahr geworden.

Mittlerweile ist mein Genre der Liebesroman, ohne Festlegung auf ein spezielles Milieu, und es ist auch für mich immer wieder spannend, welche der in mir schlummernden Geschichten sich als Nächstes ihren Weg aufs Papier bahnen wird. Eine Geschichte kommt raus, wenn die Zeit reif ist, sie zu erzählen, und ich bin selbst schon ganz neugierig, was die Zukunft für mich bereithält.

Neben dem Schreiben zähle ich zu meinen Leidenschaften:

Meinen Mann, der genau so ist, wie ein Ehemann sein sollte - Fels in der Brandung, Schutzwall, Motivation, Inspiration und bester Freund in einem. Der Garten um unser gemietetes Häuschen in der Nähe des wunderschönen Landshut. Und last, but not least: Musik - je lauter und härter, umso toll! 5FDP rulz!

Leseprobe: Liebe unbeirrbar

~

Jäger der Dessla 3

Zegg blieb der Hühnerflügel im Hals stecken, als hätte er ihn an einem Stück und inklusive Knochen geschluckt. Darum hatten Gor und Skall so dämlich aus der Wäsche geschaut. Und er hatte gehofft, hinter seinem Rücken wäre lediglich ein Gespenst aus dem Boden gewachsen. Na ja. Was Ähnliches war es, was da gerade hinter ihm stand. Für ihn. Ein Gespenst aus seiner noch nicht lange zurückliegenden Vergangenheit. Ein äußerst lebendiges Gespenst. Shannon.

Das Jahr hatte dreihundertfünfundsechzig Abende, New York City über acht Millionen Einwohner. Musste dieser eine ausgerechnet heute hier sein? Shannon zu begegnen, brauchte er ungefähr so nötig wie Magenschmerzen. So viel zum Thema entspannter Abend. Verfickter Scheißdreck.

Langsam drehte er den Oberkörper und sah sie an. Wow. Sie war noch genauso schön, wie er sie in Erinnerung hatte. Aber, hey, mal ehrlich, dass sie zum hässlichen Entlein mutieren würde, bloß, weil er nicht mehr da war, war nicht zu erwarten gewesen. Außerdem stimmte es nicht. Sie sah noch viel besser aus, als er sie in Erinnerung hatte. Verdammt sexy, und somit hochproblematisch.

»Hallo Shannon.«

»Das letzte, das ich von dir gehört habe, war, dass du

nach Europa gegangen bist. Ach nee, ist ja gar nicht wahr. Ich hab das nicht von dir, sondern über dich gehört.«

Oh nein, wenn Gor jetzt ... Ja, er tat es. Er zog amüsiert eine Augenbraue in die Stirn. Verflucht.

»Ich kann mich nicht erinnern, dir jemals Rechenschaft schuldig gewesen zu sein.«

»Das nicht, wäre trotzdem nett gewesen, wenn du Bescheid gesagt hättest. Allein in der Met zu sitzen und auf jemanden zu warten, der nicht kommt, ist nicht toll.«

Ob er sich mit einer Entschuldigung aus der Affäre ziehen konnte? Unwahrscheinlich. Und diese Blöße würde er sich bestimmt nicht geben. Wenn sie unter sich wären, vielleicht. In Anwesenheit von drei, nein fünf anderen Jägern, drei männlichen und zwei weiblichen, und eines Wempyrs? Auf keinen Fall.

»Manchmal muss man eben Prioritäten setzen.«

»Zweifellos. Na dann, schönen Abend noch.«

Nein, todsicher nicht.

»Zach?« Witzig, dass es gerade die Anrede war, die Meras Neugier erregte.

»Von Zachary, dem Namen, den ich in menschlicher Gesellschaft benutze. Kommt am dichtesten an meinen echten dran.«

»Es ist nicht mal in der Nähe deines echten Namens, beides nicht.«

Krus spielte darauf an, dass er sich vor einiger Zeit mit Zegg einen anderen Namen zugelegt hatte, und ja, der lag meilenweit von seinem Geburtsnamen entfernt. Genau deswegen hatte er ihn gewählt.

»Und diese Shannon ist eine deiner ... Bekanntschaften?«, fragte Gor.

So konnte man das nicht ausdrücken. Shannon war nicht nur eine Bekanntschaft, obwohl das am Anfang durchaus so geplant gewesen war.

»War.«

»Aha. Sie klang nach rüdem Abserviert-Werden. Und das ist wohl der Grund, warum sie dich von ihrem Tisch aus anstarrt, als würde sie dich am liebsten in der Luft zerreißen.«

Wenn Gor nur nicht so neugierig wäre. Dabei ging ihn das alles nicht das Geringste an.

»Spielt das eine Rolle?«

»Wenn sie Komplikationen verursacht, ja.«

»Wird sie nicht.«

Jedenfalls nicht die Art Komplikation, an die Gor dachte. Maximilians Gedanken gingen schon eher in die richtige Richtung, wie sein Gesichtsausdruck vermuten ließ. Hoffentlich hielt der Wempyr die Schnauze.

Langsam hievte sich Zegg in die Senkrechte.

»Hey, was hast du vor? Willst du den Höflichkeitsbesuch erwidern?«

Manchmal konnte Skall einem richtig auf den Geist gehen, wobei es ein falsch auf den Geist gehen ja gar nicht gab. Andererseits. Seine Frage bedeutete, dass er allmählich in seine alten Gewohnheiten zurückfand, was begrüßenswert war.

»Ich muss pinkeln. Was dagegen? Willste vielleicht mitkommen?«

»Wozu, um dir den Sack zu kraulen? Danke, aber nein danke.«

»Schade.«

»Außerdem hab ich mein Handtäschchen zu Hause gelassen, und ohne kann ich nicht zu zweit aufs Klo gehen. Mera und Ara wissen bestimmt, was ich meine.«

Das brachte Skall einen Knuff von Mera und eine rausgestreckte Zungenspitze von Ara ein. Zu recht. Aber es lockerte die Stimmung, und das war gut.

»Viel Erfolg, und fall nicht rein.«

Auf den Geist gehen? Nein, zuweilen konnte Skall ein echter Idiot sein.

~ * ~

Während Shannon Zach dabei zusah, wie er in der Toilette verschwand, fragte sie sich, ob die Tussi mit den karmesinrot gefärbten Haaren zu ihm gehörte. Möglich, obwohl sie eher an Mr. Gucci interessiert zu sein schien. Klar war auf jeden Fall, dass die mit dem Bubi in den Typ mit der schrecklichen Vernarbung verliebt war. Das war nicht zu übersehen und irgendwie beruhigend, weil sie echt bildhübsch war. Gegen die hätte sie nicht die geringste Chance.

Chance. Heiliger Bimbam. Als hätte sie je eine gehabt, mit oder ohne Bubiköpfchen. Für Zach war sie doch nichts weiter als ein netter Zeitvertreib gewesen. Eine Frau, die sich nur zu willig hatte flachlegen lassen, und die er abgeschoben hatte, als er ihrer überdrüssig geworden war.

Wieso tat dieser Gedanke immer noch so verflixt weh? Warum krochen tausend Würmer durch ihre Gedärme, wenn sie daran dachte, dass Karminschopf ihre Nachfolgerin war oder, schlimmer noch, die ganze Zeit nebenher gelaufen war?

Sie war eifersüchtig. War das zu fassen? Nach all den Monaten müsste sie längst darüber hinweg sein. Fakt war jedoch, sie war es nicht.

Die Zeit mit Zach war die schönste ihres Lebens gewesen, das konnte sie nicht verleugnen. Es war nun mal eine Tatsache. Sie hatten so wahnsinnig viel Spaß gehabt, nicht nur im Bett, hatten miteinander gelacht, waren ausgelassen gewesen. Den Rest ihres Lebens hatte sie mit ihm verbringen wollen und geglaubt, er wollte das ebenso. Lächerliche drei Monate lang. Dann hatte er sie abserviert und nicht mal genug Anstand besessen, es ihr ins Gesicht zu sagen.

Er war zu ihrer letzten Verabredung einfach nicht aufgekreuzt. Handy aus. Nur der AB beim Festnetz. Keine

Antwort auf ihre Emails. Von einem flüchtigen Bekannten aus seinem Umfeld hatte sie sich sagen lassen müssen, dass er New York verlassen hatte, um zukünftig in Europa zu leben.

Wie eine Faust mitten ins Gesicht - wham! - genau so hatte es sich angefühlt. Tat es noch. Nein, wieder.

Damit musste endlich Schluss sein, ein für alle Mal. Sie würde ihm sagen, was sie von seiner Art, mit ihr umzugehen, hielt. Jetzt gleich. Schön pfeffrig und Auge in Auge, wozu er nicht den Mut gehabt hatte, und anschließend würde sie ihm den Rücken zukehren, um nie mehr zurück zu sehen. Aus, vorbei, fertig, tutto finito.

Leise vor sich hin summend, um den Anschein zu erwecken, alles wäre normal und sie wäre bester Laune, stand sie auf und schlenderte auf die Waschräume zu.

MAIN Verlag

Die gedruckten Bücher zu unseren
eBooks gibt es in jeder Buchhandlung
sowie online unter

www.dreams-to-read.de

zu bestellen.

Schattenouvertüre
Schatten und Licht Band 12
Cardon Wârtain, Juan Santiago

ISBN: 978-3-945118-97-9

eBook 7,99 EUR
Print 17,90 EUR

Jahre, Jahrzehnte wurde er auf einem Schiff gefangen gehalten. In Hamburg befreit Cardon sich und stolpert dabei über Juan. Juan beschließt, Cardon mitzunehmen und vor der Vernichtung zu bewahren, die er auf den unbedarften Vampir zukommen sieht.

Cardon lernt mit Juan die Welt kennen, die Welt, wie sie jetzt ist, die Welt der Schatten, in der die Vampire leben, und die Welt der Lust.

Aber wird Juan nicht feststellen, dass er einen entsetzlichen Fehler gemacht hat? Denn Cardon kennt nur eines in seinem Dasein: er ist ein Killer, geschaffen, um zu töten.

Alexa Lor
Verschwiegene Wahrheit
Bad Boys 1

ISBN: 978-3-95949-016-0

eBook 5,99 EUR
Print 14,90 EUR

Ein Motorradklub, Drogen, Prostitution ... und mittendrin Jigs und Sheronah.

Ihr Kennenlernen steht unter keinem guten Stern. Wer Vertrauen schenkt, riskiert schon mal sein Leben. Doch kann man sein Glück finden in einer Welt, wo Gewalt an der Tagesordnung steht und ein Menschenleben nicht viel zählt?

Achtung: Die bösen Jungs aus der Motorradgang stehlen Herzen! Suchtgefahr :) !

Alexa Lor
Liebe unaufhörlich
Jäger der Dessla 1

ISBN: 978-3-95949-019-1

eBook 5,99 EUR
Print 14,90 EUR

Zum ersten Mal seit dreihundert Jahren kann Inkia ein selbstbestimmtes Leben in Freiheit und Unabhängigkeit führen. Sie ist zufrieden damit, und das soll ihr niemand mehr nehmen.

Gor stand als Anführer der Jäger der Dessla von Geburt an im Mittelpunkt der Geschehnisse. Obwohl er die ganze Zeit von seinesgleichen umgeben war, ist er ein einsamer Mann, glaubte er doch, seine große Liebe verloren zu haben.

Doch eines Tages steht sie plötzlich vor ihm. Als hätte sich das Schicksal und die ganze Welt gegen ihn verschworen, scheint es keine jedoch gemeinsame Zukunft für sie geben zu können. Hin und her gerissen zwischen Pflichtgefühl und Leidenschaft, findet Gor sich in einem Kampf wieder, auf den er nicht vorbereitet ist. Den Kampf gegen sich selbst.

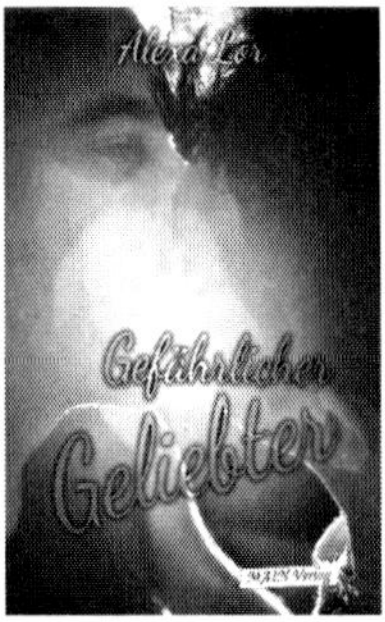

Alexa Lor
Gefährlicher Geliebter
Teil 1

ISBN: 978-3-95949-026-9

eBook 5,99 EUR
Print 12,90 EUR

Sean führt ein Doppelleben. Seit Jahren verbirgt er seine Homosexualität vor seiner Frau und seiner Umwelt. Nach außen lebt er das glückliche Leben eines Ehemanns, Vaters und harmlosen Biologen für die Firma Phober Pharmaceuticals, doch in Wirklichkeit ist er extrem unglücklich. Sein Job hat sich zu einem regelrechten Horror-Job entwickelt, aus dem er nicht mehr herauszukommen glaubt.

Tarben ist einsam. Er hält Abstand von seinesgleichen, da Homosexualität unter Vampiren nicht akzeptiert wird. Doch das ist im Moment seine geringste Sorge. Von Phober Pharmaceuticals gefangen, steht er auf der Liste neuer Versuchsobjekte in Seans Labor.

Sean und Tarben sind sich in einem Szeneclub näher gekommen. Für beide ist der Schreck groß, als sie sich in dem geheimen Testlabor von Seans Arbeitgeber wiedersehen. Doch je unerträglicher die Situation im Labor wird, desto intensiver werden die Gefühle der beiden, gegen die sie sich zu wehren versuchen.

Wird es Sean gelingen, Tarben zu retten, und wenn ja, hat die Liebe zwischen einem Mensch und einem Vampir überhaupt eine Chance?

Das Buch erscheint in zweiter, überarbeiteter Auflage im MAIN Verlag und wird dort fortgesetzt.

Juan Santiago (Hrsg.)
Summerline

ISBN: 978-3-945118-93-1

eBook 6,99 EUR
Print 16,90 EUR

Sommer! Die AutorInnen des MAIN Verlags haben sich zusammengetan und fast die Finger wund geschrieben. So präsentieren wir heute eine bunte Sammlung für unterhaltsame Lesestunden - das Sommer-Gemeinschaftsprojekt 2015 des MAIN Verlags.

Freuen Sie sich auf eine breite Auswahl an nagelneuen Erzählungen und Sidestories zu bereits bekannten Büchern unserer Autorinnen und Autoren.

Entdecken Sie den Sommer neu mit Liam Parker, Juli D. Finn, Sam Nolan, Neela Faye, Eve Flavian, Kathi Seefeld, Chris McKay, Alegra Cassano, Cardon Wartain, Neschka Angel, Elana Rain, Damon Turner, Juan Santiago und Sonne Avantara.

Kar Arian
Die Drachen von Tahaa
Band 4
Waldluft
Teil 1
Die Waldläufer

ISBN: 978-3-945118-83-2

eBook 9,90 EUR
Print 18,90 EUR

Brenn, Drachengefährte und Symbiont, erkundet mit seinem Drachen Berkom und dem Drachenweibchen Sheila zusammen das Drachenland Eldorado. Während das Leben mit den Drachen für Brenn eine Menge Herausforderungen bereithält, muss sich sein Freund unter den Menschen, Dies Rastelan, den Waldläufern stellen, die ihre Absetzung nicht akzeptiert haben und in den Untergrund gegangen sind.

Als Brenn in Tashaa auftaucht, gerät er nichts ahnend zwischen die Fronten.

Kar Arian
Die Drachen von Tahaa
Band 4
Waldluft
Teil 2
Die Walddrachen

ISBN: 978-3-945118-85-6

eBook 9,90 EUR
Print 18,90 EUR

Eine harte Zeit liegt hinter Brenn und dem Drachenkommandanten Dies Rastelan, doch die Hoffnung auf eine Atempause zerschlägt sich, als sie die Nachricht erhalten, dass mehrere Drachen gleichzeitig in das Fürstentum von Tashaa eingedrungen sind.

Dem Drachengefährten eines Felsendrachen steht eine Begegnung bevor, die ihm den Tod bringen kann, denn auf ihn warten drei Walddrachen!

Kar Arian
Die Drachen von Tashaa
Band 5
Schattenluft
Teil 1
Im Schatten von Sandragrab

ISBN: 978-3-945118-47-4

eBook 9,90 EUR
Print 18,90 EUR

Ein Drache taucht in Tashaa auf, und der Drachenkommandant weiß sofort: Dieser Drache muss nach Eldorado gelangen! Nur, wie wird Brenn das aufnehmen? Manches, was verloren schien, wird wieder gefunden. Doch was, wenn es nicht geblieben ist, was es war, sondern sich verändert hat? So kommt es zu einer schicksalhaften Begegnung an der Spalte von Sandragrab.

Sam Nolan
Love me till it hurts

ISBN: 978-3-95949-004-7

Ebook 5,99 EUR
Print 14,90 EUR

Kayden ist jung, sexy, und er weiß was er will. Egal ob Mann oder Frau, das jeweilige Geschlecht liegt ihm zu Füßen.

Das ändert sich, als er den schüchternen Samuel kennenlernt, der alles andere als angetan von ihm ist und sich vehement dagegen wehrt, mit ihm in die Kiste zu steigen.

Seit Jagdinstinkt ist geweckt und er tut alles dafür, um den Kerl mit den verboten schönen Augen endlich in sein Bett zu zerren. Gegen seine eigentlichen Prinzipien beginnen die beiden schon bald eine leidenschaftliche Affäre, in der er jedoch zu jeder Zeit dominant die Oberhand behält.

Doch dann droht sein dunkles Geheimnis plötzlich ans Licht zu kommen und die Affäre zu Samuel rückt in ein komplett anderes Licht ...